Harald Schulze-Eisentraut
Alexander Ulfig (Hrsg.)

ANGRIFF AUF DIE WISSENSCHAFTSFREIHEIT

Harald Schulze-Eisentraut
Alexander Ulfig (Hrsg.)

ANGRIFF AUF DIE WISSENSCHAFTSFREIHEIT

Wie die Cancel Culture den Fortschritt bedroht und was wir alle für eine freie Debattenkultur tun können

FBV

Bibliografische Information der Deutschen Nationalbibliothek
Die Deutsche Nationalbibliothek verzeichnet diese Publikation in der Deutschen Nationalbibliografie; detaillierte bibliografische Daten sind im Internet über http://d-nb.de abrufbar.

Für Fragen und Anregungen:
info@finanzbuchverlag.de

Originalausgabe, 1. Auflage 2022

Nymphenburger Straße 86
D-80636 München
Tel.: 089 651285-0
Fax: 089 652096

Redaktion: Monika Spinner-Schuch
Korrektorat: Silvia Kinkel
Umschlaggestaltung: Karina Braun
Umschlagabbildung: wk1003mike/shutterstock.com
Satz: Daniel Förster
Druck: GGP Media GmbH, Pößneck
Printed in Germany

ISBN Print 978-3-95972-651-1
ISBN E-Book (PDF) 978-3-98609-251-1
ISBN E-Book (EPUB, Mobi) 978-3-98609-252-8

Wir produzieren nachhaltig
www.m-vg.de

Weitere Informationen zum Verlag finden Sie unter

www.finanzbuchverlag.de

Beachten Sie auch unsere weiteren Verlage unter www.m-vg.de.

Inhalt

Einleitung

HARALD SCHULZE-EISENTRAUT
UND ALEXANDER ULFIG

Seit Jahren mehren sich Fälle, in denen Wissenschaftler oder Personen aus Politik und öffentlichem Leben von Vorträgen, Diskussionen oder dem Lehrbetrieb ausgeschlossen werden, weil sie von Meinungen, die dem vorgeblich progressiven Zeitgeist folgen, abweichen. Betroffen davon wurden zum Beispiel der Politikwissenschaftler Herfried Münkler, der Historiker Jörg Baberowski, der Wirtschaftswissenschaftler Bernd Lucke, der Politikwissenschaftler Martin Wagener oder die Biologin Marie-Luise Vollbrecht, um nur einige der prominentesten zu nennen. Sie wurden alle Opfer unfairer und unwissenschaftlicher Angriffe, der Diffamierung und des Ausschlusses aus wissenschaftlichen Debatten. Immer mehr Hochschullehrer beklagen die Einschränkungen der Wissenschaftsfreiheit. Als Ursachen dafür nennen sie bestimmte ideologische Vorgaben, Leitlinien der sogenannten Politischen Korrektheit und die an deutschen Hochschulen sich breit machende Intoleranz.[1]

Dabei gehören die Meinungs- und die Wissenschaftsfreiheit zu den wichtigsten Errungenschaften der westlichen Zivilisation. Die Meinungsfreiheit wird als das Recht bestimmt, die eigene Meinung ungehindert zu äußern. Dieses Recht wird im Gefolge der europäischen Aufklärung als ein allgemeines Menschenrecht proklamiert.

---

1 Vergleiche Thomas Petersen, »Forschungsfreiheit an deutschen Universitäten. Ergebnisse einer Umfrage unter Hochschullehrern«, Institut für Demoskopie Allensbach, Allensbach 2020.

Der Mensch muss das Recht haben, seine Meinung *öffentlich* zu äußern, das bedeutet, die Ergebnisse seines Nachdenkens einem breiten Publikum mitzuteilen und somit zur Prüfung vorzulegen. Die Meinungs- und die aus ihr abgeleitete Wissenschaftsfreiheit sind somit ein notwendiges Instrument der *Wahrheitsfindung*. Die öffentliche Prüfung ist ein wichtiger Bestandteil von Wahrheitsfindung. Das wiederum ist eine Bedingung für den Fortschritt. Ein freier Diskurs, in dem die Wahrheit von Aussagen festgestellt wird, ist eine Grundlage für die Weiterentwicklung der Menschheit.

Darüber hinaus sind das freie Äußern und Konkurrieren von Meinungen eine Voraussetzung für das Funktionieren einer demokratischen Gesellschaft. Bestimmend für die Demokratie sind nicht Harmonie und Einklang, sondern Widerspruch, Streit und Konflikt – übrigens bereits in der Demokratie des klassischen Griechenlands. Die Demokratie zeichnet sich durch Meinungsvielfalt, Pluralismus und nicht durch eine Einheitsmeinung aus.

Das im Gefolge der europäischen Aufklärung postulierte Recht auf Meinungs- und Wissenschaftsfreiheit wurde in den Menschenrechtserklärungen, den Verfassungen der Nationalstaaten und den Rechtskonventionen übernationaler Gemeinschaften festgeschrieben. Im Artikel 5 des deutschen Grundgesetzes heißt es zur Meinungs- und Wissenschaftsfreiheit:

»(1) Jeder hat das Recht, seine Meinung in Wort, Schrift und Bild frei zu äußern und zu verbreiten und sich aus allgemein zugänglichen Quellen ungehindert zu unterrichten. Die Pressefreiheit und die Freiheit der Berichterstattung durch Rundfunk und Film werden gewährleistet. Eine Zensur findet nicht statt. (2) Diese Rechte finden ihre Schranken in den Vorschriften der allgemeinen Gesetze, den gesetzlichen Bestimmungen zum Schutze der Jugend und in dem Recht der persönlichen Ehre. (3) Kunst und Wissenschaft, Forschung und Lehre sind frei. Die Freiheit der Lehre entbindet nicht von der Treue zur Verfassung.«

Die Wissenschaftsfreiheit betrifft die Freiheit von *Lehre* und *Forschung*. Wissenschaftler haben das Recht, den Inhalt und die Methode ihrer Lehrtätigkeit selbst zu gestalten, und sie haben das Recht, den Inhalt und die Methode ihrer Forschung selbst zu bestimmen.

Das Recht auf Freiheit der Wissenschaft stellt nicht nur ein *Abwehrrecht* gegen öffentliche, meist staatliche Eingriffe, sondern auch ein *Schutzrecht* dar. Es gewährt dem einzelnen Wissenschaftler einen Freiraum, innerhalb dessen seine wissenschaftliche Arbeit in Forschung und Lehre sowie die Verbreitung wissenschaftlicher Inhalte geschützt sind. Die Schutzpflicht wird dabei von der jeweiligen Hochschule oder wissenschaftlichen Organisation und vom Staat übernommen.

Von der Wissenschaftsfreiheit gedeckt sind die Wahl der Forschungsthemen und der wissenschaftlichen Positionen sowie die Bezugnahme auf unterschiedliche, auch kontroverse Forschungsergebnisse.

Geschützt vom Recht auf Wissenschaftsfreiheit sind auch Positionen, die zu den in der Wissenschaft und auch in der Gesellschaft herrschenden Auffassungen kritisch stehen oder ihnen widersprechen, und zwar insofern sich diese Positionen an wissenschaftliche, vor allem methodologische Standards halten, ferner insofern sie nicht gegen die Gesetze der Bundesrepublik Deutschland verstoßen.

Das Recht auf Wissenschaftsfreiheit garantiert, dass es in der Wissenschaft unterschiedliche, zum Teil sich widersprechende Positionen, also eine Pluralität von Positionen, geben kann. Kritische Positionen sollen aus dem Forschungsprozess nicht ausgeschlossen, sondern in ihn einbezogen werden.

In diktatorischen Systemen wird die Wissenschaftsfreiheit grundsätzlich eingeschränkt. Das Verbot von Büchern, Texten und anderen Medien ist geradezu ein Merkmal solcher Systeme – im 20. Jahrhundert von Faschismus, Kommunismus und Sozialismus perfektioniert. Aktuelle Diktaturen nutzen zudem moderne Überwachungs- und Repressionsmethoden, um unliebsame Diskurse zu unterdrücken und die Wissenschaft weitgehend oder ausschließlich für Staatszwecke zu instrumentalisieren. So unterdrückt etwa die Kommunistische Partei Chinas mit alten stalinistischen und modernen technologischen Methoden freie Forschung in und über China. Gleiches gilt in zunehmendem Maße für Russland. Beide diktatorischen Systeme versuchen überdies, Einfluss auf die ausländische Forschung über ihre Länder zu nehmen. Das Paradebeispiel ist China, das mit finanzieller Förderung bestimmter Projekte und Institutionen sowie Partnerschaftsvereinbarungen mit deutschen Hochschulen die hierzulande betriebene Forschung über China zu steuern versucht. Es sei hier betont, dass die in diesem Band behandelten Angriffe auf die Wissenschaftsfreiheit innerhalb der westlichen Demokratien nicht im Kontext solcher totalitärer Methoden zu sehen sind, sondern im Zusammenhang anderer gesellschaftlicher und wissenschaftspolitischer Entwicklungen gesehen werden müssen.

Unliebsame Diskurse zu verhindern, das ist seit den 1990er-Jahren in den angelsächsischen und westeuropäischen Ländern das Ziel der *Cancel Culture*. Dazu gehört der Versuch, Texte oder auch gelegentlich Bilder im Sinne bestimmter ideologischer Vorgaben zu korrigieren, von missliebigen Wörtern oder Chiffren zu reinigen und sie aus dem universitären und schulischen Repertoire zu verbannen.

Mit dem Aufkommen der digitalen Kommunikation bilden sich zurzeit neue Methoden von Eingriffen in die Wissenschaftsfreiheit aus. In den sozialen Netzwerken der Internetgesellschaft wird das sogenannte Deplatforming, also der Ausschluss bestimmter Gruppen oder Akteure von Online-Plattformen, zur Ausschaltung von Meinungen und demnach zur Einschränkung von Meinungsfreiheit genutzt, wovon auch wissenschaftliche Meinungsäußerungen betroffen sein können. Aber auch politische Festlegungen wie aktuell die Vorgabe der neuen Bundesregierung von 2021, wissenschaftliche Publikationen standardmäßig in der Form von Open Access vorzulegen, greifen in den Bereich der Wissenschaftsfreiheit ein. Auf diesem Feld ist noch nicht entschieden, ob die Hinwendung zu Open Access am Ende mehr oder weniger Wissenschaftsfreiheit ermöglichen wird.

Die aktuelle Debatte um die Wissenschaftsfreiheit im deutschen Wissenschaftssystem findet auf unterschiedlichen Schauplätzen und Ebenen statt.[2] Es ist eine Auseinandersetzung um Deutungshoheiten und Einfluss – letztlich eine machtpolitische und weltanschauliche Konfrontation, die aus den Entwicklungen an deutschen Hochschulen und anderen Wissenschaftsorganisationen sowie der Gesellschaft insgesamt in den letzten gut 50 Jahren resultieren. Grundsätzlich muss dabei zwischen zwei Themenfeldern differenziert werden, die im Zusammenhang mit den Fragen nach der Bedrohung der Wissenschaftsfreiheit eine Rolle spielen:

Das erste Themenfeld, auf dem es zu Eingriffen in die Wissenschaftsfreiheit kommt, ist ein Resultat systemischer Veränderungen im deutschen Wissenschaftsbetrieb des letzten halben Jahrhunderts. Seit den frühen 1970er-Jahren ist das akademische System von einer zunehmenden Bürokratisierung und Stärkung von Verwaltungsstrukturen geprägt. Als Eckpunkte dieser Entwicklung seien hier stichwortartig genannt: die politisch motivierte Beschneidung der Rechte der Professoren (Abschaffung der sogenannten Ordinarienuniversität), die Auflösung der alten Fakultäten und die Aufsplitterung in unzählige Fachrichtungen (man denke an die geradezu absurde Zahl von – Stand 2021 –

2 Vergleiche eine Zusammenstellung verschiedener Positionen im Heft *Wissenschaftsfreiheit* der Zeitschrift *Aus Politik und Zeitgeschichte* 71, 46/2021, hier besonders der Beitrag von Uwe Schimank, »Universitäten und Gesellschaft im Wandel. Folgen für die Wissenschaftsfreiheit«, S. 42–47.

mehr als 20.000 unterschiedlichen Studiengängen an deutschen Hochschulen), die Etablierung von neuen Leitungsgremien und sogenanntem Qualitätsmanagement, die Verschulung der Lehre durch den Bologna-Prozess und die Bewertung wissenschaftlicher Leistungen durch quantitative Faktoren wie die Zitierhäufigkeit (Impact-Faktoren) sowie die Ausrichtung auf Drittmittelprojekte und die damit verbundene »Antragsmaschinerie«. Die durch diese Prozesse etablierten Strukturen haben insofern Einfluss auf die Wissenschaftsfreiheit, als durch sie bestimmte Personengruppen, Themen und Positionen präferiert wurden und werden. Im Ergebnis kommt es zu einer zunehmenden Einflussnahme von Leitungsgremien und Institutionen auf die Auswahl von Personen und Themenwahl, zu einer Verengung auf im Ranking erfolgversprechende Themen sowie zu einer Ökonomisierung des Wissenschaftsbetriebes. Kurz gesagt: Vor allem in den Kultur- und Sozialwissenschaften fließt Geld nur dann, wenn die »richtigen Personen« die »richtigen Themen« mit den »richtigen Schlagworten« beantragen. Aber auch in den Naturwissenschaften müssen Antragsteller zumindest bestimmte Schlagworte bedienen, die von den großen Wissenschaftsorganisationen inzwischen vorgegeben werden, die einen Großteil der Drittmittel ausschütten. Aber auch der Industrie- und Finanzsektor nimmt über Kooperationen, Projektgelder und Stiftungsprofessuren Einfluss auf die Wissenschaft. Wirkliche Autonomie der Wissenschaft ist hier nur durch Distanz zu den Geldgebern möglich, insbesondere wenn es sich um Wirtschaftsunternehmen handelt, die direkte kommerzielle Interessen mit ihrem Engagement verbinden.

Das zweite Themenfeld umfasst die Versuche bestimmter Gruppen, mit moralisierenden und politischen Wertungen wissenschaftliche Positionen und Personen zu diskreditieren – die zurzeit auch in den Medien vieldiskutierten Themen *Cancel Culture* und *Political Correctness*. Diese Phänomene müssen ebenfalls vor dem Hintergrund politischer und hochschulpolitischer Auseinandersetzungen seit den späten 1960er-Jahren gesehen werden. In diesen Konflikten stehen sich Gruppierungen mit unterschiedlichen weltanschaulichen Ansichten gegenüber. Die unter dem akademischen Brennglas entzündeten Konflikte wirken dabei mittels ihrer medialen Präsenz insbesondere in den öffentlich-rechtlichen Medien und den Feuilletons der großen deutschsprachigen Zeitungen weit hinein in Politik und Gesellschaft.

Bereits im Umfeld und in der Folge der sogenannten Studentenrevolte von 1968 war es an den Hochschulen zu Phänomenen wie Störungen, Einschüchterungsversuchen und Diskreditierungen von Wissenschaftlern gekommen, mit denen Gruppierungen aus dem vorwiegend kommunistischen Umfeld versuchten, in ihrem Sinne ideologischen Einfluss auf die Forschung zu nehmen. Dieser Prozess konzentrierte sich naturgemäß auf bestimmte geisteswissenschaftliche Fächer, spielte dagegen eine untergeordnete Rolle in »harten Fächern« wie Medizin, Jura oder den Naturwissenschaften. In den Geisteswissenschaften kam in der folgenden Generation eine ganze Reihe von Vertretern der sogenannten 68er in führende akademische Positionen, wobei sie häufig dann ihre revolutionäre Einstellung ablegten, wenn es um ihre eigenen nun erlangten Privilegien ging.

Ein wichtiger Faktor für die Situation an den deutschen Universitäten ist der AStA, die sogenannte Studentenvertretung (oder Studierendenvertretung, wie man im Gendersprech sagen würde). Aufgrund des Desinteresses des überwiegenden Teils der Studenten an hochschulpolitischen Fragen ist es kommunistischen und linksradikalen Gruppen seit den 1970er-Jahren bis heute gelungen, den AStA als eine ultralinke Organisation mit Überschneidungen zur radikalen Antifa innerhalb der Hochschulen zu etablieren. Canceln und denunzieren gehören dabei durchaus zum Repertoire der Studentenvertreter. Der AStA ist einer der Haupttreiber für

Aktionen gegen missliebige Wissenschaftler, denen dann Rassismus, Sexismus oder gleich Faschismus vorgeworfen wird. Häufig haben Vertreter des AStA ebenso wie Frauen-, Gleichstellungs- und Diversity-Beauftragte über Gremienarbeit an den Hochschulen einen direkten Draht zur Hochschulleitung oder setzen diese mit den ihr eigenen Mitteln unter Druck.

Seit den 1990er-Jahren steigt die Einflussnahme bestimmter gesellschaftlicher Gruppen, die innerhalb und außerhalb des Wissenschaftsbetriebs moralisierende Positionen vertreten. Es handelt sich um Interessenvertretungen bestimmter Gruppen, die sich selbst als marginalisiert, also im gesellschaftlichen Sinne strukturell benachteiligt, einstufen und daraus weitreichende Ansprüche ableiten, wie etwa das exklusive Recht, über bestimmte Dinge sprechen und bestimmte Themenfelder untersuchen zu dürfen. In einigen Bereichen des Wissenschaftsbetriebes haben die Vertreter solcher ideologischer Konstrukte inzwischen die Deutungshoheit erlangt, so etwa in den sogenannten Gender Studies oder den Postcolonial Studies.

Es gelingt ihnen zunehmend, bestimmte von ihnen vertretene moralisierende Ansprüche im akademischen und medialen Umfeld zu verankern und abweichende Meinungen zu diskreditieren. Dies betrifft inzwischen die Themenbereiche Kolonialismus und seine Folgen, den gesamten Bereich des Feminismus einschließlich Gender-Mainstreaming und das Theoriemodell der Gender Studies, Familienmodelle und sexuelle Diversität, Fragen der Tierhaltung, Tierversuche und Gen-Technik, Ursachen und Folgen von Klimaentwicklung, Rüstung und Formen der Energienutzung, die Einschätzung von Migration als historisches und aktuelles Phänomen und in diesem Kontext auch die Debatten um den Einfluss des politischen Islam und die europäischen Werte sowie zuletzt die Fragen nach der Einschätzung der Maßnahmen im Zusammenhang mit der Corona-Pandemie.

Wissenschaftler, die von solchen moralisierenden Vorgaben abweichende Thesen vertreten, werden meist von Hochschulangehörigen (Studenten und Dozenten) und von hochschulexternen Aktivisten angeprangert. Der Präsident des Deutschen Hochschulverbandes Bernhard Kempen betont:

»Die Freiheit der Wissenschaft ist in Gefahr. Es ist nicht der Staat, der sie bedroht, es sind die Akteure des Wissenschaftssystems selbst, die einen schleichenden Aushöhlungsprozess in Gang gesetzt haben. Er zeigt sich an der Engführung des wissenschaftlichen Diskurses auf einigen Forschungsfeldern wie der Klimaforschung, der Genderforschung, der Migrationsforschung, der Geschichtsforschung ... Der Deutsche Hochschulverband verzeichnet eine signifikante Häufung von Fällen, in denen sich Wissenschaftler in ihrer Freiheit durch wissenschaftsimmanente Mechanismen oder ›Political Correctness‹ zunehmend eingeengt fühlen.«[3]

Nach Kempen sind es in erster Linie Studenten und Wissenschaftler, die »ihrer eigenen Freiheit ein Grab schaufeln«. Allerdings bleibt der Staat dabei nicht unschuldig, denn er schafft rechtliche und organisatorische Bedingungen, unter denen die Freiheit der Wissenschaft leidet. Und er setzt ideologische Konzepte in die politische Praxis um, wie das am Beispiel des Konzepts »Gender-Mainstreaming« und seiner politischen Umsetzung in der Wissenschaft und anderen wichtigen Bereichen der Gesellschaft beobachtet werden kann (siehe unten).

Je nach Themenfeld werden den angegriffenen Wissenschaftlern »Rassismus«, Klassismus«, »Biologismus«, »Sexismus«, »Homophobie«, »Neokolonialismus«, »Rechtsextremismus«, »Militarismus« und ähnliches vorgeworfen oder auch nur das Etikett des »alten weißen Mannes« angeheftet, das schon an sich ein Paradoxon ist, weil es ja offensichtlich selbst rassistisch, sexistisch und

3 Kempen, Bernhard, »Universität als Risikozone«, in: *Frankfurter Allgemeine Zeitung*, 22.7.2021.

altenfeindlich unterlegt ist. Zweck dieser Diffamierung ist es, kritische Wissenschaftler aus akademischen Projekten und Debatten auszuschließen. Ferner sollen bereits laufende Projekte, die bestimmten ideologischen und politischen Vorstellungen nicht entsprechen, verhindert werden. Auch Publikationen entsprechender Forschungsergebnisse sollen unterbunden werden. Des Weiteren wird versucht, Gastvorträge, zu denen Wissenschaftler oder Persönlichkeiten des öffentlichen Lebens eingeladen werden, zu verhindern.

Nicht selten wird verlangt, die Betroffenen aus ihren Positionen zu entfernen. Oder sie werden zum Rücktritt aufgefordert. Einige können diesem Druck nicht standhalten und ziehen sich aus dem akademischen oder öffentlichen Leben zurück. Das Ziel dieser politischen Strategie ist es, Meinungen, die dem als progressiv geltenden Zeitgeist widersprechen, sowie Personen, die diese Meinungen vertreten, aus der Wissenschaft oder dem öffentlichen Leben zu verbannen.

Bezeichnend ist, dass man sich dabei kaum mit den Argumenten des angegriffenen Wissenschaftlers auseinandersetzt, sondern den Fokus auf seine Person, Gruppenzugehörigkeit oder Herkunft legt. Die Ausrichtung der Aufmerksamkeit auf die Person des Wissenschaftlers hat den Zweck, erstens einer sachlich-argumentativen Auseinandersetzung mit seinen Argumenten aus dem Weg zu gehen und ihn zweitens zu diskreditieren, um ihn dadurch aus der Debatte auszuschließen.

Mit Ad-Personam-Angriffen wird bewusst auch ein schlechtes Licht auf die Tätigkeit des Wissenschaftlers geworfen. Ist er als Person erst einmal diskreditiert, kann er auch als Wissenschaftler nicht mehr ernst genommen werden. Überdies kann er nicht als seriöser Ansprechpartner bei bildungs- und hochschulpolitischen Anliegen in Frage kommen. Er steht als Entscheidungsträger in der Wissenschaft auf verlorenem Posten.

Die beliebteste Ad-Personam-Strategie besteht darin, den Wissenschaftler politisch in die rechte Ecke zu stellen. Er wird zu diesem Zweck als »frauenfeindlich«, »homophob«, »transphob«, »islamophob«, »rassistisch« und so weiter bezeichnet – alles Attribute, die ihn zu einem »Rechten« beziehungsweise »Rechtsradikalen« machen sollen.

Generell wird in den akademischen Debatten zu Themen wie Gender, Rassismus, Homophobie die Person des Wissenschaftlers, genauer: seine Gruppenzugehörigkeit und seine Herkunft, wichtiger als seine Argumente. Beispielsweise wird immer häufiger einem Mann das Recht abgesprochen, an Debatten über Feminismus und Frauenbewegung teilzunehmen, einem weißen Wissenschaftler über People of Color zu forschen oder einem Heterosexuellen über die Homosexuellen adäquat zu sprechen. Die Gruppenzugehörigkeit und die Herkunft des Wissenschaftlers werden zur Voraussetzung dafür, dass er sich zu bestimmten Themen äußern darf.

Die Folge all der oben genannten Phänomene ist eine Atmosphäre der Angst und des Misstrauens an manchen Bereichen deutscher Hochschulen. Wissenschaftler trauen sich nicht, ihre Meinung öffentlich zu äußern. Die eigene Meinung wird zurückgehalten, um nicht aufzufallen und geächtet zu werden. Wissenschaftler passen sich den herrschenden ideologischen und politischen Vorgaben an. Um nicht in Schwierigkeiten zu geraten, schränken sie sich dabei selbst in Forschung und Lehre ein. Dadurch entsteht die Haltung des vorauseilenden Gehorsams. Solche Wissenschaftler folgen den herrschenden ideologischen und politischen Vorgaben, auch wenn sie ihren eigenen Überzeugungen zuwiderlaufen.

Dieses Phänomen ist besonders im universitären Mittelbau zu beobachten, denn dort haben die meisten Wissenschaftler befristete Verträge. Jüngere Wissenschaftler vermeiden es, kontroverse Themen anzusprechen, um die Verlängerung der Verträge nicht zu gefährden. Dieses Verhalten wird auf höheren akademischen

Karrierestufen, insbesondere bei der Bewerbung um Professuren, beibehalten.

Auch bei der Antragstellung für die Finanzierung von wissenschaftlichen Projekten ist Vorsicht geboten, denn auch Anträge werden der Überprüfung in Bezug auf ideologisch-politische Vorstellungen unterworfen.

Den Verletzungen der Wissenschaftsfreiheit liegen die Ideologisierung und die Politisierung der Wissenschaft zugrunde. Es sind bestimmte ideologische Konzepte, die sich auch an den Hochschulen ausgebreitet haben und freie Forschung und Lehre verhindern: Konzepte wie politische Korrektheit, Gender, Diversity, Antirassismus, Postkolonialismus und so weiter. Sie werden zusammenfassend auch als »Identitätspolitik« bezeichnet. Unter dem Vorwand des Kampfes für die Rechte von Minderheiten werden Normen für die ganze Gesellschaft und somit auch für die Wissenschaft aufgestellt. Oft nehmen diese Normen die Form von gesetzlichen Regelungen an.

Als Beispiel dafür gilt hier das Konzept des *Gender-Mainstreamings*. Es ist nicht bloß theoretisch, sondern greift direkt in die Politik ein; es stellt einen Leitfaden für zahlreiche öffentliche Bereiche dar und findet seinen Niederschlag in gesetzlichen Regelungen. Diesem Konzept zufolge soll die Kategorie *Geschlecht* (englisch *gender*) zentral sein und in allen relevanten Bereichen der Gesellschaft, also auch in der Wissenschaft, berücksichtigt werden. Das Ziel der mit Gender Mainstreaming verbundenen Politik, die in Deutschland auch als *Gleichstellungspolitik* bezeichnet wird, ist es, Ungleichheiten im Verhältnis der Geschlechter aufzuheben, wobei Ungleichheit statistische Ungleichheit, also den Umstand, dass es in bestimmten Bereichen weniger Frauen als Männer gibt, bedeutet. Dieses Ziel wird im Bundesgleichstellungsgesetz und in zahlreichen Landesgleichstellungsgesetzen genannt. Im Idealfall soll dabei das Geschlechterverhältnis 50:50 erreicht werden.

Um die Gleichstellungspolitik durchzusetzen, wurde ein System von Gesetzen, Institutionen und Maßnahmen etabliert: Gleichstellungsgesetze, Frauen- und Gleichstellungsbeauftragte, Gleichstellungsbüros, Frauenfördernetzwerke, Frauenförderprogramme und so weiter. Im akademischen Bereich beinhaltet das Hochschulrahmengesetz des Bundes (HRG) auf Gleichstellung ausgerichtete Vorgaben: die Einsetzung von Frauen- und Gleichstellungsbeauftragten, angemessene Vertretung von Frauen in Gremien und die Erhöhung des Frauenanteils in der Wissenschaft. An fast jeder Universität gibt es Förderprogramme, die ausschließlich Frauen vorbehalten sind: Mentoring für Studentinnen und Wissenschaftlerinnen, Netzwerke, Stipendien für Doktorandinnen und Habilitandinnen.

Die Gleichstellungsbüros der Hochschulen kontrollieren die Umsetzung der von der Politik vorgegebenen gesetzlichen Gleichstellungsregelungen. Eine wichtige Rolle spielen dabei die Frauen- und Gleichstellungsbeauftragten. Sie haben weitreichende Befugnisse. Sie nehmen an fast allen Einstellungsverfahren teil, sind unter anderem in Berufungskommissionen vertreten. Dort wachen sie darüber, ob Gleichstellungsgesetze und -regelungen eingehalten werden. Zum Beispiel können sie ein Berufungsverfahren zu Fall bringen, wenn in ihm Abweichungen von den Gleichstellungsgesetzen und -regelungen vorkommen.

Das Konzept des Gender-Mainstreamings wurde in den letzten Jahren um das *Diversity-Konzept* erweitert. Frauen- und Gleichstellungsbeauftragte nennen sich nun an vielen Hochschulen Diversity-Beauftragte. Ihre Aufgabe ist es, nicht nur die Interessen von Frauen, sondern auch von anderen »marginalisierten Gruppen« zu vertreten und allen Diskriminierungsversuchen entgegenzuwirken.

Bezeichnend ist, dass für Frauen-, Gleichstellungs- und Diversity-Beauftragte in erster Linie nicht die Qualifikation der Bewerber, sondern ihre Gruppenzugehörigkeit, wie das Geschlecht, die Hautfarbe, die sexuelle Orientierung oder die Religionszugehörigkeit, zählt. An den Hochschulen sollen nicht mehr die fähigsten Wissenschaftler eine Heimat finden, vielmehr sollen Hochschulen zu Orten degradiert werden, an denen eine Repräsentanz von ausgewählten sozialen Gruppen gewährleistet werden muss. Die Gleichstellungspolitik ersetzt das Prinzip der Bestenauslese durch das Proporzprinzip.

Frauen-, Gleichstellungs- und Diversity-Beauftragte agieren als Politikerinnen und nicht als Wissenschaftlerinnen. Sie setzen an den Hochschulen eine politische Agenda durch. Sie verletzen die Selbstständigkeit, die *Autonomie der Universität* und somit die Freiheit der Wissenschaft, denn zur Letzteren gehört auch, dass allein die Wissenschaftler über die Belange der akademischen Welt entscheiden.

Es ist kein Zufall, dass angesichts der oben beschriebenen Situation 2021 in Deutschland das *Netzwerk Wissenschaftsfreiheit* gegründet wurde. In dem Netzwerk haben sich Hunderte von Wissenschaftlern unterschiedlicher Fachrichtungen zusammengeschlossen. Ihr Anliegen ist es, die Freiheit von Forschung und Lehre gegen ideologische Einschränkungen zu verteidigen und zur Stärkung eines freiheitlichen Klimas in der Wissenschaft beizutragen. Sie beobachten mit Besorgnis den zunehmenden Einfluss von Moral, Ideologie und Politik auf die Wissenschaft und den daraus hervorgehenden Konformitätsdruck in der akademischen Welt.

Zuletzt sahen sich Anfang 2022 der Akademische Senat und das Präsidium der Universität Hamburg gezwungen, angesichts massiver politisch-ideologisch motivierter Angriffe auf Wissenschaftler der Universität einen *Kodex Wissenschaftsfreiheit* zu verabschieden. Dieser Kodex benennt konkret die »fehlende Bereitschaft, sich mit Vorstellungen und Inhalten, die als unbequem oder bedrohlich empfunden werden, auseinanderzusetzen« und liest sich als eine deutliche Reaktion auf die im akademischen Umfeld vorherrschende Cancel Culture.

Es ist wichtig, dass Wissenschaftler die zentralen Ideale der Wissenschaft und unserer offenen, demokratischen Gesellschaft verteidigen. Einige dieser Ideale seien hier erwähnt:

Das kritische Denken ist sowohl für die Wissenschaft als auch für die öffentlichen Debatten und somit die demokratische Willensbildung zentral. Meinungen dürfen nicht dogmatisch angenommen, sondern müssen hinterfragt werden. Die Wissenschaft lebt davon, dass Argumente und Theorien in Frage gestellt werden und gegebenenfalls durch andere, bessere Argumente und Theorien ersetzt werden. Wissenschaftler sollten auch ihre eigenen Überzeugungen in Frage stellen und immer wieder überprüfen. Für den Philosophen Karl Raimund Popper ist Kritik das wichtigste Prinzip und der Motor der Wissenschaft.

Das Ideal der *Toleranz* sollte in seiner wahren Bedeutung verbreitet werden. Toleranz bedeutet, dass man andere Meinungen zulässt – auch oder gerade Meinungen, die der eigenen widersprechen. Die Befürworter der Identitätspolitik fordern zwar sehr laut Vielfalt und Toleranz, doch in Wirklichkeit sind sie alles andere als tolerant. Sie sind nur tolerant gegenüber Menschen, die ihre eigenen Überzeugungen teilen. Menschen, die sich über ihre Überzeugungen kritisch äußern, werden von ihnen angeprangert, diffamiert und ausgeschlossen. Wahre Toleranz als Zulassen von anderen Meinungen ist hingegen sowohl in der Wissenschaft als auch in der ganzen Gesellschaft eine Voraussetzung für offene und freie Debatten.

In der Wissenschaft sollte der »zwanglose Zwang des besseren Arguments« (Jürgen Habermas) zählen. *Das rationale Argumentieren* ist das wichtigste Element der wissenschaftlichen Methodologie. Ohne rationales Argumentieren kann es keine Wissenschaft geben. Deshalb sollte streng zwischen dem Argument und der Person des Argumentierenden getrennt werden. Es ist eine große Errungenschaft der Wissenschaft: genauer der wissenschaftlichen Methodologie, streng zwischen der Person des Forschers und der Gültigkeit seiner Thesen, Argumente und Theorien zu unterscheiden. Wissenschaftliche Thesen, Argumente und Theorien gelten unabhängig von den persönlichen Motiven des Forschers, der sie aufstellt, ferner unabhängig von seiner Gruppenzugehörigkeit und Herkunft. Beispielsweise gilt Einsteins Relativitätstheorie unabhängig von seinen persönlichen Motiven, ja überhaupt unabhängig von seinem personalen Leben.

Wissenschaft sollte sich an *Fakten orientieren.* Wissenschaftliche Erkenntnisse sollten *empirisch* belegt werden. Gender Studies, Queer Studies, Postcolonial Studies oder Critical Whiteness Studies geben zwar vor, sich an Fakten zu orientieren, tatsächlich jedoch folgen sie der Lehre des Sozialkonstruktivismus. Ihr zufolge gibt es keine Fakten, vielmehr erschaffen wir uns selbst eine Realität. Beispielsweise sprechen die Gender Studies von vielen Geschlechtern, die allesamt soziale Konstruktionen seien, und negieren dabei die aus der Biologie stammenden Fakten zur Zweigeschlechtlichkeit. Die Orientierung an Fakten ist das beste Mittel, um den Einfluss von Ideologie und Politik auf die Wissenschaft zu bannen.

Bei der Vergabe von wissenschaftlichen Stellen sollte alleine die *Qualifikation* der Bewerber im Fokus stehen, nicht ihre Gruppenzugehörigkeit, politische Haltung oder sexuelle Orientierung. Das Proporzprinzip, das sich an den Hochschulen durch politische Maßnahmen immer mehr durchsetzt, muss wieder durch das Qualifikationsprinzip beziehungsweise das Prinzip der Bestenauslese ersetzt werden. Allen Quotenregelungen in der Wissenschaft ist eine Absage zu erteilen. Sie sind wissenschaftsfeindlich, sie widersprechen dem Ethos der Wissenschaft und darüber hinaus dem Grundgesetz.

Um der Cancel Culture an den deutschen Hochschulen etwas entgegenzusetzen, könnten nach US-amerikanischem Vorbild *unabhängige Institute* und *Universitäten* gegründet werden: Orte, an denen freier Gedankenaustausch und freie Forschung möglich wären. Politische Korrektheit und Cancel Culture hätten an diesen Orten keinen Platz. Ansätze dazu gibt es bereits in Form von unabhängigen Internetblogs, Internetforen, Netzwerken und Debattierklubs. Unabhängige und freie Wissenschaft muss finanziert werden. Das zu leisten, wäre die Aufgabe der Zivilgesellschaft, vor allem privater Stiftungen.

Der vorliegende Band versammelt Beiträge von Wissenschaftlern unterschiedlicher Fachrichtungen. Sie behandeln die unterschiedlichen Facetten des Angriffs auf die Wissenschaftsfreiheit. Die Autoren untersuchen historische, ideologische und politische Faktoren, die zur Verletzung von Wissenschaftsfreiheit führen. Sie analysieren ferner die strukturellen Merkmale der Verletzung von Wissenschaftsfreiheit, insbesondere Diffamierungs- und Ausschlussmechanismen.

Viele der Autoren beklagen das an den Hochschulen herrschende Klima der Denunziation, der Einschüchterung und des vorauseilenden Gehorsams. Es ist ein Klima der Unfreiheit.

Einige Autoren haben selbst Erfahrungen mit der Verletzung der Wissenschaftsfreiheit gemacht, von denen sie in dem Sammelband berichten.

Folgende an den Hochschulen verbreitete Tabus werden von ihnen in Einzeluntersuchungen behandelt: Kritik an der Pandemie-Politik, Kritik an der herrschenden Vorstellung vom Klimawandel, Kritik an der Migrationspolitik und Kritik am Feminismus.

Die Politikwissenschaftlerin *Ulrike Ackermann* schildert in einem Interview die Angelpunkte der Debatte um die Wissenschaftsfreiheit und zeigt Auswege aus der gegenwärtigen Krise der Wissenschaft und des politischen Systems auf. Die politisch motivierten

Einschränkungen der Wissenschaftsfreiheit haben das Ziel, Machtverhältnisse und letztlich die ganze Gesellschaft zu verändern.

Es sind kleine, aber lautstarke Gruppen, die die Politisierung in die Hochschulen hineintragen. Das zeigt sich nach Ackermann besonders stark in den Gender Studies und im Umkreis der Postcolonial Studies. Dort wird eine Abkehr vom Eurozentrismus und »patriarchaler Herrschaft« gefordert, weil sie angeblich den Blick auf die Benachteiligung von Minderheiten verstellen.

Es ist an sich nicht schlecht, den Fokus der Forschung auf die Angelegenheiten von Minderheiten zu richten. Allerdings hat sich in den letzten Jahren ein »Paradigmenwechsel« vollzogen. Forschung, die sich nicht auf Gender, Diversity, Antirassismus oder Multikulti ausrichtet, wird an den Hochschulen gebrandmarkt. Lautstarke Gruppen verfolgen eine bestimmte politische Agenda, die nicht nur in der Wissenschaft, sondern auch in der ganzen Gesellschaft durchgesetzt werden soll.

Diese Entwicklung führt nach Ackermann zur Spaltung der Gesellschaft. Auch selbstständiges Denken, die Fähigkeit, Perspektiven zu wechseln, Toleranz und wissenschaftlicher Pluralismus werden dabei zu Grabe getragen. Der Opportunismus macht sich an den Hochschulen und in der Gesellschaft breit. Studienabgänger möchten nicht auffallen und keine Konflikte eingehen. Dadurch kommt der Wettbewerb der Ideen zum Stillstand.

Ackermann schlägt vor, einerseits die Ideale der Aufklärung wie selbstständiges und kritisches Denken, Zulassen von Zweifel und Irrtum sowie Offenheit für andere Positionen, andererseits das Ideal der Freiheit, das für den klassischen Liberalismus maßgebend ist, stark zu machen. Die liberale Tradition hatte in Deutschland nie einen guten Stand. Doch die Freiheit – so abschließend Ackermann – muss immer wieder neu verteidigt werden.

Der Sprachwissenschaftler *Heinz Dieter Pohl* untersucht die Sprache des Politisch-Korrekten und führt aus, wie sie die

Meinungsfreiheit inklusive der Wissenschaftsfreiheit einschränkt. Das Ziel des politisch korrekten Sprachgebrauchs ist es, die Diskriminierung von Minderheiten zu vermeiden, darüber hinaus ihre Interessen stärker zu vertreten und somit ihre sozial-gesellschaftliche Lage zu verbessern.

Pohl analysiert aus sprachwissenschaftlicher Sicht vier Bereiche, in denen der politisch korrekte Sprachgebrauch besonders häufig eingefordert wird: Abstammung und Ethnie, Verwendung geographischer und ethnographischer Namen, Personen mit körperlicher Behinderung und geschlechtergerechten Sprachgebrauch. Seine Analyse bezieht sich auf den deutschsprachigen Raum. Einen Schwerpunkt bildet dabei der Sprachgebrauch in Österreich.

Pohl hebt hervor, dass es sich historisch nicht nachweisen lässt, dass bestimmte Ausdrücke eine negative Bedeutung haben (zum Beispiel »der Mohr«). Die Einstufung einer Bezeichnung als politisch nicht korrekt und die Forderung, sie aus dem Sprachgebrauch zu entfernen, sind in vielen Fällen willkürlich. Pohl betont überdies, dass die Veränderung des Sprachgebrauchs bezüglich bestimmter Gruppen (zum Beispiel der Schwarzen in den USA oder der Migranten) die soziale Wirklichkeit dieser Gruppen nicht verbessert hat.

Besonderes Augenmerk richtet er auf die sogenannte »gendergerechte Sprache«, denn beim »Gendern« sind Eingriffe auf die Sprache am schwerwiegendsten. Das betrifft auch die Hochschulen, wo zunehmend Empfehlungen, Leitfäden und Disclaimer den Gebrauch der »gendergerechten Sprache« regeln und Verstöße gegen sie mit Punktabzügen sanktioniert werden. Pohl schlussfolgert, dass die von oben verordnete politisch korrekte Veränderung der Sprache die Freiheit einschränkt und nicht zu der beabsichtigten positiven Veränderung der sozialen und politischen Realität führt.

Die Lockdown-Maßnahmen, die im Zusammenhang mit der Corona-Pandemie eingeführt werden, durch Wissenschaft zu legitimieren, geht dem Philosophen *Michael Esfeld* zufolge mit einem Angriff auf die Wissenschaftsfreiheit einher: Kritische Stimmen werden diffamiert und unterdrückt. Dadurch wird eine offene und freie wissenschaftliche Auseinandersetzung mit der Corona-Pandemie, die zu ihrer schnelleren Eindämmung führen würde, verhindert.

Anhand zahlreicher Studien widerlegt Esfeld die Behauptungen, wonach die Corona-Pandemie in ihrer Größenordnung einmalig sei und alle Maßnahmen gegen sie gerechtfertigt seien. Die Pandemie-Maßnahmen verhinderten durch ihre Ressourcenverschwendung, dass wir den Weg des Fortschritts weitergehen.

Esfeld zeigt, dass es die Politik ist, die bestimmt, *wer* als wissenschaftlicher Experte in der Corona-Debatte gilt und wer nicht. Bisherige Koryphäen ihres Faches, die kritische Meinungen äußern, werden durch gezielte mediale und politische Kampagnen unterdrückt. Die Wissenschaft wird politisch instrumentalisiert, um Zwangsmaßnahmen zu legitimieren, die rechtsstaatlich eigentlich nicht legitimiert werden können.

Die Freiheit der Wissenschaft, auf der der Fortschritt basiert, sollte nach Esfeld frei von politischer Einflussnahme und von moralischen Bewertungen sein. Wissenschaft (=Naturwissenschaft) soll Tatsachenwissen liefern, an dem sich die Bürger orientieren können. Der politische Gebrauch der Wissenschaft stellt in der Corona-Krise einen Missbrauch der Wissenschaft dar. Er zerstört ihre Freiheit.

Welches Schicksal ein Wissenschaftler erleidet, wenn er die herrschende Vorstellung vom Klimawandel in Frage stellt, schildert der Chemiker und Politiker *Fritz Vahrenholt*. Er hatte darauf hingewiesen, dass die Sichtweise, wonach 100 Prozent der Klimaerwärmung auf anthropogene Einflüsse zurückzuführen seien, empirisch nicht belegt ist. Darüber hinaus betonte er, dass der vollständige Ausschluss natürlicher Ursachen auf fragwürdigen Modellrechnungen beruht.

Vahrenholt demonstriert die Politisierung des UN-Klimarates IPCC. So befinden sich unter den Autoren der IPCC-Berichte Umweltaktivisten. Die politisch motivierten Reviewer sorgen dafür, dass grundlegende Kritik keinen Eingang in die Berichte findet.

Vahrenholt entlarvt weiterhin die Behauptung, 97 Prozent der Wissenschaftler stuften den Menschen als die Hauptursache für den Klimawandel ein, als einen Mythos und nennt weitere Beispiele für Wissenschaftsverzerrungen in den jüngsten IPCC-Berichten, vor allem in dem letzten Bericht von 2021. Auch die Leugnung der CO_2-Senken Ozeane und Pflanzen durch das Bundesverfassungsgericht wird von ihm thematisiert.

Wissenschaftler, die sich kritisch zu der herrschenden Vorstellung vom Klimawandel und zu der herrschenden Klimapolitik äußern, haben laut Vahrenholt wenig Chancen, in dem vom Staat finanzierten Wissenschaftsbetrieb ihre Positionen zu vertreten. Es gibt derzeit kein Forschungsprogramm, das eine Untersuchung des Einflusses natürlicher Klimafaktoren finanziell unterstützen würde. Abschließend erläutert Vahrenholt die wirtschaftlichen Folgen der nach seiner Analyse verfehlten aktuellen Energiepolitik für den Standort Deutschland.

Der Historiker *David Engels* stellt zunächst die Asymmetrie in der Migrationsdebatte dar. Während den Befürwortern der Massenmigration in Politik und Medien, aber auch an den Hochschulen, viel Raum für ihre Ansichten gegeben wird, können Kritiker der Migrationspolitik nur in Nischenmedien ihre Ansichten äußern, und das obgleich sie einen nicht unerheblichen Teil der Bevölkerung repräsentieren. Gerade die akademische Welt hat sich auf die Seite der sogenannten »Willkommenskultur« gestellt, während kritische Stimmen an den Hochschulen kaum Gehör finden oder mit starken Anfeindungen rechnen müssen.

Engels untersucht die historischen und strukturellen Hintergründe der Migrationsdebatte. Von besonderer Relevanz sind dabei die Prozesse der Ideologisierung, Politisierung und Ökonomisierung der Hochschulen. Es entstand eine Situation, in der sich die Hochschulen dem neoliberalen Zeitgeist unterordnen müssen, um finanziell zu überleben. Das hat einen erheblichen Einfluss auf Lehre und Forschung sowie Auswahl der Hochschullehrerschaft.

Engels zeigt, wie die herrschende Migrationspolitik, die »Willkommenskultur«, die Geschichtswissenschaft beeinflusst. Das Paradebeispiel einer gescheiterten Masseneinwanderung, der Untergang des Römischen Reiches, soll entkräftet und der Versuch, Parallelen zwischen heute und der damaligen Situation festzustellen, im Keim erstickt werden. Negative Folgen der Völkerwanderung sowie offensichtliche historische Brüche werden negiert, Kontinuitäts- und Transformationsprozesse hingegen konstruiert.

Engels gibt Beispiele für Moralisierung und Politisierung der Migrationsforschung: die Ablehnung von eigenständigen kulturellen Identitäten, die Verbreitung des Postulats von Migration als »Chance«, das Vergleichen der heimatvertriebenen Deutschen nach 1945 mit den Flüchtlingen des Jahres 2015 und das Narrativ vom Wiederaufbau Deutschlands durch türkische Gastarbeiter.

Um der Moralisierung und Politisierung zu entgehen und somit vorurteilslos und ergebnisoffen zu forschen, fordert Engels die Einrichtung von unabhängigen Forschungsstätten.

Der Sozialwissenschaftler *Hartmut Krauss* schildert zunächst in einem historischen Überblick die Ablösung der mittelalterlichen durch die moderne, durch die Aufklärung geprägte Weltordnung. Zu den wichtigsten Errungenschaften der Moderne gehören: die Etablierung einer wissenschaftlich-rationalen Welterklärung, die Trennung von Religion und Staat/Recht, die Gleichheit der Menschen vor dem Gesetz und das Recht auf Meinungsfreiheit. Auch die Idee eines freien Individuums mit seiner Fähigkeit, sich seines »Verstandes ohne Leitung eines anderen zu bedienen« (Kant), ist für den oben genannten Prozess von Bedeutung.

Die Errungenschaften der Moderne wurden immer wieder in Frage gestellt und rückgängig gemacht, im 20. Jahrhundert vor allem durch den Nationalsozialismus. Krauss schätzt die in Deutschland nach dem Zweiten Weltkrieg stattfindende Aufarbeitung des Nationalsozialismus hoch, kritisiert jedoch darin die Tendenz, das »Böse« mit dem »Deutsch-Sein« gleichzusetzen. Diese Gleichsetzung mache es unmöglich, gegen die Moderne gerichtete antiaufklärerische und totalitäre Elemente in anderen fremdkulturellen Weltanschauungen, vor allem im Islam, zu erkennen.

Jegliche Kritik an nichtdeutschen beziehungsweise nichtwestlichen Formen des Totalitären wird als »Rassismus« verleumdet. Diese »Verzerrung« wird nach Krauss nicht nur durch die Krise der Demokratie, sondern auch durch die Ideologie der Postmoderne befördert. Der postmoderne Kulturrelativismus geht davon aus, dass Kulturen miteinander nicht vergleichbar sind, dass es keine Maßstäbe gibt, anhand derer man die Normen einer Kultur über die Normen anderer Kulturen stellen würde.

Vor dem Hintergrund der postmodernen Ideologie wird Kritik am Islam als »Rassismus« bezeichnet, Islamkritiker werden diffamiert und ausgegrenzt. Das geschieht zunehmend auch an Hochschulen, wofür Krauss einige Beispiele gibt. Islamkritik wird an Hochschulen tabuisiert. Das Ziel dieser Politik, die die Wissenschaftsfreiheit verletzt, ist es, die Zuwanderung von Moslems nach Deutschland und Europa zu legitimieren.

Im Zusammenhang mit dem Phänomen der Migration werden heute Diskussionen über die kulturellen Leistungen und Besonderheiten Europas immer stärker tabuisiert. Dies gilt besonders dann, wenn in solchen Diskussionen die islamische Welt kritisiert wird. Darauf macht der Historiker *Ronald G. Asch* aufmerksam. An den Hochschulen werden Rufe nach einer »Dekolonialisierung« der Forschung und Lehre immer lauter. Die Wissenschaft müsse dekolonialisiert werden, um die einseitige Orientierung an der europäischen beziehungsweise westlichen Kultur aufzuheben. Bisweilen stellen radikal dekolonialistische Ansätze die Methodik der Naturwissenschaften in Frage, weil sie in ihr den Ausdruck spezifisch westlicher Sichtweise sehen. Kulturen sollen als »gleichwertig« betrachtet werden, so der Leitsatz dieser Ansätze. Stellt man ihn in Frage, so gerät man als Wissenschaftler unter Druck.

Asch fordert dazu auf, eine ergebnisoffene Debatte über die »Sonderstellung des Westens« zu führen. Die Debatte müsste sich besonders auf die frühe Neuzeit konzentrieren, denn in dieser Zeit treten Entwicklungen ein, die das Spezifische Europas konstituieren. Dazu gehören die Trennung zwischen der weltlichen und der religiösen Ordnung, das »Konkurrieren« des Christentums mit dem antiken Erbe, die Fragmentierung Europas und die Entstehung von Nationalstaaten. Die Konfessionsspaltung beförderte zudem die Konkurrenz zweier Wahrheitskonzeptionen. Das führte zur Entstehung »einer Atmosphäre des Zweifels und des Skeptizismus«, die wiederum zur Suche nach neuen Gewissheiten verleitete und den Weg der Aufklärung des 18. Jahrhunderts bereitete.

Mit der Forderung nach einer Dekolonialisierung werden – so resümiert Asch – Traditionen untergraben, die das Fundament unserer Wissenssysteme und auch unseres Rechtsstaates bilden.

Der Erfahrungsbericht des Politikwissenschaftlers *Martin Wagener* zeigt, wie sich das Meinungsklima an deutschen Hochschulen in der letzten Dekade verändert hat. In seiner wissenschaftlichen Karriere erlebte er immer wieder Einschränkungen der Wissenschaftsfreiheit. Zunächst an der Universität Trier, wo er als Juniorprofessor tätig war. 2011 erhielt dort der feminismuskritische Historiker Martin van Creveld ein Visiting Fellowship. Linke Aktivisten übten so viel Druck auf den Universitätspräsidenten aus, dass dem Historiker schließlich das Stipendium entzogen wurde. Er konnte nur einen Vortrag im Rahmen seiner Vortragsreihe halten. Ein von Wagener geplantes Seminar mit van Creveld konnte an der Universität Trier nicht stattfinden.

2012 nahm Wagener einen Ruf an die Hochschule des Bundes für öffentliche Verwaltung am Fachbereich Nachrichtendienste in Haar an. Nach der Veröffentlichung seines Buches *Deutschlands unsichere Grenzen. Plädoyer für einen neuen Schutzwall* wurde Wagener von unterschiedlichen Seiten, sowohl universitären als auch außeruniversitären, darunter Bundestagsabgeordneten, angegriffen und angefeindet.

Diese Reaktionen verschärften sich nach der Publikation seines neuesten Werkes *Kulturkampf um das Volk. Der Verfassungsschutz und die nationale Identität der Deutschen*. Unter anderem distanzierte sich der Fachbereich Nachrichtendienste öffentlich von dem, was Wagener publizierte. Das Bundesamt für Verfassungsschutz schaltete sich ein und unterstellte, dass Wagener Bestrebungen gegen die freiheitliche demokratische Grundordnung der Bundesrepublik unternehme.

Wagener zeigt auf, wie Wissenschaftsfreiheit sowohl durch hochschulinterne Maßnahmen wie auch durch hochschulexterne politische Faktoren beeinträchtigt wird. Abschließend beklagt er die Entstehung eines gesellschaftlichen Klimas, das bei zahlreichen Wissenschaftlern zur freiwilligen Selbstbeschränkung ihrer Forschung führt.

Der Philosoph *Alexander Ulfig* weist in einer historischen Skizze den Entstehungsgrund des Rechts auf Wissenschaftsfreiheit in der Philosophie der Aufklärung nach. Dieses Recht wie auch das noch fundamentalere und umfangreichere Recht auf Meinungsfreiheit fanden ihren Niederschlag in den Verfassungen von Nationalstaaten, unter anderem im Grundgesetz der Bundesrepublik Deutschland, und den Menschenrechtserklärungen.

Im Hauptteil seines Artikels schildert Ulfig den Ausschluss (Exklusion) von Feminismus- und Gender-Kritikern aus akademischen Projekten und Debatten zu Feminismus und Gender anhand des Forschungsprojekts *Reverse*. Er analysiert die einzelnen Ausschlussstrategien und -mechanismen. Er nimmt die Strategie »Kritiker in die rechte Ecke stellen«, die wohl häufigste Ausschlussstrategie, besonders genau unter die Lupe. Der Ausschluss stellt nach Ulfig eine Verletzung der Wissenschaftsfreiheit dar, denn zur Wissenschaftsfreiheit gehört auch, dass kritische Meinungen zu Feminismus und Gender in den akademischen Forschungsprozess einbezogen werden sollten.

Ulfig folgert, dass das Projekt *Reverse*, wie auch viele andere Projekte und Engagements, die kritische Wissenschaftler aus der akademischen Wissenschaft ausschließen möchten, einer politischen Agenda folgen.

Der Psychologe und Bildungswissenschaftler *Josef Christian Aigner* behandelt die an Hochschulen stattfindenden »genderpolitischen Konflikte«. Als Professor an der Fakultät für Bildungswissenschaft der Universität Innsbruck wurde er in den letzten Jahren seiner Lehrtätigkeit mit einer dogmatisch-feministischen Fakultätsleitung konfrontiert. Aigner beschreibt einige »Praktiken« dieser Fakultätsleitung, unter anderem die finanziell geförderte und von Qualifikationskriterien gelöste Bevorzugung von Frauen bei Berufungen auf Professuren.

Aigner wurde darüber hinaus aufgrund eines von ihm mitgetragenen Projekts zur Gewinnung von männlichen Kindergartenpädagogen persönlich angegriffen, wobei ihm Vorurteile entgegengebracht wurden. Für viele Feministinnen sollte Jungen- und Männerforschung profeministisch sein, ansonsten erntet sie von feministischer Seite Misstrauen und Zuordnung zur politischen Rechten.

Abschließend fragt Aigner nach der psychosozialen Dynamik, die die Durchsetzung der feministischen Politik an den Hochschulen begünstigt. Die zentrale Rolle spielt dabei der Begriff des

»Co-Feminismus«: Männer tragen radikal-feministische Ansprüche mit oder sie fördern sie, weil sie sich davon Vorteile versprechen.

Die Biologin Marie-Luise Vollbrecht sollte an der Humboldt-Universität Berlin einen Vortrag darüber halten, dass es in der Biologie zwei Geschlechter gibt. Nach Protesten von Queer-Aktivisten wurde sie von der Universität ausgeladen. Der Evolutionsbiologe *Axel Meyer* äußert sich in einem Interview über diesen Vorfall und über den Stand der Wissenschaftsfreiheit.

Marie-Luise Vollbrecht wollte in dem Vortrag auf biologische Tatsachen hinweisen, das heißt Wissen vermitteln, das in der Biologie als gesichert gilt. Meyer ruft dieses Wissen, das eigentlich schon in der Schule gelehrt wird, in Erinnerung. Er geht auf die genetischen und hormonellen Unterschiede zwischen Männern und Frauen ein, um die These von der Zweigeschlechtlichkeit zu untermauern.

Meyer kritisiert ferner die Situation an deutschen Universitäten und die aus ihr hervorgehende Verletzung der Wissenschaftsfreiheit. Das fängt mit vorgeschriebener Gendersprache an, geht über mit vielen Befugnissen ausgestattete Gleichstellungsbüros, die zum Beispiel Berufungsverfahren beeinflussen, bis zu Quoten in allen Bereichen der akademischen Welt. Wissenschaftliche Stellen werden immer weniger nach Leistung und Qualifikation, sondern immer mehr nach politischen, »weltverbessernden« Kriterien besetzt.

Das führt nicht nur zu Ungerechtigkeiten – diskriminiert beispielsweise ganz eindeutig die Männer –, sondern gefährdet auch den Wissenschaftsstandort Deutschland. Mit Quotenregelungen kann es keine gute Wissenschaft und somit auch keinen Fortschritt in der Gesellschaft geben.

Meyer glaubt dennoch daran, dass sich letztlich die Ideale der europäischen Aufklärung, allen voran die Vernunft, durchsetzen werden. Und dies aus einem einfachen Grund: Um die gegenwärtigen Herausforderungen wie Pandemie, Klima und Energie zu bewältigen, werden uns konstruierte Geschlechter nicht helfen, sondern solide wissenschaftliche Forschung und solide wissenschaftliche Expertisen.

Wir danken allen Beteiligten, insbesondere den Autoren, für engagierte Diskussionen sowie konstruktive Zusammenarbeit bei der Erstellung dieses Buches!

Die Prinzipien der Aufklärung sind fundamental. Wir müssen sie verteidigen

INTERVIEW MIT ULRIKE ACKERMANN

Frau Ackermann, Sie und weitere Wissenschaftler wollen mit dem »Netzwerk Wissenschaftsfreiheit« gemeinsam ein freiheitliches Klima stärken, Forschung und Lehre vor ideologisch motivierten Einschränkungen bewahren. Nun ist Cancel Culture vor allem ein öffentliches Thema, wenn es Prominente trifft wie Dieter Nuhr, Lisa Eckhart oder J. K. Rowling. Was passiert denn da gerade an den Universitäten?

Wir beobachten seit einigen Jahren mit Sorge eine Verengung von Fragestellungen, Themen und Argumenten. Insbesondere in den Geisteswissenschaften, aber auch in den Sozial- und Kulturwissenschaften geraten zunehmend bestehende Machtverhältnisse und die Benachteiligung von Minderheiten in den Fokus – also eine Politisierung mit dem Ziel, die Gesellschaft zu verändern.

Cancel Culture zielt ja nicht zuletzt darauf ab, Personen mit unliebsamen Meinungen auszugrenzen und ihren Ruf zu zerstören. Gibt es konkrete Beispiele?

An der Humboldt-Universität in Berlin waren zum Beispiel der Politikwissenschafter Herfried Münkler und der Historiker Jörg Baberowski heftigen Shitstorms ausgesetzt.

Welches sind die Redeverbote, mit denen die beiden belegt werden sollten? Was genau haben sie gesagt?

Jeweils eine kleine Gruppe von Studierenden hat die Vorlesungen gestört und unglaublichen Druck gemacht. Aus der Anonymität heraus beschimpften die Angreifer Münkler als Sexisten und angeblichen Militaristen.

Baberowski wurde mit dem Rassismusvorwurf belegt, weil er die Flüchtlingspolitik der Regierung kritisiert hatte und ein interdisziplinäres Zentrum für vergleichende Diktaturerfahrung aufbauen wollte.

Eine kleine Gruppe?

Kleine Gruppen versuchen, eine Politisierung in die Veranstaltungen hineinzutragen, bis hin zur Forderung: weg mit Münkler. An der J.-W.-Goethe-Universität in Frankfurt hatte die Islamwissenschafterin Susanne Schröter eine Konferenz geplant, die sich mit dem Kopftuch als religiösem Symbol beschäftigte. Auch diese Veranstaltung sollte verhindert werden, weil damit angeblich einem »antimuslimischen Rassismus« Vorschub geleistet werde.

Worum handelt es sich bei den kritischen Themen? Gibt es spezifische Bereiche, um die es geht?

Besonders zeigt sich dies in den Gender-Studies und im Felde der postkolonialen Studien. Ein Perspektivwechsel wird gefordert: Die jahrhundertelange Diskriminierung und Benachteiligung von Frauen, ethnischen Minderheiten und Religionen soll ins Zentrum rücken. Eurozentrismus und patriarchale Herrschaft hätten den Blick verstellt. Die Verbrechen der Kolonialgeschichte spiegelten sich nicht im klassischen wissenschaftlichen Kanon wider.

Deshalb müsse er umgeschrieben werden, um den Opfern Gerechtigkeit widerfahren zu lassen.

Nun scheint der Blick auf soziale Benachteiligung und ungleiche Machtverhältnisse erst einmal nichts Schlechtes. In den 1970er-Jahren entstanden in diesem emanzipatorischen Bewusstsein die neuen sozialen Bewegungen. Wo liegt da heute das Problem?

Patriarchatskritik, Antikapitalismus und Antikolonialismus waren Triebfedern für diese Bewegungen. Über die Jahrzehnte hat sich daraus eine Identitätspolitik entwickelt, die moralisch rigide und ideologisch auftritt. Immer mehr Opfergruppen haben sich formiert und artikulierten ganz klar: Die liberale Geschichte des Westens sei immer zulasten der Frauen und zugunsten des weißen Mannes gegangen; sie sei immer kolonialistisch, rassistisch gewesen, und das präge bis heute unsere Gesellschaften. So wurden an den amerikanischen Hochschulen in den letzten 20 Jahren unter dem Begriff der »affirmative action« ganz dezidiert ethnische Minderheiten, Frauen, sexuelle Minderheiten, religiöse Minderheiten gefördert.

Inwiefern hat diese Entwicklung die Forschung an den Hochschulen verändert?

Es hat sich damit ein Paradigmenwechsel vollzogen. Zugespitzt gesagt, werden ein Diskurs und eine Forschung, die nicht auf Diversität, Gleichheit und Inklusion ausgerichtet sind, die nicht Multikultikulturalismus und Kommunitarismus entsprechen, als Überbleibsel der alten Ideologie des weißen Mannes gebrandmarkt. Wer dem nicht folgt, wird schnell in die rechte, sexistische oder in die rassistische Ecke gestellt.

Die Meinungsjournalistin Bari Weiss mahnte im Kontext ihres Abgangs bei der *New York Times*, dass Cancel Culture in fataler Weise von den Unis in die Gesellschaft übergreife. Wie muss man sich diese Wechselwirkung vorstellen?

Nehmen wir die Frauenforschung, die aus der Frauenbewegung entstand; daraus wurde die Gender-Forschung. Die alte Frauenbewegung kritisiert heute, dass ihre Forderungen aufgeweicht werden von neuen Opfergruppen sexueller Minderheiten, was sich in der Forschung als Queer-Theory herausbildete. Die Gruppen verfolgen eine bestimmte politische Agenda, die sie nicht nur im wissenschaftlichen Felde, sondern in der Gesellschaft durchsetzen wollen. Das reicht von der Genderisierung der Sprache bis zur Umorganisation öffentlicher Toiletten.

Diese Entwicklung führt aber doch eher zu noch mehr Spaltung als zu einer Versöhnung der Gesellschaft.

Genau. Es ist paradox, denn gerade die westlichen, liberalen, demokratischen Gesellschaften hatten historisch eine besondere Sensibilität und ein Augenmerk auf Minderheiten. Doch diese Identitätspolitik einzelner Gruppen führt heute zu einer weiteren Zersplitterung der Gesellschaft, nicht zuletzt weil die Konkurrenz der unterschiedlichen Opfergruppen natürlich auch unheimlich zunimmt.

Sie schreiben in Ihrem Buch, dass Uni-Professoren in den 1960er- und 1980er-Jahren mehr Lust auf gesellschaftliche Einmischung hatten als heute. Warum?

Damals gab es noch mehr Durchlässigkeit zwischen dem, was an den Universitäten diskutiert wurde, und den gesellschaftlichen

Debatten. Was heute die Mehrheit der Bevölkerung interessiert und umtreibt, ist etwas anderes als das, was in den völlig geschützten Räumen der Universität stattfindet. Aus Amerika kommt das Problem der sogenannten »safe spaces«: Die Studenten haben mittlerweile Angst, mit unbequemen Themen in Berührung zu kommen, weil sie das traumatisieren könnte. Eine aberwitzige Entwicklung, die das freie Denken und das freie Debattieren immer unmöglicher macht, weil Empfindlichkeiten eine ausschlaggebende Rolle spielen. Es wird darüber debattiert, wer zu welcher Gruppe gehöre und was die Gefühle dieser Minderheit verletzen könnte. Das heißt, es wird nicht rational über eine Sache diskutiert, sondern es wird aus der subjektiven Position heraus argumentiert: Ich bin eine Frau, deshalb ..., ich bin Muslimin, deshalb ..., ich bin transsexuell, deshalb ...

Welche Folgen hat es, wenn ausgerechnet an Bildungsinstitutionen Hypersensibilität und psychische Sicherheit vor Meinungsfreiheit gestellt werden?

Selbstständige Urteilskraft, die Fähigkeit, Perspektiven zu wechseln, das Streben nach Erkenntnis ohne absolute Gewissheit, wissenschaftlicher Pluralismus – also all die Grundprinzipien des Humboldtschen Bildungsideals lernen Studierende unter diesen neuen Bedingungen gerade nicht. Und das ist natürlich völlig fatal für zukünftige gesellschaftliche Leistungsträger. Studienabgänger sind dann eher Opportunisten, die nicht auffallen wollen, keine Konflikte eingehen und nicht wirklich den Wettbewerb der Ideen vorantreiben können. Aber unsere liberale Gesellschaft ist nun mal von Konflikten beseelt.

An der Uni Hamburg nutzte dem Professor und AfD-Gründer Bernd Lucke im Hörsaal nicht einmal mehr Polizeischutz, er wur-

de niedergeschrien. Nun gibt es an einer Uni ja viele Professoren, und man fragt sich, wo da die Gegenkräfte bleiben.

In den letzten Jahren ist an den Hochschulen ein Klima entstanden, das diese Einzelaktionen militanter Gruppen toleriert. Man beugt sich zum Teil diesem Druck aus Gründen der politischen Korrektheit. Und wenn selbst eine Universitätsleitung oder auch der Mittelbau irgendwelche Studenten gewähren lassen, weil die meinen, ihre Gefühle seien verletzt und sie hätten somit das Recht, Cancel Culture zu betreiben, ist das natürlich verheerend.

Die Linke allerdings behauptet, es gebe keine Redeverbote, keine Cancel Culture, man dürfe doch alles sagen. Dieser Vorwurf der Meinungsdiktatur sei nur eine Möglichkeit für rechte Provokateure, sich als Opfer einer linken Hegemonie zu inszenieren.

Es hat sich an den Universitäten, zumindest in den erwähnten Fachbereichen, ein linker Mainstream durchgesetzt. Militante Studentengruppen vertreten zudem ihre klassische antifaschistische Neigung nicht mehr nur auf der Straße, sondern auch im universitären Bereich. Sie sind der Meinung, die Gefahr komme heutzutage nur von rechts. Und rechts ist alles, was jenseits ihrer selbst definierten ideologischen Markierung liegt und nicht dem vorherrschenden linken Mainstream entspricht. Damit wird versucht, eine andere Position sofort zu delegitimieren. Das hat Tradition, besonders in intellektuellen Debatten, auch gerade in Deutschland.

Was halten Sie davon, dass Twitter den präsidialen Account von Donald Trump abgestellt hat?

Mein erster Impuls war ganz kurz Freude. Aber letztlich ist das natürlich mit der Meinungsfreiheit nicht vereinbar. Da bin ich mit

Frau Merkel einer Meinung gewesen, die das frühzeitig kritisiert hat.

Das heißt, dass man in jedem Fall seine eigenen Stimmungslagen überprüfen muss. Der Philosoph Julian Nida-Rümelin nennt Cancel Culture eine Form des Ausstiegs aus dem Projekt der Aufklärung.

Die Prinzipien der Aufklärung sind fundamental für den akademischen Betrieb: Wir müssen sie verteidigen. Selbstkritik, Irrtum, Revision von Positionen, Offenheit der Fragestellungen machen die über Jahrhunderte mühsam durchgesetzte Freiheit der Wissenschaft aus. Sie sind das A und O für unseren gesamten gesellschaftlichen Fortschritt und natürlich für die Entwicklung neuer Ideen, um neuen Herausforderungen überhaupt begegnen zu können.

Der Missstand, den Sie formulieren, das ist ja eigentlich eine intellektuelle Austrocknung. Was wünschen Sie sich diesbezüglich für die nähere Zukunft?

Ich wünsche mir, dass die gesellschaftliche Mitte geistig befruchtet wird. Es ist immer ein Problem gewesen, dass viele Intellektuelle früher eher links waren. Es fehlten Intellektuelle, die wie etwa Ralf Dahrendorf die Freiheit ins Zentrum stellten, streitlustig waren und neue Ideen entwickelt haben, ohne sich vereinnahmen zu lassen von irgendeinem Lager. Der Intellektuelle mit großem Einfluss ist immer noch Jürgen Habermas. Etwas Vergleichbares auf liberaler Seite haben Sie nicht. Sie finden in Deutschland nirgends prominent besetzte Lehrstühle, wo beispielsweise eine Ideengeschichte der Freiheit gelehrt wird. Sie haben eigentlich keine Tradition der liberalen Köpfe. Offensichtlich ist es vielen um die Freiheit nicht so wichtig. Oder man meint, wir brauchen so etwas nicht.

Ist es nicht eher so, dass man Freiheit als viel zu selbstverständlich angesehen hat und nicht daran dachte, dass sie auch einmal wieder gefährdet sein könnte?

Das ist ein ganz wichtiger Punkt: Diese Selbstgewissheit, es ginge immer so weiter und die liberale Demokratie, das liberale Denken und freiheitliche Lebensstile hätten allseits gesiegt, ist leider ein Trugschluss. Die Fragilität unseres Lebensstils und der Angriff auf freiheitliche Prinzipien zeigen: Die Wertschätzung des Individuums, seine Selbstermächtigung aus kollektiven Zwängen müssen wir immer wieder neu verteidigen.

Das Interview erschien zunächst in der *Neuen Zürcher Zeitung*, 8.2.2021 und 12.8.2022. Von Ulrike Ackermann erschien zuletzt: *Die neue Schweigespirale. Wie die Politisierung der Wissenschaft unsere Freiheit einschränkt*, Darmstadt 2022.

Wie die »politische Korrektheit« die Wissenschaftsfreiheit einschränkt – aus sprachwissenschaftlicher Sicht

HEINZ-DIETER POHL

Seit der Französischen Revolution gibt es das *Menschenrecht der Meinungsfreiheit* und diese ist als ein in den Verfassungen garantiertes Grundrecht zu sehen. In engem Zusammenhang mit der Meinungsfreiheit sichert die Informationsfreiheit den Zugang zu wichtigen Informationen, ohne die eine kritische Meinungsbildung gar nicht möglich wäre. Beschränkungen der Meinungsfreiheit dürfen in Demokratien keine abweichende Meinung unterbinden, sondern nur zum Staatsschutz oder zum Schutz anderer wichtiger Interessen wie dem Jugendschutz eingesetzt werden. Daraus ergeben sich Einschränkungen der Meinungsäußerungsfreiheit vor allem zum Schutz der persönlichen Ehre vor Beleidigung oder Verleumdung, zum Schutz vor der Weitergabe als geheim klassifizierter Informationen, zu den Grenzen der Sittlichkeit und des Jugendschutzes sowie der Grenzen der öffentlichen Sicherheit, zum unlauteren Wettbewerb durch Diskreditierung der Ware oder Dienstleistung eines Konkurrenten, ebenso zur nichtautorisierten Weitergabe urheberrechtlich geschützter Informationen. In diesen Bereichen findet die *politische Korrektheit* (engl. *Political Correctness* – PC) ihr Wirkungsfeld.

Mit dem Begriff *politische Korrektheit* versucht man, auf sprachlicher Ebene Diskriminierung und Herabwürdigung durch die Auswahl entsprechender Ausdrucksweisen zu vermeiden. Psychologisch schwingt dabei die Vorstellung mit, dass man dadurch zur Lösung bestehender gesellschaftlicher Probleme und zur Besserung der Lage benachteiligter Personen(-gruppen) beitragen könne. Sprachwissenschaftlich gesehen ist die *politische Korrektheit* aber ein Randthema, das hauptsächlich im Bereich Semantik und Soziolinguistik verortet ist. Es dient dazu, normativ auf die Standardsprache einzuwirken, indem einerseits bestimmte Ausdrucksweisen als nicht der Norm zugehörig bezeichnet werden, andererseits neue Formulierungen kreiert werden. Besonders deutlich kommt dies beim *feministischen Sprachgebrauch* zum Vorschein.[4]

Der Begriff *politische Korrektheit* beziehungsweise das Adjektiv *politisch korrekt* ist ein aus dem englischsprachigen, genauer: amerikanischen Raum stammendes Schlagwort, wo diese Begriffe *Political Correctness* beziehungsweise *politically correct* lauten, daher abgekürzt *PC*. Dieses spielt insbesondere in der sogenannten *öffentlichen Meinung* eine Rolle, die ja von Kritikern oft zutreffend auch *veröffentlichte Meinung* genannt wird. In seiner ursprünglichen Bedeutung bezeichnet der englische Begriff *politically correct* die Zustimmung zur Idee, dass Ausdrücke und Handlungen vermieden werden sollten, die Gruppen von Menschen diffamieren oder beleidigen könnten, vor allem in Bezug auf Rasse, Geschlecht oder körperliche Merkmale. Bald wurde dieser Begriff in

---

4 In vielen Publikationen zur »politischen Korrektheit« wird eine geschlechtergerechte Schreibweise verwendet, so schreibt Stefanowitsch 2018 konsequent nach dem Muster *Leser/-innen* – übrigens die einzige vom Duden empfohlene Variante (eine gute Zusammenfassung bietet Kargl-Wetschanow et al. 1997). Gelegentlich wird auch auf andere Möglichkeiten hingewiesen, zum Beispiel auf die Sternchen-Schreibung (*Leser*innen*). Stefanowitsch zeigt zwar manchen Sprachgebrauch auf, der in der Tat problematisch ist, will aber »keine Sprachvorschriften« (2018, 81) machen, doch zwischen den Zeilen tritt er deutlich gegen das generische Maskulinum auf, weil es die Frau »systematisch versteckt« (2018, 36).

den USA von konservativen Studenten, Akademikern, Journalisten und so weiter zu einem pejorativ gebrauchten Kampfbegriff umfunktioniert, und damit verwandelte er sich zu einem Kennzeichen der Ablehnung von Antidiskriminierungsbemühungen; vor allem konservative Kräfte verwenden ihn seit den 1990er-Jahren in Auseinandersetzungen mit ihren politischen Gegnern. In der Folge wurde er dann auch von nichtkonservativen Kräften verwendet und wird es auch weiterhin.

Im Deutschen beschreibt *politische Korrektheit* einen Sprachgebrauch, der durch eine besondere Sensibilisierung gegenüber Minderheiten und benachteiligten Gruppen gekennzeichnet ist und sich der Antidiskriminierung verpflichtet fühlt.[5] Es soll in der Diskussion ein »neutraler« Wortschatz verwendet werden, der keine Missverständnisse aufkommen lässt. Allerdings erfuhr der Begriff auch im deutschen Sprachgebrauch einen Bedeutungswandel und wurde vielfach zum *politischen Schlagwort*, daher ist auch im deutschen Sprachraum der PC-Begriff eher negativ besetzt. Dies liegt meiner Meinung nach auch daran, dass man im öffentlichen Diskurs sehr locker mit Begriffen wie Rechts- und Linksextremismus umgeht, wobei man sich gegenseitig mit entsprechender Kritik und Diffamierung überhäuft.

Es lassen sich zwei verschiedene Verwendungen des Begriffs feststellen, eine eher positive (1.) und eine kritisch-negative (2.):

1. Dieser Begriff ist einerseits ein praktisches Schlagwort im Zusammenhang mit dem besonders in Nordamerika und Europa seit dem ausgehenden 20. Jahrhundert vorhandenen Bemühen, die Interessen von Minderheiten aller Art stärker zu vertreten und damit *Diskriminierung* vor allem im

5 So zum Beispiel der deutsche Sprachwissenschaftler Anatol Stefanowitsch (2018, 9) in der Einleitung seines Buches.

Sprachgebrauch zu vermeiden, wie sie vielfach in der Vergangenheit üblich war, auch wenn man sich dessen nicht bewusst war. Mit der Aussage, dass etwas *politisch nicht korrekt* oder *politisch inkorrekt* sei, soll signalisiert werden, dass eine Norm verletzt wurde und solche Äußerungen (oder Handlungen) den allgemeinen moralischen Normen zuwiderlaufen, wobei auch *Tabus* gebrochen werden können. Daraus folgt, dass auch berechtigte Kritik vielfach stark moralisierend gefärbt ist.[6]

2. Andererseits wird dieser Begriff aber auch als Freiheitsbeschränkung oder Zensur an gesellschaftlichen Normen empfunden, sei es, um am Gewohnten festzuhalten, sei es gegen Übertreibung bei der Vermeidung als negativ empfundener Ausdrucksweisen. Durch zu viel Rücksichtnahme könne die Freiheit der Äußerung von Fakten oder Wahrheiten unterdrückt werden. Diese Kritik an vermeintlicher *politischer Korrektheit* als Kampfbegriff gegen zu viel Rücksichtnahme beziehungsweise auch gegen einen politischen Gegner ist ebenfalls als politisches Schlagwort in Verwendung.

Es sind vor allem vier Bereiche, in denen politisch korrekte Ausdrucksweise besonders häufig eingefordert wird:

1. Abstammung und Ethnie, also Benennung von Angehörigen bestimmter Personengruppen (zum Beispiel Migranten), Ethnien beziehungsweise Völkern oder anthropologischen Typen beziehungsweise Rassen (wie auch *Volk* als Fachausdruck heute eher gemieden);

---

6 Diesen Fragen widmet Stefanowitsch die beiden Kapitel »Wie Sprache und Moral zusammenhängen« (2018, 23ff.) und »Wie wir moralisch sprechen« (2018, 47ff.).

2. Verwendung geografischer und ethnografischer Namen;

3. Personen mit körperlicher oder geistiger Behinderung;

4. Geschlechtergerechter Sprachgebrauch (generisches Maskulinum beziehungsweise grammatikalisches versus biologisches Geschlecht).

Abstammung und Ethnie

Typische Beispiele für die Verwendung politisch korrekter Ausdrucksweisen sind in diesem Zusammenhang Begriffe wie *Personen mit Migrationshintergrund* statt *Ausländer*, *Roma* statt *Zigeuner*, *Afroamerikaner* oder *Schwarzafrikaner* statt früher *Neger* und so weiter. In diesen Kontext gehören auch die *Ethnophaulismen*, die abfälligen Bezeichnungen für andere Ethnien, zum Beispiel *Tschuschen* (vor allem für Einwohner von Ex-Jugoslawien).

Bezüglich der Benennung von Angehörigen bestimmter Ethnien (Völker) und ethnischer Gruppen (Volksgruppen) werden in letzter Zeit zunehmend Eigenbezeichnungen verwendet und die bisher üblichen traditionellen Bezeichnungen vermieden. So werden zum Beispiel – von Kanada ausgehend – die *Eskimo* jetzt *Inuit*, vom deutschen Sprachraum ausgehend die *Zigeuner* jetzt *Sinti und Roma* genannt, welche Bezeichnungen aber nur von einem zwar großen Teil der Angehörigen dieser Ethnien goutiert werden, aber nicht von allen. Somit reduziert sich der Sprachgebrauch auf eine andere Ebene, das Ersatzwort ist das fachsprachliche beziehungsweise das »höfliche«, das ursprüngliche das umgangssprachliche beziehungsweise weniger höfliche und heute meist auch das abwertend empfundene. Dies kann man an Bezeichnungen wie *Roma* gegenüber *Zigeuner* oder *Migranten* gegenüber *Ausländer* sehen. Vielfach ist aber die Tatsache zu beobachten, dass sich »politisch korrekte« Begriffe abnützen, indem die Ersatzbegriffe immer mehr die ursprüngliche Bedeutung des Wortes, das sie ersetzen, annehmen, vor allem in Kombination mit einem bestimmten Tonfall, wie dies manchmal bei Wörtern wie *Migranten* oder *Asylanten* deutlich wahrnehmbar ist. Darüber hinaus ändern sie die Realitäten sowie die soziale Wirklichkeit kaum. So hat in den USA die Terminologie *Negro* → *black people* → *colored people* → *Afro-Americans* zu keinen wirklich durchgreifenden Veränderungen geführt und auch zu keiner allgemeinen sozialen Integration. Oder ist die Lage vieler *Personen mit Migrationshintergrund* durch diese Wortwahl wirklich besser geworden?

Heute werden viele umgangssprachliche und mundartliche Bezeichnungen als abwertend empfunden. So stammen die meisten *Ethnophaulismen* aus solchen Sprachschichten wie *Tschusch* (Südosteuropäer) oder *Piefke* (Bundesdeutscher) einerseits, *Polák* (Pole) oder *Krawåt* (Kroate) andererseits. Letztere beide waren ursprünglich neutrale mundartliche Benennungen, hingegen hatten *Tschusch* (in Bosnien) und *Piefke* (nach einem aus dem Slawischen stammenden Familiennamen einer Berliner Witzfigur,[7] zufällig auch Name einiger preußischer Militärmusiker) immer schon eine negative Konnotation. Während also Eigenbezeichnungen positiv gewertet werden, ist dies bei Fremdbezeichnungen nicht so, sie werden oft als abwertend empfunden wie eben *Zigeuner* statt *Roma* (amtlich *Sinti und Roma*). Sie sind übrigens die einzigen »echten« *Arier* in Europa und sprechen eine indoarische Sprache, das *Romani* oder *Romanes* (Pohl 2007). Trotzdem wurden sie Opfer der NS-Vernichtungsmaschinerie. Der Ursprung des Namens *Zigeuner* liegt im Dunkeln, ähnliche Bezeichnungen gibt es auch in anderen Sprachen (griechisch *tsingani*, älter *athinganoi*, slawisch-russisch *cygan*;

7 Bedeutung: »Biertrinker«.

auf »Ägypter« beruht die englische Bezeichnung *gipsy*, französisch *gitan*, italienisch *gitano* und so weiter), die Eigenbezeichnung *Roma* bedeutet »Mensch«, doch man bezeichnet sich eher nach dem Namen der Stämme wie *Lovara, Sinti, Kalderasch* und so weiter. Umgangssprachlich ist die Bezeichnung *Zigeuner* bis heute üblich,[8] auf Speisekarten findet man nach wie vor das *Zigeunergulasch* oder den *Zigeunerspieß*, die aus mehreren Fleischsorten hergestellt werden; andere Speisen mit *Zigeuner-* werden für besonders scharfe Gerichte verwendet. Auch die berühmte Operette heißt noch immer der *Zigeunerbaron*; wenn auch *Roma* heute das fachsprachliche Wort ist – im Alltagssprachgebrauch wird nach wie vor *Zigeuner* verwendet, zum Teil auch von ihnen selbst.

Ähnlich ist es bei den *Lappen*, die fachsprachlich heute *Samen* genannt werden; die Landschaft heißt aber noch immer *Lappland*. Während der Name *Lappe* als »Grenzbewohner« gedeutet wird, bedeutet die Eigenbezeichnung »Sumpfleute«. Auch *Eskimo* wurde fachsprachlich durch *Inuit* ersetzt, gehört aber immer noch der Umgangssprache an. Ob diese drei Bezeichnungen (*Zigeuner, Lappen* und *Eskimo*) heute wirklich als *politisch unkorrekt* zu gelten haben, ist eine rein ideologische Frage.

Es lassen sich zwei verschiedene Verwendungen des Begriffs feststellen, eine eher positive (1.) und eine kritisch-negative (2.), siehe oben.

---

8 Der Name der *Arier* (altindisch *ārya*, altpersisch *aryā*, Genitiv Plural *aryānam* > mittelpersisch *ērān*, worauf dann neupers. ناريا *Īrān* beruht) stammt von der indogermanischen Wurzel **ar-* (Bedeutung unklar) und ist die Selbstbezeichnung der Sprecher der indoiranischen Sprachen, die in zwei Gruppen gegliedert ist: Iranisch (Persisch, Ossetisch, Paschtu und so weiter) und Indoarisch (Hindi, Urdu, Sindhi, Marathi, Bengali und so weiter sowie auch Romani, nicht aber die drawidischen und Munda-Sprachen, die anderen Sprachfamilien angehören). Seit dem 19. Jahrhundert wurde *Arier* zunächst in der vergleichenden Sprachwissenschaft verwendet und von dort dann fälschlich auf andere Bereiche übertragen, vor allem in der Rassenideologie des 19. und 20. Jahrhunderts zur Bezeichnung von Angehörigen bestimmter Menschengruppen adaptiert, die als Angehörige einer »edlen (Herren-)Rasse« definiert wurden.

Ein ähnliches Schicksal hat (nicht nur) in der Gastronomie das Wort *Mohr* erfahren. Dieses Wort war neutral, keineswegs abfällig, und bedeutet etwa »dunkelhäutiger Mensch«[9]. Das Wort *Neger* (Schwarzer) hingegen konnte auch eine abwertende Nebenbedeutung haben.[10] Trotzdem gab es immer wieder Diskussionen darüber, ob die Bezeichnung *Mohr im Hemd* ersetzt werden soll – so wurde er in einem Wiener Lokal umständlich als »Heißer Schoko-Nuss-Gugelhupf mit Schokosauce und Schlagobers« angeboten. Auch der *Mohrenkopf* kam in die Diskussion, doch in den Kochbüchern findet man beide Speisen noch immer, auch auf vielen Speisekarten. Die Befürworter einer Umbenennung argumentieren, dass der Begriff *Mohr* aus historischen Gründen »diskriminierend« sei, doch dem ist entgegenzuhalten, dass das Wort *Mohr* ein veralteter, historischer Begriff ist, der fast ausschließlich nur in der Kunst (Othello), in Redewendungen (zum Beispiel: *Der Mohr hat seine Schuldigkeit getan, der Mohr kann gehen*), historisch (nie abwertend) oder auch in traditionellen Bezeichnungen (»Mohren-Apotheke«, »Gasthof zum Mohren«) verwendet wird. Es soll rund 100 Apotheken geben, die den Mohren in ihrem Namen haben; vielfach wurde verlangt, dass der Name geändert werden soll – doch bislang ohne Erfolg. Wenn man dies zu Ende denkt: Heute ist es der *Mohr*, morgen womöglich der *Schwede* (in der *Schwedenbombe*) und übermorgen der *Russe* (kleiner Bismarckhering), den es umzubenennen gilt. Dazu kommen die *Hamburger, Frankfurter* beziehungsweise *Wiener, Krainer*, die *Spanischen Winde, Böhmischen Dalken* und so weiter. Und wie ist es mit Personennamen in Speisen? *Bismarck*(-hering), *Sacher*(-torte), *Eszterházy*(gulyás), *Do-*

9 Ursprünglich bedeutete das Wort »Maure« Nordwestafrikaner und beruht auf *maurus* (lateinisch) beziehungsweise *moro* (italienisch).

10 In der Wiener Umgangssprache gibt es die Redewendung *ich bin neger* – »ich habe kein Geld (mehr)«: dies entspricht der älteren gleichbedeutenden Redewendung *schwarz sein* (ähnlich *schwarzfahren* – »ohne Ticket, also ohne Geld fahren« beziehungsweise *Schwarzfahrer*).

bos(-torte)? Übrigens: Die mit *Neger* gebildeten Mehlspeisen (wie zum Beispiel *Negerbrot*) sind fast gänzlich verschwunden.

Verwendung geografischer und ethnografischer Namen

Ethnografische Bezeichnungen

Die *Slawen* wurden in Deutschland früher *Wenden* (so die alte Bezeichnung für die Lausitzer *Sorben*) oder im Süden *Winden* genannt, wovon das Adjektiv *windisch* gebildet wurde, mit dem man dann in Österreich das Slowenische bezeichnete. Wenn Slowenen deutsch schrieben, nannten sie bis ins 19. Jahrhundert selbst ihre Sprache so (so zum Beispiel Gutsmann, der 1789 in Klagenfurt ein *Deutsch-Windisches Wörterbuch* verfasst hat). Die Bezeichnung *Slowenisch* wurde in Österreich erst nach 1848 endgültig amtlich. In Kärnten verstand man darunter aber vor allem die Schriftsprache, während die volkstümliche Mundart weiterhin *windisch* hieß. Daher wurden um 1900 die sogenannten »deutschfreundlichen beziehungsweise heimattreuen« Slowenen zu den *Windischen*, deren Mutter- und Umgangssprache man dann auch *Windisch* im Gegensatz zur »landfremden« slowenischen Schriftsprache nannte, die vielfach als Kunstsprache diffamiert wurde, wobei der Begriff *windisch* eine politische, aus Sicht der Slowenen durchaus negative Nebenbedeutung bekam; im Slowenischen wurden diese *nemčurji* oder *nemškutarji* genannt (Bedeutung etwa »Deutschtümler«). Zur Zeit des Kärntner Abwehrkampfes (1918–20) waren dann die *Windischen* die »Kärntentreuen«, die »eigentlichen« Slowenen, die bei der Volksabstimmung für den SHS-Staat gestimmt haben, die Abtrünnigen. Im Abstimmungsgebiet lebten (nach der Volkszählung 1910) 70 Prozent slowenischsprachige und nur 30 Prozent deutschsprachige Personen – trotzdem haben rund 40 Prozent Slowenischsprachige mit ihrer Stimme zum Erhalt der Landeseinheit beigetragen. Übrigens haben auch 400–500 Deutschsprachige für Jugoslawien gestimmt (aus wirtschaftlichen Gründen) (Pohl 2020, 15ff.). In der Folge wurde die Kluft zwischen »Windischen« und »Slowenen« noch größer; der Begriff ist heute obsolet geworden, obwohl es in Kärnten immer noch eine sich als »Windische« bezeichnende Gruppe gibt: *Verein der Kärntner Windischen*. In Namen ist *Windisch* vielfach erhalten geblieben, man denke an die *Windische Höhe* in den Gailtaler Alpen, die *Windischen Bühel/Slovenske gorice* in der Steiermark oder an Ortsnamen wie *Windisch Bleiberg/Slovenji Plajberk*. Ähnlich in Deutschland das *Wendland* oder *Windischleuba*. Um eine Wiener Parallele zu nennen: Heute ist es obsolet geworden, die Tschechen *Böhmen* (mundartlich [bęm]) und das Land Tschechien *Tschechei* zu nennen.

Eine ebenfalls mit politischer Korrektheit verbundene Frage ist die ethnische Bezeichnung der deutsch sprechenden Österreicher: Sind sie »Deutsche«, »Österreicher« oder bloß »Deutschsprachige«? Unumstritten ist die Tatsache, dass die Österreicher (abgesehen von den ethnischen Minderheiten) zur deutschen Sprachgemeinschaft gehören. Doch die Österreicher als »Deutsche« zu bezeichnen, gilt heute als politisch inkorrekt – übrigens eine Folge der Vermengung der Begriffe *Ethnie, Nation, Volk*.[11] Zwar sind die Österreicher aufgrund des modernen Nationsbegriffs eine eigene Nation (geworden) und *nicht* Teil der deutschen Nation; Anschlussbestrebungen an Deutschland wie vor 100 Jahren gibt es heute nicht mehr. Aber man sollte Nation und Ethnie beziehungsweise sprachliche und ethnische Gemeinschaften nicht gleichsetzen, denn eine

11 Die zwar alle etwas Ähnliches bedeuten, wobei in der Regel sprachlich-kulturelle Gemeinsamkeiten im Vordergrund stehen, die besonders betont werden, vor allem seit dem 19. Jahrhundert hauptsächlich durch die Sprache (dazu Pohl 2018).

gemeinsame Sprache macht politisch noch keine Nation (bestes Beispiel *Serbokroatisch* > Serben, Kroaten, Bosnier, Montenegriner) (Pohl 1996). Auch Nationalstaaten sind sprachlich meist nicht einheitlich, so lässt sich in Deutschland ein nördlicher und südlicher einerseits und westlicher und östlicher Sprachgebrauch andererseits unterscheiden, der durch die überwiegend nördlich gefärbte Sprache der Massenmedien immer mehr ausgeglichen wird und sich zunehmend auch auf Österreich und die Schweiz auswirkt. Auch das österreichische Deutsch ist keine absolute Einheit, es gibt einen deutlichen Unterschied zwischen dem alemannisch geprägten Vorarlberg, dem südbairisch geprägten Tirol und Kärnten und dem mittelbairisch geprägten übrigen Bundesgebiet, wozu noch slowenische Einflüsse (vor allem in Kärnten) und tschechische (vor allem in Wien) kommen. Die mundartliche Gliederung des deutschen Sprachgebiets ist weitgehend von dessen politischer Aufteilung unabhängig. Bloß die Eigenstaatlichkeit Österreichs hat den Rahmen dafür geliefert, dass es eine österreichische nationale Varietät des (südlich gefärbten) Deutsch gibt, aber keine österreichische »Sprache« (Pohl 2014), wenn auch deren Existenz von manchen Kreisen herbeigewünscht wird, aber die aktuelle Entwicklung deutet eher auf die Überlagerung der (österreichischen) Verkehrssprache durch den bundesdeutschen Sprachgebrauch hin. Übrigens: Früher bezeichnete man die deutschsprachigen Bewohner der ehemaligen Österreichisch-Ungarischen Monarchie als »Volksdeutsche«, heute nennt man sie politisch korrekt »Altösterreicher«. Als ob dies nicht auf alle Angehörigen der österreichischen Reichshälfte zuträfe – nicht aber auf die ungarische: Diese werden in der Fachliteratur »Ungarndeutsche« genannt.

Verschiedentlich hat die politische Korrektheit auch traditionelle Kinderbücher erreicht. Astrid Lindgrens *Pippi Langstrumpf* kam seit den 1970er-Jahren immer mehr wegen einiger Bezeichnungen und Passagen in die Kritik. Als sich schwarze Kinder bei

Pippis Besuch in Afrika vor ihre Füße werfen, unterbindet sie zwar sofort diese Art der Verehrung, indem sie sich selbst auch auf den Boden wirft und dies zu einem Spiel macht. Trotzdem wurde dies als »koloniale Manier« missdeutet. Im Jahre 2009 wurde der Text der deutschen Ausgabe überarbeitet, die Bezeichnungen *Neger* und *Zigeuner* entfernt und aus dem *Negerkönig* der Originalausgabe von 1945 wurde ein *Südseekönig*; schon in der DDR-Version war er durch *König der Takatukaner* (nach dem Buchtitel *Pippi in Taka-Tuka-Land*) ersetzt worden. Übrigens: Astrid Lindgren hatte zu Lebzeiten eine solche Bearbeitung untersagt, zumal ja damals (nicht nur) in Skandinavien das Wort *Neger* die übliche Bezeichnung für Menschen mit schwarzer Hautfarbe war.[12]

Einem anderen Kinderbuch machte die politische Korrektheit den Garaus: Franz Karl Ginkeys *Hatschi Bratschis Luftballon*. Dieses Buch – erschienen im Jahr 1904 – hat Generationen von Kindern in seinen Bann gezogen, ist aber seit den 1960er-Jahren wiederholt für seine rassistische Darstellung von Schwarzen und Türken kritisiert worden. Zu den am meisten kritisierten Teilen des Buches zählt die Episode um die »Menschenfresser«, die dann in neueren Ausgaben durch Affen ersetzt wurden. Da dem Buch »Türkenfeindlichkeit« unterstellt wurde, sind in der (letzten) Ausgabe von 1968 alle Hinweise auf Türken eliminiert worden. So wurde Hatschi Bratschi selbst von einem Türken zu einem Zauberer und das »Türkenland« zum »Morgenland«. Niemand Geringerer als Hans Magnus Enzensberger wies die Zensur des Buches zurück, indem er schrieb: »Nur dem Buch war ein gräßliches Schicksal beschieden. Nichtswürdige Verleger haben es verstümmelt, blöde Illus-

12 Ich kann mich nicht erinnern, dass in meiner Schulzeit das Wort *Neger* negative Konnotationen bewirkt hätte. Näheres siehe im Internet unter https://www.n-tv.de/panorama/Negerkoenig-sorgt-fuer-Arger-article2696131.html und https://diepresse.com/home/panorama/integration/579386/Kein-Negerkoenig-mehr-bei-Pippi-Langstrumpf (zuletzt aufgerufen am 28.8.2019).

tratoren verfälscht, pädagogische Aufseher kastriert, und am Ende wurde es ganz aus dem Verkehr gezogen, ... weil man scharf aufpassen muß, daß die kleinen Kinder nicht auf falsche Gedanken kommen«.[13] Andere Autoren betrachten die Zensurversuche als hoffnungslos, da die Handlung des Buches an sich bereits rassistisch gefärbt sei. Zunächst ist nach 1968 keine weitere Ausgabe mehr erschienen, unlängst aber doch eine kommentierte Neuauflage, die Zeitungsberichten zufolge einen »Shitstorm« auslöste.[14]

Geografische Bezeichnungen

Es ist heute politisch korrekt geworden, die Namen der in osteuropäischen Ländern liegenden geografischen Objekte so zu benennen, wie dies seinerzeit in der DDR üblich war. Nach deren Richtlinien durften nur die Hauptstädte der »Bruderländer« auf Deutsch genannt werden, für alle anderen Städte war das Endonym, also der amtliche Name in der Sprache des jeweiligen Landes zu verwenden. *Prag* statt *Praha* war also erlaubt, *Brünn* statt *Brno* nicht. Da *Bratislava* damals noch keine Hauptstadt war (die Unabhängigkeit der Slowakei trat erst am 1.1.1993 in Kraft), ist dies wohl mit ein Grund, dass der alte deutsche Name *Pressburg* heute kaum noch gebraucht wird. Auch die traditionelle Bezeichnung »indoeuropäisch« statt »indogermanisch« war in der DDR die Norm, und sie wird inzwischen auch bei uns immer häufiger in der Fachliteratur verwendet (Pohl 2016). In Österreich wurden die deutschen Namen aus der Zeit der Monarchie zunächst weiterverwendet, aber

13 So (in Originalorthografie) unter dem Titel »Mein Lieblingsbuch: ›Hatschi Bratschi‹« in: *Frankfurter Allgemeine Zeitung*, 4. August 2004, im Internet unter: https://www.faz.net/aktuell/feuilleton/buecher/hans-magnus-enzensberger-mein-lieblingsbuch-hatschi-bratschi-1177899.html (zuletzt aufgerufen am 28.11.2021).

14 So *Kronen Zeitung* (Wien) 8.10.2019, siehe https://www.krone.at/2019203 (zuletzt aufgerufen am 9.10.2019).

zum Beispiel *Agram* statt *Zagreb* oder *Ödenburg* statt *Sopron* sind selten geworden.

Auch als man im Jahr 2019 des 19. Augusts 1989 gedachte, an dem bei Ödenburg/Sopron die österreichisch-ungarische Grenze anlässlich einer Veranstaltung geöffnet wurde und dadurch einigen Hundert DDR-Bürgern die Einreise (besser: Flucht) nach Österreich ermöglicht wurde, las und hörte man in Medien fast nur den ungarischen Namen *Sopron* und nur selten die deutsche Bezeichnung *Ödenburg*.[15] In der vollständigen Bezeichnung der »Raaberbahn« *Raab-Oedenburg-Ebenfurter Eisenbahn AG* (beziehungsweise ungarisch *Győr-Sopron-Ebenfurti Vasút Zrt.*) sind die alten deutschen Namen erhalten geblieben, auch in der Kurzform *Raaberbahn/GYSEV*.

Wenn es um den »Vertrag von *Lissabon*« und das europäische Parlament in *Straßburg* geht, liest man normalerweise nur die deutschen Namensformen und nicht (portugiesisch) *Lisboa* beziehungsweise (französisch) *Strasbourg*. Auch das Zentrum der EU, die belgische Hauptstadt, erscheint nur auf Deutsch (*Brüssel*, so auch im Niederländischen, aber geschrieben *Brussel* ohne Pünktchen, oder französisch *Bruxelles* [bry(k)sél][16]). Die olympischen Sommerspiele fanden 2008 in *Peking*, die Winterspiele 2006 in *Turin* statt – die amtlichen beziehungsweise einheimischen Bezeichnungen *Torino* oder *Beijing* konnten wir nur sehr selten hören. Aber für die nordböhmische Stadt *Reichenberg* wurde in der Berichterstattung des ORF über die dort ausgetragene nordische Ski-Weltmeisterschaft ausschließlich die tschechische Bezeichnung *Liberec* verwendet. Dieser Gebrauch widerspricht sowohl

15 So zum Beispiel https://diepresse.com/home/spectrum/zeichenderzeit/5672042/Sopron-19-August-1989_Flucht-in-den-Westen (zuletzt aufgerufen am 28.8.2019) – im Text wird nur die Ödenburger Straße erwähnt. Ein Leserbrief stellt dazu zu Recht fest: »In österreichischen und bundesdeutschen Medien wäre es angebracht, entweder von ›Ödenburg/Sopron‹ oder von ›Sopron/Ödenburg‹ zu schreiben«.

16 Veraltet auch [bryksél].

dem »normalen« deutschen Sprachgebrauch als auch der österreichischen Tradition. Diese Stadt hieß im alten Österreich immer schon *Reichenberg*, wenn man deutsch sprach oder schrieb beziehungsweise – wenn man tschechisch sprach oder schrieb – zunächst *Liberk* und dann *Liberec*. Urkundlich hieß die Stadt seit dem 14. Jahrhundert *Reichenberg*, die tschechischen Formen sind seit Ende des 18. Jahrhunderts belegt und *keine* Konstruktionen – im Gegensatz zu *Bratislava*, das bis 1919 auf slowakisch *Prešporok* hieß. Daher ist es aus namenkundlicher Sicht nicht nachvollziehbar, warum im ORF (und auch im überwiegenden Teil der Presse) nur *Liberec* gebraucht wurde, es aber in der Berichterstattung sonst weiter *Florenz, Mailand, Moskau, Athen, Casablanca* und so weiter heißt (und nicht *Firenze, Milano, Moskva* Москва, *Athina* Αθήνα, Dar el-Beida beziehungsweise ad-Dār al-bayḍā' الدار البيضاء).[17]

Ein kurioser Fall aus letzter Zeit: Weiß- beziehungsweise Belorussland will neuerdings international nach weiß- beziehungsweise belorussischer Orthographie Беларусь *Belarus* genannt werden. Allerdings, wenn man sich zur belorussischen (weißrussischen) Schreibung Беларусь *Belarus* (allerdings ohne das in der Linguistik übliche Weichheitszeichen, richtig wäre ja *Belarus'*) entschließt, müssten auch die Ableitungen davon nur ein *s* haben, also *belarusisch, Beloruse/-in*.[18] Das Problem, das sich ergibt: Man wäre verleitet, *belarusisch/Beloruse* mit langen *u* und einfachem *s* als [bɛlaˈruːzɪʃ beziehungsweise -ˈruːzɛ oder -e] auszusprechen. Meines Wissens ist der Vater des Gedankens, *Belarus* nur mit *einem s* zu schreiben, eine Verwechslung mit *russ* zu vermeiden beziehungs-

17 Man darf aber vor der Tatsache, dass manche Namen veraltet beziehungsweise veraltend sind, nicht die Augen verschließen. Einige Beispiele in Pohl 2016, 211, zum Beispiel *Agram* statt *Zagreb* oder *Veldes* statt *Bled* oder *Fiume* (früher *St. Veit am Pflaum*) statt Rijeka.

18 So zum Beispiel in der *Belarusisch-Deutschen Geschichtskommission* (https://dgo-online.org/neuigkeiten/aktuelles/belarusisch-deutsche-geschichtskommission-gegruendet/) im Rahmen der DGO/Deutschen Gesellschaft für Osteuropakunde e.V. (zuletzt aufgerufen am 28.11.2021).

weise sich besser von den *Russen* und *Russland* abzugrenzen. Allerdings ist das Grundwort Русь Rus' in beiden Sprachen das gleiche und dieses wird in den Ableitungen beziehungsweise Bezeichnungen *Russen, Russisch* und *Russland* im Deutschen seit eh und je mit Doppel-*s* geschrieben. Hier müsste man sich in Bezug auf *Belarus* und seine Ableitungen auf eine einheitliche Schreibung einigen, oder noch besser, man bleibt beim traditionellen *Weißrussland*.

Personen mit körperlicher oder geistiger Behinderung

Statt traditioneller, oft als abwertend empfundener Bezeichnungen wie (*Körper-*)*Behinderte* und dergleichen werden heute eher neutrale Ausdrücke wie *Personen mit eingeschränkter Mobilität* benutzt, wie ja überhaupt anstatt des Begriffs *Behinderte* die Form *Menschen mit Behinderung* beziehungsweise *eingeschränkter Mobilität* oder Ähnliches verwendet wird, um die Reduzierung der Menschen auf ihre Behinderung zu verringern. Neue Bezeichnungen wirken auf die Sprecher und Hörer eben anders als traditionelle und umgangssprachliche. Oder man setzt auf alternative Wendungen, so hieß es in Deutschland früher *Lernbehinderte* beziehungsweise *Lernhilfeschüler*, heute *Förderschüler*. In Österreich gab es einst die *Hilfsschule*, die dann zur *Sonderschule* wurde; die alte *Mittelschule* wurde zur *AHS* (*Allgemeinbildende Höhere Schule*) und kehrt als *Neue Mittelschule* wieder, die die traditionelle *Hauptschule* ablösen soll. Schwer erziehbare Kinder werden heute als *verhaltensauffällig* oder beschönigend *verhaltenskreativ* bezeichnet. Statt *Legasthenie* spricht man heute eher von einer *Lese-Rechtschreib-Störung* oder *Lese-Rechtschreib-Schwäche*. Man ersetzt alte Begriffe durch neue, aber die Probleme in der Pädagogik löst man so nicht.

Nach Berichten in ORF und Tagespresse soll der Anteil von Schülern nichtdeutscher Muttersprache gewaltig angestiegen sein.

Von Seiten der Bildungspolitiker wird zwar gefordert, dass die »Alphabetisierung« von Schülern nichtdeutscher Muttersprache zuerst in deren Muttersprache erfolgen soll, doch muttersprachlicher Unterricht wird meines Wissens derzeit in Österreich nur als »Freigegenstand« oder »unverbindliche Übung« geführt. Österreichweit besuchen nur rund ein Drittel aller Schüler mit einer anderen Erstsprache als Deutsch in der Volksschule einen muttersprachlichen Unterricht, am meisten in Wien sowie in Kärnten mit seinem traditionellen zweisprachigen Schulwesen, das aber andere Ursachen hat. Heute findet man übrigens den Begriff *Erstsprache* eher politisch korrekt als *Muttersprache,* was aber den Tatsachen entspricht, denn die Erstsprache muss nicht zwingend die der Mutter sein.

Auch bezüglich Krankheiten und körperlichen Besonderheiten haben sich einige Bezeichnungen geändert, wobei ebenfalls politisch korrekte Überlegungen mitgespielt haben, wie *Bipolare Störung* statt *manisch-depressiv* oder *Übergewicht* statt *Fettleibigkeit,* wobei man beim Fachausdruck »Adipositas« fast schon von Verhüllung sprechen kann. Statt *Liliputaner* oder *Zwergwuchs* sagt man heute *Kleinwuchs,* statt *Taubstumme* ist heute *Gehörlose* üblich, deren Kommunikationsmittel heißt *Gebärdensprache,* was ja den Kern der Sache bestens trifft. Auch die Bezeichnung *Selbstmord* weicht immer mehr dem fachsprachlichen *Suizid.*

Geschlechtergerechter Sprachgebrauch: Generisches Maskulinum, grammatikalisches und biologisches Geschlecht

Noch weiter als die bisher besprochenen Regelungen gehen Eingriffe auf das gewohnte Schriftbild im Zuge des sogenannten »Genderns« mit schwerwiegenden Auswirkungen auf die Orthografie und traditionelle Ausdrucksweisen (Pohl 2015 und 2019 sowie Kubelik 2013 und 2019, zuletzt Payr 2021). Obwohl das Gendern in Form von *Binnen-I, Schrägstrich, Gendergap* (_), *Sternchen* (*), *Doppelpunkt* (:), *x-Form* und so weiter in der amtlichen deutschen Rechtschreibung keine Berücksichtigung findet, wird im Unterrichtswesen unverdrossen auch seitens vieler Hochschuldozenten und Lehrer darauf bestanden. Bei den verordneten »Gender-Leitfäden«[19] wird man unwillkürlich an George Orwells »Neusprech« in seinem hervorragenden Buch *1984* erinnert, daher möchte ich diese Art von Gendern als »Neuschreib« bezeichnen. Außerdem sind solche »gegenderten« Texte nur mühsam lesbar (und kaum vorlesbar!). Die Verpflichtung zu etwas, was in der amtlichen Rechtschreibung gar nicht vorgesehen ist und den bestehenden (allgemeinen) Normen zuwiderläuft, ist juristisch höchst bedenklich.[20]

Das Deutsche unterscheidet bekanntlich drei grammatikalische Geschlechter oder Genera, die Natur nur zwei Geschlechter (Sexus). *Sexus* ist eine biologische Kategorie, *Genus* aber eine grammatikalische. Dabei ist zu unterscheiden zwischen Substantiven, die *generisch* (oder allgemein) für beide Geschlechter, aber *spezifisch* (im Sinne der Biologie) für nur ein Geschlecht stehen können, zum Beispiel:

---

19 Eine Zusammenfassung bietet Kargl-Wetschanow et al. 1997. Im Gegensatz zum Duden hat das ÖWB (S. 117 und 925) ein Stichwort *Binnenmajuskel*, wo auf die entsprechenden Stellen des Regelwerkes verwiesen wird mit der Bemerkung, dass die Binnenmajuskel »*nicht ausdrücklich verboten*« sei. – Im Duden werden nur Klammern (Muster *Mitarbeiter(in), Lehrer(innen)* beziehungsweise *Lehrer(inn)en*, S. 72 beziehungsweise D 98) oder der Schrägstrich (Muster *Mitarbeiter/-innen*, S. 100 beziehungsweise D 156) empfohlen.

20 Davon kann man immer wieder von Studenten an österreichischen und deutschen Universitäten hören. In seinem kritischen Buch über das Gendern weist der Autor (Payr 2021, S. 136) unter dem Titel »Zwang zum Gendern« ausdrücklich darauf hin: »Einige Universitäten gehen aber davon aus, dass sich solche Vorschriften auch auf Forschung und Lehre ausdehnen lassen, und drängen ihre Studenten zum Gendern. Nichtgegenderte Arbeiten werden nicht akzeptiert oder es gibt Punkteabzug.« Er zitiert den Linguisten Peter Eisenberg, der von einer »Unterwerfungsgeste« spricht, und berichtet auch von Studenten, die sich erfolgreich gegen solche Maßnahmen gewehrt haben (S. 136f.).

generisches Maskulinum

- *generisch:* der Bär, der Koch, der Lehrer, der Wiener
- *spezifisch:* der Bär (*gegenüber* die Bärin), der Koch (*gegenüber* die Köchin), der Lehrer (*gegenüber* die Lehrerin), der Wiener (*gegenüber* die Wienerin)

generisches Femininum

- *generisch:* die Katze, die Ziege
- *spezifisch:* die Katze (*gegenüber* der Kater), die Ziege (*gegenüber* der Ziegenbock)

generisches Neutrum

- *generisch:* das Pferd, das Rind, das Kind
- *spezifisch:* der Hengst/die Stute, der Stier (Bulle)/die Kuh

Doch nicht in jedem Fall ist die Dichotomie generisch/spezifisch vorhanden. Während es zu *Katze* oder *Kuh* männliche Bezeichnungen gibt, fehlen diese zum Beispiel bei *Person* und *Kind*; in den beiden letzteren Fällen könnte man zwar auf *Mann* beziehungsweise *Bub* (oder *Junge*) ausweichen, doch die Bedeutung von *Mann/Frau* und *Bub/Mädchen* stimmt mit *Person* und *Kind* semantisch nicht überein, weil diese Bezeichnungen ja beide Geschlechter einschließen. Außerdem wird das Genus nur im Singular unterschieden, im Plural gibt es keinen Genusunterschied (oder wenn man so will, bezogen auf Lebewesen: nur *genus commune*). Die meisten Substantive des Deutschen lassen keinen allgemeinen, durchgehenden Zusammenhang zwischen der Bedeutung (Semantik) eines Wortes und seinem Genus erkennen. Abgeleitete Substantive (wie etwa *Kundschaft, Mehrheit*) sind dabei meist eine Ausnahme, da das Wortbildungselement (*-schaft, -heit*) dem damit gebildeten Wort ein bestimmtes Genus (hier Femininum) vorgibt und es gleichzeitig in eine bestimmte Bedeutungskategorie (in unserem Fall Abstraktum) einordnet.

Zudem sollte man bei Bezeichnungen wie *Arzt* oder *Lehrer* zwischen der *Funktion* und der *Person* unterscheiden. Die Funktion meint beide Geschlechter (auch im Plural!), bei der Person aber ist zwischen *Arzt* und *Ärztin*, *Lehrer* und *Lehrerin*, *Student* und *Studentin* zu unterscheiden. Daher wird neuerdings *geschlechtsneutralen* Bezeichnungen wie *Lehrende*, *Studierende* und so weiter der Vorzug gegeben[21] (sofern solches möglich ist). Mit diesen sind zwar beide Geschlechter gemeint, aber auch auf Plurale wie die *Lehrer* und die *Studenten* trifft dies zu, wenn man auch einschränkend behaupten kann, dass die Frauen nur *mitgemeint* sind, denn man weiß ja, dass *Lehrer* und *Studenten* in der Regel nicht nur Männer, sondern auch Frauen sind, was genau so auch auf die »neutralen« Bezeichnungen *Lehrende*, *Studierende* zutrifft. Das Wort *mitgemeint* ist daher ein manipulativer Kunstbegriff der *feministischen Linguistik*, denn Frauen sind inkludiert (mit eingeschlossen), wie auch das generische Maskulinum *der Mensch* beide Geschlechter einschließt – ebenso das generische Femininum *die Geisel* beziehungsweise *Person* und das generische Neutrum *das Kind*. Bei keinem dieser Wörter kann man von einem *Nur-Mitgemeint-Sein* sprechen; dies gilt auch für die generisch maskulinen Berufs- und Herkunftsbezeichnungen wie *Lehrer* und *Wiener*. Zum vielfach eingeforderten und verordneten *geschlechtsneutralen Formulieren* ist festzustellen, dass *geschlechtsneutrale* Bezeichnungen in der deutschen Grammatik gar nicht vorgesehen sind und daher in Widerspruch zur Realität stehen, da sie im Singular ohne Artikel gar nicht verwendet werden können und der Artikel immer vom jeweiligen Genus, also dem *grammatikalischen* Geschlecht, abhängig ist. Im Singular ist nur *der/die/eine Lehrende/Studierende* beziehungsweise *ein Lehrender/Studierender* möglich, nur im Plural auch *Lehrende/Studierende* (ohne Artikel) beziehungsweise *die Leh-*

21 Wird auch von Stefanowitsch (2018, 11) erwähnt, Kritik daran aber zurückgewiesen (2018, 18 f.).

renden/Studierenden (mit Artikel) – wie ja auch bei *Lehrer* und *Student*. Da eben jedes Substantiv im Deutschen einem der drei *grammatikalischen* Geschlechter zuzuordnen ist, kann es keine *geschlechtsneutralen* geben. Daran können auch Formen wie *Lehrende/Studierende* nichts ändern; diese entsprechen darüber hinaus keineswegs genau dem *Lehrer/Studenten*, sind sie doch Partizipia. *Lehrende* und *Studierende* sind eben nicht zwingend *Lehrer* und *Studenten*!

Es ist allerdings ein geschlechtsneutraler Sprachgebrauch in dem Sinn möglich, dass man Personenbezeichnungen vermeidet und durch allgemeine Ausdrucksweisen wie Institutionen, Betriebe und so weiter ersetzt, wie zum Beispiel *Bewerbungen sind an die Direktion zu richten* anstatt an *den/die Direktor/Direktorin*.

Sprachwissenschaftlich gesehen hat also das biologische Geschlecht mit dem grammatikalischen primär nichts zu tun. Außerdem haben nicht alle Sprachen ein grammatikalisches Geschlecht, können aber dennoch das biologische Geschlecht eindeutig ausdrücken. In vielen Sprachen gibt es Wortbildungselemente, mit denen eindeutig weibliche Begriffe erzeugt werden, meist gibt es mehrere, im Deutschen aber nur eines, nämlich *-in* – und dieses hat sich krebsgeschwürartig in der feministischen Nomenklatur ausgebreitet, vom Binnen-I, Schrägstrich, Gendergap (_), Sternchen (*) oder Doppelpunkt (:) bis zur x-Form (zum Beispiel *Professx*) und so weiter. All dies findet bisher in der amtlichen deutschen Rechtschreibung keine Berücksichtigung, doch im Unterrichtswesen und vielfach auch auf amtlichen Formularen wird vielfach darauf bestanden. Zuletzt ist auch der Duden auf diesen Zug aufgesprungen.

Es widersprechen also die von der *feministischen Sprachwissenschaft* verordneten *gendergerechten* Schreibungen den grundlegenden grammatikalischen und orthografischen (auch orthoepischen) Regeln des Deutschen und sind ein Eingriff in die natürliche Sprache. Schreibungen wie *LehrerInnen, Ärzt/innen, Professor:innen* und

*Student*innen* sind darüber hinaus nicht vorlesbar, es sei denn, man verwendet den glottalen Plosiv (»Knacklaut«), also *Lehrer|innen* oder *Student|innen* und so weiter, so gelegentlich im Rundfunk und Fernsehen zu hören, der seine Nachrichtensendungen und Mitteilungen meist mit ständigen Doppelnennungen à la *Wählerinnen und Wähler, Österreicherinnen und Österreicher* und so weiter (ungewollt?) verlängert. Dieser Knacklaut ist aber kein Phonem, sondern er kommt in der Wortbildung nur dann vor, wenn einer Silbe eine mit Vokal beginnende Silbe folgt, zum Beispiel *Abart, Wesensart, Beamte,* die [ˈap|art], [ˈveːzəns|art] und [bə|ˈamtə] gesprochen werden. *-in* ist aber (wie auch *-er*) keine selbstständige Silbe, sondern ein Wortbildungselement, das dem zugrundeliegenden Wort angefügt wird, das dadurch um eine Silbe länger wird, zum Beispiel *Leh|rer, Stu|dent* (zwei Silben) beziehungsweise *Leh|re|rin, Stu|den|tin* (drei Silben).

Sprachwissenschaftlich gesehen hat das biologische Geschlecht (Sexus) mit dem grammatikalischen Geschlecht (Genus) nichts zu tun. Das biologische Geschlecht ist eine von der Natur vorgegebene Unterscheidung, das grammatikalische Geschlecht ist eine davon primär unabhängige, in vielen Punkten semantisch entgegenkommende, aber keineswegs übereinstimmende sprachliche Kategorie. *Divers* zu sein beziehungsweise ein (vielfach so bezeichnetes) *drittes Geschlecht* ist in der natürlichen Sprache nicht vorgesehen, die betreffende Person ist in der Regel nach der Geburt aufgrund ihres Geschlechts mit einem männlichen oder weiblichen Vornamen versehen worden, aufgrund dessen die Anrede »Frau« oder »Herr« erfolgt. Als *divers* werden Personen bezeichnet beziehungsweise bezeichnen sich selbst so, wenn sie sich nicht in das binäre Geschlechtssystem *männlich/weiblich* einordnen lassen (wollen). Wer nachträglich sein Geschlecht – aus welchen Gründen auch immer – geändert hat, ist auch berechtigt, seinen Namen zu ändern. Das grammatikalische Gendern ist auf *weiblich/männ-*

lich ausgerichtet, wobei Schreibungen wie *LehrerInnen* oder *Professor/innen* vorgeben, beide biologischen Geschlechter einzubeziehen. Daher werden neuerdings Schreibungen mit Genderstern (*Lehrer*innen* oder *Studierend**), Gendergap (*Professor_innen*) oder Doppelpunkt (*Lehrer:innen*) verwendet, um auch *diverse* (und so weiter) Personen miteinzubeziehen.

Schlussbemerkungen

Beim sogenannten *Gendern* stößt also die *Political Correctness* an die sprachlichen Grenzen und überschreitet diese, indem neue Normen eingeführt werden, die die bestehenden Normen ad absurdum führen. Vielfach bleibt auch die Tatsache unbeachtet, dass konsequentes *Gendern* für bestimmte Personengruppen eine große Erschwernis oder Belastung im täglichen Leben bedeutet, zum Beispiel für Blinde und Sehbehinderte beziehungsweise Gehörlose oder Übersetzer und Dolmetscher. Wie soll man gegenderte Formen in Blindenschrift beziehungsweise Gebärdensprache übertragen oder wie kann man sie in andere Sprachen »übersetzen«? Für diese Personengruppen stellen Binnen-I, Schrägstrich, Sternchen, Doppelpunkt oder Gendergap unüberwindbare Hürden dar, insbesondere aber auch für Migranten, die die deutsche Sprache erst erlernen. In keinem Wortverzeichnis (Duden, ÖWB) finden sich solcherart gegenderte Wörter.

Die Kritik an der mit *politischer Korrektheit* bezeichneten Sprachpolitik kann man im Wesentlichen in einen primär sprachkritischen und einen dezidiert sprachpolitischen Zweig unterteilen. So weist der slowenische Philosoph *Slavoj Žižek* darauf hin, dass sich politisch korrekte Begriffe abnützen, da die Ersatzbegriffe mit der Zeit die Bedeutung des Wortes erben, das sie eigentlich ersetzen sollten, wenn sie nicht mit einer Veränderung der sozialen Wirklichkeit einhergingen. So könne allein durch eine fortwährende Neuschöpfung von Ersatzbegriffen wie im eingangs erwähnten US-amerikanischen Beispiel *Negro → black people → colored people → Afro-Americans* noch keine durchgreifende Veränderung erzielt werden, wenn den Worten keine Taten folgen, also tatsächliche soziale Integration. Die rein sprachliche Prägung immer neuer Begriffe enthülle die Unfähigkeit, die tatsächlichen Ursachen von Rassismus und Sexismus allein durch Sprachpolitik zu überwinden. Mit ähnlichen Argumenten vertritt der Germanist Armin Burkhardt die Auffassung, dass politische Korrektheit auf lange Sicht nicht erfolgreich sein könne, wenn nicht zugleich die alten Tabus und Vorurteile oder Aberglaube überwunden würden.

Politische Korrektheit hat vielfach also auch negative Konnotationen, man sollte sie in erster Linie aber neutral im Sinne eines höflichen Umgangs miteinander in der politischen Auseinandersetzung sehen, um als Mittel gegenseitiger Achtung zu dienen und zur Begegnung mit »anderen« auf Augenhöhe beitragen zu können, indem problematische, oft auch als beleidigend empfundene Ausdrucksweisen vermieden werden, um den schwierigen Weg zu Verständigung und Lösungen zu ermöglichen. Auch in der Wissenschaft sollte eine neutrale Sprache verwendet und aufs »Gendern« verzichtet werden. Damit ist sichergestellt, dass die »Sache«, also das eigentliche Thema im Mittelpunkt der Betrachtung steht und unbedeutende Randthemen ausgeschlossen bleiben.

Literatur

Burkhardt, Armin (2010), »Euphemism and Truth«, in: Burkhardt, Armin, Nerlich, B. (Hrsg.), *Tropical Truth(s). The Epistemology of Metaphor and other Tropes*, Berlin, Walter de Gruyter, 355–372.

Duden = *DUDEN. Die deutsche Rechtschreibung*, 27. und 28. Auflage, Berlin, Dudenverlag 2017 und 2020.

Kargl, Maria, Wetschanow, Karin, Wodak, Ruth & Perle, Nela (1997), *Kreatives Formulieren. Anleitungen zu geschlechtergerechtem Sprachgebrauch*, Institut für Sprachwissenschaft der Universität Wien, Angewandte Sprachwissenschaft, Bundesministerin für Frauenangelegenheiten und Verbraucherschutz und Bundeskanzleramt (Hrsg.), Schriftenreihe der Frauenministerin, Bd. 13, Wien. Kurzfassung mit weiteren Hinweisen: http://www.uibk.ac.at/gleichbehandlung/sprache/geschlechtergerechtesformulieren_bmbwk.pdf (zuletzt aufgerufen am 29.11.2021).

Kubelik, Thomas (2019), »Wie Gendern unsere Sprache verhunzt«, in: Gender Studies – Wissenschaft oder Ideologie? Schulze-Eisentraut, H., Ulfig, A. (Hrsg.), Baden-Baden, Deutscher Wissenschafts-Verlag (DWV), 200 -212.

ÖWB = Pabst, Christiane M., Fussy, Herbert, & Steiner, Ulrike (2016), *Österreichisches Wörterbuch*, 43. Auflage, Wien, öbv (Österreicher Bundesverlag Schulbuch).

Payr, Fabian (2021), *Von Menschen und Mensch*innen.* 20 gute Gründe, mit dem Gendern aufzuhören, Wiesbaden, Springer-Verlag.

Pohl, Heinz-Dieter (1996), »Serbokroatisch – Rückblick und Ausblick«, in: *Wechselbeziehungen zwischen slawischen Sprachen, Literaturen und Kulturen in Vergangenheit und Gegenwart* (Akten der Tagung aus Anlass des 25jährigen Bestehens des Instituts für Slawistik an der Universität Innsbruck, 25.–27.5.1995), Ohnheiser, I. (Hrsg.), Innsbruck, Verlag der Sprachwissenschaft, 205 -221.

Pohl, Heinz-Dieter (1998), »Feministische Sprachplanung in Österreich: Wege zu einem praktikablen ›geschlechtergerechten‹ Sprachgebrauch?«, in: *Kärntner Jahrbuch für Politik*, 209–223.

Pohl, Heinz-Dieter (2004), »Sprache und Politik, gezeigt am Glottonym Windisch«. In: *Analecta homini universali dicata, Festschrift Oswald Panagl zum 65. Geburtstag*, Krisch, Th., Lindner Th., Müller, U. (Hrsg.), *Stuttgarter Arbeiten zur Germanistik*, Nr. 421, Bd. II, Stuttgart, 625–636. Aktualisierte Überarbeitung von Pohl, H.-D. (2002), »Die ethnisch-sprachlichen Voraussetzungen der Volksabstimmung«, in: *Die Kärntner Volksabstimmung 1920 und die Geschichtsforschung. Leistungen, Defizite, Perspektiven*, Valentin, H., Haiden, S., Maier, B. (Hrsg.), Klagenfurt, Heyn, 181–188.

Pohl, Heinz-Dieter, & Schwaner, Birgit (2007), *Das Buch der österreichischen Namen. Ursprung, Eigenart, Bedeutung*, Wien, Pichler-Verlag.

Pohl, Heinz-Dieter (2014), »Österreichisches Deutsch. Überlegungen zur Diskussion um die deutsche Sprache in Österreich«, in: *Klagenfurter Beiträge zur Sprachwissenschaft* Bd. 37–38, 63–123.

Pohl, Heinz-Dieter (2014), »Einige Bemerkungen zur deutschen Sprache in Österreich«, in: *Germanica Wratislaviensia* (Wrocław/Breslau) 139, 259–274.

Pohl, Heinz-Dieter (2015), »Zur Diskussion um das Binnen-I und zum ›feministischen Sprachgebrauch‹«, in: *Kärntner Jahrbuch für Politik*, 234–256, auch als PDF-Datei aufrufbar im Internet unter http://www.jahrbuchkaernten.at/index.php?id=26 S. 234 ff. Kurzfassung: http://members.chello.at/heinz.pohl/Fem_Dt.htm mit weiteren Verweisen (zuletzt aufgerufen am 28.11.2021).

Pohl, Heinz-Dieter (2016), »Geographische Namensvielfalt: Exonyme und Endonyme. Einige Bemerkungen zum Gebrauch traditioneller Namensformen im Deutschen (wie Pressburg und Marburg für Bratislava und Maribor)«, in: *Kärntner Jahrbuch für Politik*, 195–215.

Pohl, Heinz-Dieter (2017), »Wo die politische Korrektheit an ihre sprachlichen Grenzen stößt«, in: *Politische Korrektheit: Der lange Weg vom Postulat zur Performanz*, Dippelreiter, M., Dippelreiter, M. (Hrsg.), Klagenfurt am Wörthersee/Celovec, Wieser Verlag, 106–125.

Pohl, Heinz-Dieter (2018), »Perspektiven und Betrachtung von Ethnie, Nation und Volk im europäischen Diskurs«, in: *Kärntner Jahrbuch für Politik*, 199–212.

Pohl, Heinz-Dieter (2019), »›Gender‹, Grammatik und Rechtschreibung«, in: *Gender Studies – Wissenschaft oder Ideologie?*, Schulze-Eisentraut, H., Ulfig, A. (Hrsg.), Baden-Baden, Deutscher Wissenschafts-Verlag (DWV), 177–199.

Pohl, Heinz-Dieter (2020), *Kärnten/Koroška 2020 – 1000 Jahre gemeinsames slowenisches und deutsches Namengut*, Klagenfurt, Mohorjeva/Hermagoras.

Stefanowitsch, Anatol (2018), *Eine Frage der Moral: Warum wir politisch korrekte Sprache brauchen*, Berlin, Dudenverlag.

Wissenschaftsfreiheit und Rechtsstaat: eine vorläufige Bilanz zur Corona-Pandemie

MICHAEL ESFELD

Dieser Artikel ist der Versuch einer vorläufigen und partiellen Einschätzung dessen, wie die wissenschaftliche Legitimation politischer Zwangsmaßnahmen in der Corona-Pandemie die Wissenschaftsfreiheit untergräbt und der Funktionsweise von Wissenschaft und ihrer gesellschaftlichen Rolle schweren Schaden zufügt. Ich gehe zunächst darauf ein, wie die inzwischen verfügbaren Zahlen das Narrativ einer Pandemie widerlegen, die für die gesamte Gesellschaft gefährlich sei und deren politische Bekämpfung die Bevölkerung vor noch größerem Leid bewahrt habe. Dann zeige ich auf, wie die Strategie der politischen Bekämpfung der Pandemie auf dem Wechsel von einem Menschenbild, das auf Menschenwürde bezogen ist, zu einem technokratischen Menschenbild beruht und wie dieser Wechsel sowohl die Freiheit der Wissenschaft als auch den die Freiheit schützenden Rechtsstaat untergräbt.

Der gescheiterte Strategiewechsel

Nehmen wir einmal an, dass das Coronavirus eine lebensbedrohliche Krankheit für die gesamte Bevölkerung verbreitet. Unter dieser Annahme wurden seit März 2020 Maßnahmen zum Schutz der Bevölkerung ergriffen in Form einer zentralstaatlichen Regulierung des wirtschaftlichen und gesellschaftlichen Lebens bis hin zur Regulierung der Kontakte im engsten Familienkreis. Dieses Regulierungsmuster hat alle westlichen Staaten erfasst, jedoch mit deutlichen Unterschieden: Manche Staaten haben nur wenig reguliert. Andere sind hingegen sehr weit gegangen bis hin zu Lockdowns mit Geschäfts- und Schulschließungen und drastischen Kontaktverboten. Weil es diese unterschiedlichen Reaktionsweisen gab, können wir heute eine – vorläufige – Bilanz ziehen und deren Wirksamkeit beurteilen.

Wenn die Maßnahmen ihr Ziel erreicht haben, die Bevölkerung zu schützen, dann müsste folgender Zusammenhang empirisch nachweisbar sein: Staaten, die nur wenige gesamtgesellschaftliche Maßnahmen ergriffen haben, wie zum Beispiel nur Verbote von Großveranstaltungen, müssten bezogen auf ihre Bevölkerungsgröße relativ viele schwere Verläufe von Erkrankungen mit Covid-19 (gemessen an Krankenhauseinweisungen) haben und entsprechend relativ viele Todesfälle im Zusammenhang mit Covid-19. Je drastischer die gesamtgesellschaftlichen Maßnahmen sind – also zum Beispiel Schließungen von Geschäften, Restaurants und sogar Schulen umfassen, Kontaktverbote bis hin in den Familienkreis –, desto weniger schwere Verläufe von Covid-19 und desto weniger Todesfälle im Zusammenhang mit Covid-19 müsste es bezogen auf die Bevölkerungsgröße geben. Allerdings ist kein einfacher linearer Zusammenhang zu erwarten, weil viele Faktoren den Verlauf der Pandemie beeinflussen. Aber wenn die Maßnahmen wirksam sind, dann müsste sich ein Muster abzeichnen in Form einer Korrelation zwischen der Schärfe der Maßnahmen und der Reduktion von schweren Krankheitsverläufen und Todesfällen bezogen auf die jeweilige Bevölkerungsgröße. Wenn sich kein solches Muster abzeichnet, dann haben wir keine Anhaltspunkte dafür, dass die Maßnahmen wirksam waren. Vielmehr liegt dann die Annahme nahe, dass die Pandemie – was die schweren Krankheits- und Todesfälle betrifft – ohne diese Maßnahmen in etwa gleich verlaufen wäre und weiterhin gleich verlaufen würde.

Das ist in der Tat das Ergebnis, das sich in zahlreichen, unabhängig voneinander erstellten Studien inzwischen abzeichnet. Wenn man westliche Länder der nördlichen Hemisphäre mit vergleichbarem wirtschaftlichen Entwicklungsniveau und leistungsfähigen Gesundheitssystemen betrachtet und sich die relevanten Daten zum Infektionsgeschehen wie Krankenhauseinweisungen und Todesfälle im Verhältnis zur Bevölkerung anschaut, dann lässt sich aus diesen Daten nichts in Bezug darauf schließen, welche dieser Länder scharfe politische Maßnahmen wie Lockdowns ergriffen haben und welche nicht.[22] Es gibt keine Korrelation zwischen den gesamtgesellschaftlichen Zwangsmaßnahmen und der Verhinderung von schweren Krankheitsverläufen und Todesfällen im Zusammenhang mit einer Ansteckung mit dem Coronavirus.

Das lässt sich an einem Vergleich der europäischen Staaten untereinander illustrieren: Länder mit scharfen Maßnahmen wie Großbritannien, Frankreich, Italien, Spanien schneiden keinesfalls gut ab, sondern im Gegenteil eher schlecht. Schweden hingegen steht ziemlich gut da, obwohl nur sehr wenige Maßnahmen ergriffen wurden. Ähnliches gilt für die Schweiz. Deutschland steht im internationalen Vergleich relativ gut da in Bezug auf schwere Krankheitsverläufe und Todesfälle, aber auch nicht signifikant besser als die westeuropäischen Länder, die auf einen harten Lockdown verzichtet haben. Der Grund dafür ist vermutlich der vergleichsweise gute Gesundheitszustand in der Bevölkerung, das gut ausgebaute Gesundheitssystem und der hohe Lebensstandard.

---

22 Studien zusammengefasst in Bendavid et al. 2021; siehe auch die Übersicht über die relevanten Studien bei *American Institute of Economic Research* 2020 sowie Bjørnskov 2021, Chin et al. 2021, Savaris et al. 2021 und Herby et al. 2022; für eine Kritik der Lockdown-Politik in Deutschland siehe Lütge und Esfeld 2021.

Ebenso aufschlussreich ist der Vergleich zwischen den Gliedstaaten der USA, die alle jeweils eine eigene Politik verfolgt haben. Diese unterschiedliche Politik hat aber zu keinen signifikanten Unterschieden im Pandemieverlauf insgesamt betrachtet geführt. Auch für die Gliedstaaten der USA gilt, dass es keine Korrelation zwischen scharfen Maßnahmen und einer geringeren Anzahl von schweren Krankheitsverläufen und Todesfällen bezogen auf die Größe der Bevölkerung gibt.

Mit diesem Ergebnis erübrigt sich im Grunde genommen auch eine Kosten-Nutzen-Analyse der Lockdowns: Diese haben keinen Nutzen. Zu Beginn der Pandemie, im Frühjahr 2020, konnte man davon ausgehen, dass Lockdowns etwas nützen werden, um schwere Krankheitsverläufe und vorzeitige Todesfälle in einer statistisch signifikanten Weise zu vermeiden. Schon damals war allerdings die Vermutung begründet, dass ihre Kosten – also die durch sie angerichteten gesundheitlichen, wirtschaftlichen und sozialen Schäden – ihren Nutzen übersteigen werden (siehe zum Beispiel Raffelhüschen 2020 oder Miles et al. 2021). Inzwischen wissen wir: Die Lockdowns haben nur Schäden angerichtet. Sie haben keinerlei nachweisbaren Nutzen.

Bis zum Jahre 2019 war es Stand der Wissenschaft, Pandemien mit rein medizinischen Mitteln zu bekämpfen – das heißt: bestmögliche Behandlung der Kranken, Schutz der gefährdeten Personen und allgemeine Hygieneempfehlungen wie zum Beispiel regelmäßig die Hände zu waschen, Abstand zu halten, Innenräume zu lüften und dergleichen. Im Frühjahr 2020, als sich das Coronavirus über die Welt ausbreitete, fand ein Strategiewechsel statt hin zu dem Versuch einer politischen statt medizinischen Bekämpfung des Virusausbruchs mit gesamtgesellschaftlichen Zwangsmaßnahmen. Inzwischen wissen wir, dass dieser Strategiewechsel gescheitert ist: Mit den gesamtgesellschaftlichen Zwangsmaßnahmen wurde nichts an Gesundheitsschutz erreicht, das nicht auch mit rein medizinischen Maßnahmen und ohne politische Repressalien hätte erreicht werden können. Die politisch motivierte Unterdrückung der Stimmen in der Wissenschaft, die vor diesem Strategiewechsel gewarnt haben, führt nur dazu, dass dieses Eingeständnis hinausgezögert wird und damit weiterer Schaden angerichtet wird. Aber Zahlen lassen sich nicht dauerhaft unterdrücken.

Wir können somit zwei Schlussfolgerungen von diesem Abschnitt festhalten:

1. Selbst wenn das Coronavirus eine gefährliche Krankheit für die gesamte Bevölkerung verbreiten sollte, wäre es nicht sinnvoll, diesen Virenausbruch mit gesamtgesellschaftlichen Zwangsmaßnahmen zu bekämpfen. Diese nützen nichts. Sie richten nur gewaltige Schäden an.

2. Das Ansinnen der Politiker, diese Zwangsmaßnahmen durch Wissenschaft zu legitimieren, geht in zweierlei Hinsicht mit einem Angriff auf Wissenschaftsfreiheit einher: (a) Kritische Stimmen werden unterdrückt und diffamiert, obwohl kritische Stimmen in jedem Fall hilfreich sind, um die eigenen Erkenntnis- und Legitimationsansprüche zu prüfen. (b) Diese Unterdrückung zögert die Entwicklung der Wissenschaft hinaus, weil sie keine nüchterne Betrachtung der inzwischen vorliegenden Zahlen zulässt.

Der unbegründete Alarmismus

Ist die Annahme, unter welcher der vorige Abschnitt stand, richtig? Verbreitet das Coronavirus wirklich eine Krankheit, die für die gesamte Gesellschaft gefährlich ist? Man wusste von Anfang an, dass ältere Personen mit Vorerkrankungen, die das Immunsystem schwächen, besonders gefährdet sind. Im Frühjahr 2020 konnte man nur grobe Schätzungen der Infektionssterblichkeitsrate vornehmen. Man bestimmt die Infektionssterblichkeitsrate, indem man in der Bevölkerung repräsentative Tests auf Antikörper durchführt, die eine durchlaufene Infektion anzeigen. Die Zahl der gemeldeten Infektionen ist nicht aufschlussreich, schon allein weil die allermeisten Infektionen gar nicht erfasst werden; denn sie verlaufen ohne Symptome. Die Infektionssterblichkeitsrate ist also von der Fallsterblichkeitsrate – Todesfälle dividiert durch gemeldete Fälle – zu unterscheiden; erstere ist der epidemiologisch relevante Parameter. Allerdings ist die Bestimmung der Infektionssterblichkeitsrate durch systematische Tests auf Antikörper auch keine exakte Wissenschaft, schon allein weil man nicht die gesamte Bevölkerung testen kann. Aber diese Methode gibt Auskunft über die Gefährlichkeit eines Virusausbruches.

Seit dem Frühjahr 2020 wurde der Wert der Infektionssterblichkeitsrate nach unten angepasst. Die verfügbaren Daten legen für die westlichen Länder der nördlichen Hemisphäre mit funktionierendem Gesundheitssystem eine Infektionssterblichkeit im Mittelwert von 0,3 bis 0,4 Prozent nahe. Weltweit ist die Infektionssterblichkeitsrate noch einmal deutlich tiefer, nämlich bei ungefähr 0,15 bis 0,25 Prozent; in diese Zahl fließen die relativ wenigen Todesfälle in den südostasiatischen Ländern außer China ein. Für alle Personen unter 60 bis 70 Jahren (alle Vorerkrankungen in dieser Gruppe mit eingerechnet) liegt auch in den westlichen Ländern die Infektionssterblichkeit bei nicht wesentlich mehr als 0,05 Prozent. Mit zunehmendem Alter steigt die Infektionssterblichkeit dann deutlich an. Das heißt: Statistisch gesehen sterben von 10.000 Personen unter 60 bis 70 Jahren, die sich mit dem Coronavirus infizieren, nicht wesentlich mehr als 5 im Zusammenhang mit der Infektion. Für die gesamte Bevölkerung in den westlichen Ländern sind es 3 bis 4 Personen pro 1000 Infizierten (siehe Ioannidis 2020).

Ein statistisches Risiko um 0,05 Prozent, zu Tode zu kommen, ist etwas, das wir im alltäglichen Leben akzeptieren, zum Beispiel beim regelmäßigen Autofahren, bei Freizeitaktivitäten wie Bergwandern und anderen Sportarten sowie in der saisonalen Grippe. Ein solches geringfügiges Risiko kann man auch gar nicht wesentlich vermindern; denn mit allem, was man tut, ist immer ein kleines Risiko verbunden, selbst schweren Schaden zu erleiden oder anderen schweren Schaden zuzufügen. Auch ein umsichtiger Autofahrer kann in eine Situation kommen, in der er die Kontrolle über sein Fahrzeug verliert und einen Fußgänger überfährt. Kurz: Eine Infektionssterblichkeit im Bereich von 0,05 Prozent für Personen unter 60 bis 70 Jahren ist kein nennenswertes Risiko.

Damit ist erwiesen, dass von dem Coronavirus keine Bedrohung für die gesamte Bevölkerung ausgeht. Das Virus verbreitet keine Krankheit, die für die gesamte Bevölkerung gefährlich ist: Für alle unter 60 bis 70 Jahren, selbst alle Vorerkrankungen in dieser Gruppe eingerechnet, besteht statistisch gesehen keine besondere Gefahr. Und eine Infektionssterblichkeit von 0,3 bis 0,4 Prozent liegt in der Größenordnung von Virusausbrüchen, wie wir sie in der Vergangenheit immer wieder erlebt haben wie zum Beispiel mit der Asien-Grippe Mitte der 1950er-Jahre und der Hongkong-Grippe Ende der 1960er-Jahre. Die Behauptung, die Corona-Pandemie sei in ihrer Größenordnung einmalig und so etwas wie ein Jahrhundertereignis, entbehrt also jeder statistischen Grundlage.

Zu dieser Einschätzung passen die Zahlen zu den Krankenhausbelegungen. Diese Zahlen zeigen für Deutschland 2020, dass im Durchschnitt lediglich 2 Prozent der Betten und 3,4 Prozent der Intensivbetten mit Covid-Patienten belegt waren, und auch in den Spitzenzeiten des Infektionsgeschehens im Landesdurchschnitt nie mehr als 5 Prozent der Betten (siehe Augurzky et al. 2021). Dabei ist allerdings zu berücksichtigen, dass es in einzelnen Krankenhäusern zeitweise durchaus zu Überlastungen gekommen ist.

Aber auch die Untersuchungen der Arbeitsgruppe um Matthias Schrappe (2021), bestätigt vom Bundesrechnungshof, zeigen, dass nie landesweit eine Gefahr der Überlastung der Intensivbetten oder gar des Gesundheitssystems insgesamt gegeben war. In Deutschland und in der Schweiz wurden sogar während der Pandemie zwischen Frühjahr 2020 und Sommer 2021 Intensivbetten signifikant abgebaut, statt dass zusätzliche Kapazitäten für eine Notsituation aufgebaut wurden. Dies alles zeigt: Weder bestand die Gefahr einer Überlastung des Gesundheitssystems noch dienten oder dienen die sogenannten Corona-Schutzmaßnahmen dazu, eine solche Überlastung abzuwenden. Das hätte, insofern eine solche Gefahr tatsächlich drohte, mit Maßnahmen erreicht werden können, die sich gezielt auf die Verbesserung der Krankenhauskapazitäten und der Arbeitsbedingungen des medizinischen Personals gerichtet hätten.

Auch was die Gefährlichkeit des gegenwärtigen Coronavirus betrifft, besteht mithin keinerlei Anlass, über einen Wechsel in der bis dahin gültigen Strategie der Bekämpfung von Pandemien nachzudenken, weg von einer rein medizinischen Strategie und hin zu einer Strategie mit gesamtgesellschaftlichen Zwangsmaßnahmen. Sollte dieses Beispiel Schule machen, müsste man in Zukunft regelmäßig bei Infektionswellen alles dicht machen, womit man definitiv die Wirtschaft und die Gesellschaft zerstören würde.

Auffällig ist ferner Folgendes: Das durchschnittliche Alter der Corona-Toten liegt in den westeuropäischen Ländern bei über 80 Jahren, in Deutschland und der Schweiz zum Beispiel ungefähr bei 83 Jahren. Dieses Alter entspricht der allgemeinen Lebenserwartung. Statistisch gesehen ist zu erwarten, dass Menschen im neunten Lebensjahrzehnt versterben. Fast alle im Zusammenhang mit dem Coronavirus verstorbenen Personen litten unter Erkrankungen, die das Immunsystem signifikant schwächen. Wir sterben letztlich alle, weil die Abwehrkräfte unseres Körpers schwächer werden (siehe dazu Horst 2021).

Nichtsdestoweniger können wir durch Fortschritte in der Medizin Lebenszeit gewinnen. Die Lebenserwartung ist in den westlichen Ländern in den letzten hundert Jahren deutlich gestiegen. Es ist gelungen, immer mehr Faktoren medizinisch zu bekämpfen, die Todesursachen sind. Allgemein hat der wirtschaftliche und soziale Lebensstandard zugenommen, womit der Aufbau eines leistungsfähigen Gesundheitssystems und eine gesündere Lebensweise verbunden sind. Der medizinische Fortschritt hängt zunächst generell vom wirtschaftlichen, technischen und sozialen Fortschritt in einer Gesellschaft ab; dieser Fortschritt ermöglicht es dann, gefährdeten Personengruppen jeweils spezifisch einen Schutz anzubieten und Kranke so gut wie möglich zu behandeln. Wenn wir nicht die entsprechenden wirtschaftlichen und technischen Ressourcen hätten, wäre dies nicht möglich.

Impfstoffe sind ein wesentliches Element in diesem Fortschritt: Ihre Verfügbarkeit hat einen bedeutenden Beitrag zur Verlängerung der durchschnittlichen Lebenserwartung in den vergangenen 200 Jahren geleistet. Wenn also ein wirksamer Impfstoff für die Personen zur Verfügung steht, die durch das Coronavirus gefährdet sind, ist das ein bedeutender medizinischer Fortschritt, zumal angesichts der Kürze der Zeit, in der er erzielt wurde. Allerdings muss man festhalten, dass die Impfstoffe bisher nur eine bedingte Zulassung haben. Diese ist für eine dringende Situation gedacht, die in einer unmittelbaren und schweren Gesundheitsgefährdung der betreffenden Person besteht. Die Impfstoffe haben vor allem deshalb bisher nur eine bedingte Zulassung, weil unklar ist, wie lange ihre Wirkung anhält und inwiefern sie auch Schutz vor Mutationen des Virus gewähren. Ebenfalls unklar ist, inwiefern die Impfung auch Fremdschutz gewährt, indem Geimpfte das Virus gar nicht oder nur in signifikant geringerer Weise weiterverbreiten können. Unklar ist ferner, in welchem Ausmaß es unerwünschte Wirkungen der Impfstoffe bis hin zu Todesfällen gibt.

Ethisch ist es in einer solchen Situation nicht vertretbar, die gesamte Bevölkerung und sogar Kinder und Jugendliche zu einer Impfung zu drängen oder gar faktisch zu zwingen – ungeachtet dessen, ob überhaupt eine persönliche Gefährdung durch das Coronavirus besteht.

In jedem Fall und auch dann, wenn die Impfstoffe einmal bedingungslos zugelassen und ihre Wirksamkeit erwiesen sein sollte, ist die Entscheidung für oder gegen eine Impfung – wie bei jedem körperlichen Eingriff – eine individuelle Entscheidung. Wie bei jedem körperlichen Eingriff können auch Schädigungen durch eine Impfung nie ausgeschlossen werden. Selbst wenn es sich herausstellen sollte, dass das Risiko schwerer Schäden durch die Impfung statistisch insignifikant ist (wie das Risiko für gesunde Personen unter 60 bis 70 Jahren, schwere Schäden durch eine Infektion mit dem Coronavirus zu erleiden), können Statistiken die individuelle Entscheidung aber nicht determinieren. Jeder hat das Recht, in jedem Fall eine individuelle Risikoabwägung zu treffen. Auch die Personen mit einem schwachen Immunsystem, die durch das Coronavirus gefährdet sind, haben das Recht, abzuwägen, worin sie für sich je individuell die größere Lebensqualität für die ihnen verbleibende Lebenszeit sehen: einer Impfung mit dem Risiko von Nebenwirkungen oder dem Risiko einer Infektion, die für sie schwere Folgen haben kann. Für alle anderen Personen liegt das Corona-Risiko im Bereich alltäglicher Risiken. Für sie ist die Risikoabwägung im Falle der Corona-Impfung vergleichbar mit der Risiko-Abwägung im Falle der Grippe-Impfung, für die – bisher jedenfalls – auch noch niemand den Versuch unternommen hat, gesellschaftlichen Druck auszuüben. Denn Ungeimpfte gefährden niemanden, außer höchstens sich selbst. Wenn es eine Impfung gibt, die wirksam ist, dann haben die Geimpften den bestmöglichen Schutz erhalten, der ihnen gewährt werden kann. Coronaviren kann man ebenso wenig wie Grippeviren ausrotten. Sie treten regelmäßig auf.

Die bisher verfügbaren Daten zeigen zudem, dass es keinen Beleg für die Behauptung gibt, gemäß der die Impfung der gesamten Bevölkerung ungeachtet dessen, ob die betreffenden Menschen persönlich gefährdet sind, dazu führt, die Ausbreitung des Virus zu unterbinden. Die bisher verfügbaren umfassenden Aufstellungen (zum Beispiel Subramanian und Kumar 2021) zeigen keine Korrelation zwischen der Impfquote in einer Bevölkerung und dem Verlauf des Infektionsgeschehens. Das Narrativ, gemäß dem die Ungeimpften die Pandemie antreiben und die Impfung der allein entscheidende Faktor sei, um die Ausbreitung des Coronavirus zu stoppen, ist falsch (siehe Kampf 2021).

Generell gesagt: Je besser es gelingt, die Faktoren, die letztlich zum Tod eines Menschen führen, medizinisch zu bekämpfen, desto mehr schreiten wir auf dem Weg fort, durch den der medizinische Fortschritt in den letzten beiden Jahrhunderten dazu beigetragen hat, unsere Leben im Schnitt markant zu verlängern. Dementsprechend besteht, wie bereits gesagt, keine Korrelation zwischen den gesamtgesellschaftlichen, politischen Maßnahmen bis hin zu Lockdowns und dem Infektionsgeschehen gemessen an schweren Verläufen (Krankenhauseinweisungen) und Todesfällen. Aber es besteht eine solche Korrelation zwischen dem allgemeinen Gesundheitszustand der Bevölkerung, der Qualität des Gesundheitssystems und dem wirtschaftlichen und sozialen Status. Je schlechter der allgemeine Gesundheitszustand (zum Beispiel viele deutlich übergewichtige Personen in den USA), je schlechter das Gesundheitssystem und je schlechter die wirtschaftliche und soziale Situation statistisch gesehen ist (zum Beispiel Afroamerikaner versus Weiße und Asiaten in den USA), desto mehr gibt es, statistisch gesehen bezogen auf die jeweilige Bevölkerungsgruppe, schwere Verläufe und Todesfälle. Wiederum ist das nicht einfach eine lineare Beziehung, weil viele Faktoren eine Rolle spielen. Aber dieses Muster zeichnet sich ab.

Daraus folgt: Je mehr wir Ressourcen verschwenden, um die Ausbreitung des Coronavirus mit politischen Zwangsmaßnahmen für die gesamte Gesellschaft zu bekämpfen, statt medizinische Leistungen für die gefährdeten Personen zu ergreifen, desto mehr untergraben wir die Grundlagen für den weiteren medizinischen Fortschritt. Denn wir sind immer mit der Knappheit der Ressourcen konfrontiert. Wir müssen immer eine Abwägung treffen, wie wir die vorhandenen Ressourcen insgesamt am besten einsetzen können. Das millionenfache Testen symptomloser Personen, die unter normalen Umständen niemanden anstecken können, eine Impfkampagne mit zudem nur bedingt zugelassenen Impfstoffen, die sich an die gesamte Bevölkerung richtet statt gezielt an die gefährdeten Personen, Einschränkungen des wirtschaftlichen und gesellschaftlichen Lebens bis hin zu Geschäfts- und Schulschließungen sind nicht nur eine gigantische Verschwendung von Ressourcen, sondern provozieren auch eine Spaltung der Gesellschaft. Statt die Gesundheit zu schützen, untergraben diese Maßnahmen die Grundlagen für den Gesundheitsschutz. Sie verhindern durch die Ressourcenverschwendung und die sozialen Spannungen, die sie hervorrufen, dass wir den Weg des technischen, wirtschaftlichen, medizinischen und sozialen Fortschritts weitergehen, der in den letzten Jahrzehnten zu einer großen Verbesserung der Gesundheit und der Lebenserwartung geführt hat.

Die allermeisten von uns müssen für die Corona-Politik einen hohen Preis an beeinträchtigter Lebensqualität und wahrscheinlichem Verlust an Lebenszeit zahlen, ohne dass diese Politik einen nachweisbaren Nutzen hätte (siehe dazu Kotchoubey 2021). Es zeigt sich hieran wiederum: Wenn man in Panik verfällt, statt umsichtig und verhältnismäßig zu handeln, dann richtet man großen Schaden an. Und wenn man ein Ziel absolut setzt und ihm alle anderen Ziele unterordnet, dann handelt man letzten Endes kontraproduktiv auch im Hinblick auf dieses Ziel selbst. Die Corona-Politik leistet für die Gesundheitsversorgung – die Lebensqualität und die Verlängerung der Lebenszeit der Menschen – einen denkbar schlechten Dienst. Alle wesentlichen Behauptungen, auf die sich diese Politik stützte und weiterhin stützt, haben sich als falsch herausgestellt:

- Es stimmt nicht, dass das Coronavirus eine Krankheit verbreitet, die für die gesamte Bevölkerung gefährlich ist.
- Es stimmt nicht, dass der Strategiewechsel von der medizinischen zur politischen Bekämpfung der Ausbreitung des Virus mit gesamtgesellschaftlichen Zwangsmaßnahmen in einer statistisch signifikanten Weise schwere Krankheitsverläufe und vorzeitige Todesfälle verhindert hat.
- Es stimmt nicht, dass die Ungeimpften die Pandemie antreiben und dass die Impfung der gesamten Bevölkerung ungeachtet dessen, ob die betreffenden Menschen persönlich gefährdet sind, die Ausbreitung des Virus unterbindet.

Technokratisches Handeln contra Menschenwürde

Wie konnte es dazu kommen? Wie bereits gesagt: Bis zum Jahr 2019 war es Stand der Wissenschaft, Pandemien mit rein medizinischen Mitteln zu bekämpfen. Im Frühjahr 2020 fand ein Paradigmenwechsel statt hin zu einer politischen Bekämpfung des Virusausbruchs mit gesamtgesellschaftlichen Zwangsmaßnahmen. Rein wissenschaftshistorisch betrachtet, ohne danach zu fragen, wer Recht hat und wer schiefliegt, wissen wir, dass ein Paradigmenwechsel nie über Nacht geschieht. Es findet immer eine innerwissenschaftliche Diskussion statt, in der sich dann schließlich eine Gruppe durchsetzen mag und so ein bisheriges Paradigma durch ein neues Paradigma abgelöst wird. Das ist aber ein Prozess, der Zeit braucht und in dem immer ein intensiver Austausch von verschiedenen Standpunkten und Argumenten stattfindet.

Wenn so etwas auf einen Schlag und ohne Diskussion abläuft, dann wissen wir von vornherein, dass es sich um einen politischen und nicht einen wissenschaftlichen Vorgang handelt – und zwar ganz unabhängig davon, welche Seite der Sache nach Recht haben mag. So ist es tatsächlich geschehen: Viele derjenigen, die bis 2019 Koryphäen ihres Faches waren, wurden plötzlich als Scharlatane hingestellt. So erging es zum Beispiel John Ioannidis sowie Jayanta Bhattacharya, Sunetra Gupta und Martin Kulldorff – den Autoren der *Great Barrington Declaration* – und vielen anderen, die die bisherige, rein medizinische Vorgehensweise fokussiert auf die gefährdeten Personen vertraten. Es gab in der Vergangenheit einzelne Wissenschaftler, die bereits bei früheren Virenausbrüchen wie der Schweinegrippe 2009 Pandemien bisher ungeahnter Größenordnung prognostizierten und politische Maßnahmen forderten. Dazu gehören zum Beispiel Christian Drosten in Deutschland und Neil Ferguson in England. Dass diese Wissenschaftler plötzlich in den Medien als die Vertreter DER Wissenschaft dargestellt wurden, ist kein wissenschaftlicher, sondern ein politischer Vorgang. Aus politischen Gründen wurden die einzelnen Wissenschaftler, die diesen Strategiewechsel antrieben, von Medien und Politikern so dargestellt, als ob sie den Stand der Wissenschaft repräsentierten und ihre radikalen Vorschläge alternativlos wären. Anderslautende Stimmen wurden durch eine gezielte mediale und politische Kampagne unterdrückt. Ein politisch inszenierter Strategiewechsel innerhalb der Wissenschaft untergräbt offensichtlich die Wissenschaftsfreiheit in massiver Weise, weil er den innerwissenschaftlichen Diskussionsprozess unterdrückt – der durchaus zu einem Strategiewechsel führen kann, aber eben nur als Folge einer intensiven innerwissenschaftlichen Debatte.

Für das, was geschehen ist, gibt es eine naheliegende Erklärung: Prognosen von Katastrophen-Szenarien erregen mehr Aufmerksamkeit als beruhigende Prognosen. Mediale Aufmerksamkeit ist Wissenschaftlern mit ersteren gesichert, aber nicht mit letzteren. In Katastrophen – ob echten oder vermeintlichen – schlägt die Stunde von Politikern, die ihre Macht und ihre Popularität steigern können, indem sie sich als Beschützer der Bevölkerung in Szene setzen können. Es gibt wirtschaftliche Interessen, die von den – echten oder vermeintlichen – Katastrophen profitieren. Dieses und Weiteres sind Faktoren, die in – kontingenter, nicht im Voraus geplanter – Weise zu einer Entwicklung führen können, wie wir sie seit dem Frühjahr 2020 erlebt haben. In einer solchen Entwicklung wird dann Wissenschaft politisch instrumentalisiert, um Zwangsmaßnahmen zu legitimieren, die auf dem normalen rechtsstaatlichen Weg nicht legitimiert werden können. Wir haben seit Frühjahr 2020 in den westlichen Demokratien die weitreichendsten Grundrechtseinschränkungen erlebt, die es jemals in Friedenszeiten gegeben hat.

Gehen wir einen Schritt weiter in die philosophische Analyse hinein: Man kann die wissenschaftliche Legitimation politischer Machtansprüche, die durch nichts anderes als die angebliche Wissenschaft selbst begrenzt sind – also zum Beispiel nicht durch Menschenrechte begrenzt sind, die der betreffenden Wissenschaft vorrangig sind –, bis zu Platon zurückverfolgen. In seinem Hauptwerk *Der Staat* (Politeia) vertritt Platon die Auffassung, dass es eine Erkenntnis gibt, welche die Steuerung der Gesellschaft bis hin zum Leben der einzelnen Menschen ermöglicht und legitimiert. So ist es für Platon auch eine Frage wissenschaftlicher Erkenntnis, wer wen heiraten soll, damit die Gesellschaft optimal fortbesteht; das ist Eugenik. Allgemein gilt für Platon: Diejenigen, welche die Erkenntnis der Ideen haben, sollen im Staat herrschen beziehungsweise die Politik vorgeben. Für Platon sind die Philosophen diejenigen, welche diese Erkenntnis haben. Gemeint sind damit aber Experten generell. Das können Philosophen, aber auch Theologen oder Wissenschaftler sein. Die Erkenntnis ist die der Idee des Guten. Es handelt sich also um einen Wissensanspruch, der zum einen technisch-naturwissenschaftlicher Art ist, zum anderen moralisch-normativer Art: Er bezieht sich darauf, was das Gute ist. Die platonischen Ideen, die den Dingen Begriffe zuordnen, sind zugleich normativ: Die Idee des Pferdes zum Beispiel ist die Idee eines idealen Pferdes, welche das Pferdsein perfekt darstellt. Die einzelnen Pferde in Fleisch und Blut haben mehr oder weniger an dieser Idee teil. Die Klassifikation von Tatsachen erfolgt also automatisch im Hinblick auf Normen.

Ganz anders verhält es sich mit den neuzeitlichen Naturwissenschaften. Sie geben uns Faktenwissen. Sie sind objektiv: Sie sehen von den Subjekten, welche die Theorie formulieren, und ihren Bewertungen so weit es geht ab. Darin liegt ihr Erfolg: Sie geben uns Wissen darüber, wie die Dinge einschließlich unseres Körpers beschaffen sind unabhängig davon, welche Bewertungen wir vornehmen. Damit geben sie uns Wissen an die Hand, das wir dann einsetzen können, um unsere Vorstellungen dessen, was wir verwirklichen wollen, in die Tat umzusetzen. Der technische Fortschritt einschließlich des medizinischen Fortschrittes und mit ihm der wirtschaftliche Fortschritt einschließlich der gewaltigen Verbesserung der Lebensqualität und Lebenserwartung in den letzten zwei Jahrhunderten beruhen auf der Objektivität der Naturwissenschaften, darauf, dass sie Faktenwissen liefern und nicht durch Normen gefilterte Fakten wie in Platons Ideenlehre. Kurz, dieser Fortschritt beruht auf der Freiheit der Wissenschaft – Freiheit von politischer Einflussnahme, moralischen Bewertungen und so weiter.

Mit dem Erfolg der neuzeitlichen Naturwissenschaften in der Aufdeckung von Fakten und mathematischen Naturgesetzen, denen diese Fakten unterliegen, stellt sich die Frage, inwieweit diese

Naturwissenschaften auch den Menschen erfassen können und ihre Methoden auch in den Geistes- und Sozialwissenschaften anwendbar sind. Einerseits unterliegt unser Körper einschließlich unseres Gehirns den physikalischen und den biologischen Naturgesetzen und der Geist ist nicht vom Körper getrennt. Andererseits sind wir in unserem Denken und Handeln frei. Man kommt in den Geistes- und Sozialwissenschaften keinen Schritt weit, wenn man nicht berücksichtigt, wie Personen jeweils die Tatsachen bewerten.

Denn Freiheit ist die *»condition humaine«*. Wenn wir denken und handeln, sind wir frei. Das ist deshalb so, weil man für Gedanken und Handlungen – und nur für diese – Gründe und damit Rechtfertigungen verlangen kann. Vernunft und Freiheit gehen daher zusammen. Der Gebrauch von Vernunft besteht darin, sich auf der Grundlage biologischer Gegebenheiten wie Sinneseindrücke, Begierden und Bedürfnisse ein Urteil und einen Willen zu bilden. Wenn man Vernunft gebraucht, ist man frei, weil die biologischen Gegebenheiten das Denken und Handeln nicht vorgeben. Kant drückt dieses so aus:

»Wenn uns Erscheinung gegeben ist, so sind wir noch ganz frei, wie wir die Sache daraus beurteilen wollen.« (*Prolegomena zu einer jeden künftigen Metaphysik* 1783, § 13, Anmerkung III)

Frei sind wir, weil die Spezies Mensch sich in der Evolution von dem Zwang befreit hat, einer bloßen Reaktion auf Reize unterworfen zu sein. Diese Freiheit, selbst über unser Leben bestimmen zu können, macht unsere Würde aus. Die Ausübung von Freiheit ist die Ausübung von Vernunft, weil sie darin besteht, nach Gründen zu suchen, die gute Gründe für ein Urteil oder eine Handlung sein können.

Über diese Freiheit und die Menschenwürde setzt man sich hinweg, wenn man meint, über ein Wissen, ein Können und eine Berechtigung zu verfügen, das Leben der Menschen technokratisch auf einen Inhalt hin zu steuern. Das Leben von Menschen ist keine Bahn physikalischer Objekte, die man in Laborexperimenten gemäß bestimmten Parametern steuern kann – zum Beispiel so steuern kann, dass weniger Begegnungen zwischen diesen Objekten stattfinden und damit die Ausbreitung von Viren unter diesen Objekten im Voraus so gesteuert werden kann, dass diese Objekte nicht durch Infektionen zu Schaden kommen. So ein Unterfangen ist schon naturwissenschaftlich unsinnig, weil wir es nicht mit einem begrenzten Laborexperiment mit physikalischen Objekten unter idealen Bedingungen und wenigen, kontrollierbaren Parametern zu tun haben. Wir haben es vielmehr mit einer Realität zu tun, in welcher der Verlauf einer Virenwelle von vielen, nicht kontrollierbaren Faktoren beeinflusst wird. Das Verhindern von Schäden hängt vor allem davon ab, wie die Menschen ihr Verhalten spontan anpassen gemäß den verfügbaren Informationen. Diese spontane Verhaltensanpassung kann nicht im Voraus geplant werden. Sie hängt davon ab, welchen Lebensinhalt die Menschen haben, wie sie Risiken im Hinblick auf diesen Lebensinhalt abwägen und welche neuen Strategien sie entwickeln.

Es gibt keinen Lebensinhalt, der für alle verbindlich ist und auf den hin Experten unser Leben steuern könnten. Wir haben alle verschiedene Lebensziele und -inhalte und wir wägen die Risiken in unterschiedlicher Weise ab, die wir für unseren Lebensinhalt einzugehen bereit sind. Die neuzeitliche Naturwissenschaft gibt uns Tatsachen, aber keine Normen, wie wir unser Leben gestalten sollen. Wenn man diese Wissenschaft einsetzen will, um das Leben der Menschen technokratisch zu steuern, dann muss man jeweils willkürlich einen Wert absolut setzen, in Hinblick auf den diese Steuerung stattfinden soll.

Es gibt allerdings ein Handlungsmuster: Gesundheitsschutz und das Schüren von Panik vor großen Übeln waren immer die Mittel, welche die vermeintlich Wissenden eingesetzt haben – die Philosophen, Theologen und Wissenschaftler, die von der Idee besessen waren und sind, dass sie ein Wissen besitzen, mit dem sie die Gesellschaft technokratisch steuern können. Vorgeblicher Gesundheitsschutz ist in der Tat ein probates Mittel für dieses Blendwerk. Denn um ein selbstbestimmtes Leben führen zu können, braucht man gewisse körperliche Fähigkeiten. Aber niemand lebt für das Leben selbst. Wir leben für das, was unserem Leben einen Sinn gibt. Dafür gibt es keine allgemeinverbindlichen Vorgaben, die irgendwelche Experten setzen könnten.

Konkret: Wenn jemand in der jetzigen Situation der Auffassung ist, dass diejenigen, die ihr Grundrecht auf körperliche Unversehrtheit in Anspruch nehmen und sich nicht einer Corona-Impfung unterziehen wollen (aus welchen Gründen auch immer), der Gesellschaft schaden, dann gilt dieses genauso für Raucher, die mit Lungenleiden ins Krankenhaus kommen, für Übergewichtige, die durch ihre Ernährungsweise Bluthochdruck, Diabetes, Herz- und Kreislaufbeschwerden provozieren, mit denen sie dann der Allgemeinheit zur Last fallen und so weiter. Das ist das Gefährliche an der gegenwärtigen Corona-Politik, die völlig willkürlich ein Element herausgreift und absolut setzt. Mit der Logik dieser Politik könnte man beliebig umfassende Reglementierungen des gesamten Lebens mit sozialen Pässen und Zertifikaten im Namen von angeblichem Gesundheitsschutz durchsetzen. Man würde dadurch alle Lebensqualität zerstören. Wie oben bereits erwähnt wurde, ist schon jetzt ersichtlich, dass die Corona-Politik gesamtgesundheitlich schadet, weil sie die Grundlagen dessen untergräbt, wodurch wir in den letzten Jahrzehnten große Fortschritte an Lebensqualität und Verlängerung der Lebenszeit für die Allgemeinheit erreicht haben. So war es historisch immer: Die Gesellschaften, die den selbst ernannten Experten und ihren technokratischen Vorgaben gefolgt sind, haben sich selbst zerstört, und zwar gerade auch im Hinblick auf das Ziel, auf das hin diese Experten sie steuern wollten.

Den selbst ernannten Experten gelingt es immer wieder, Macht zur Steuerung der Gesellschaft zu erlangen, weil sie eine Karte ausspielen, die unser Zusammenleben ins Mark trifft, nämlich die Karte negativer Externalitäten. Damit ist Folgendes gemeint: Weil wir in Gesellschaften leben, haben unsere Handlungen Auswirkungen auf Dritte, die unerwünscht sein können. In diesem Falle spricht man von negativen Externalitäten. Externalitäten sind aber nicht unbedingt negativ. Sie können auch positiv sein. Beide Aspekte treten häufig zusammen auf. Wenn zum Beispiel eine Autobahn gebaut wird, um zwei große Städte miteinander zu verbinden – und, nehmen wir an, die Bevölkerung der beiden Städte wünscht diese Autobahn und finanziert ihren Bau –, dann ergibt sich für die Orte, die an der Autobahn liegen und die deren Bau nicht mitfinanzieren (die also in dieser Annahme nicht Partei des entsprechenden Vertrags sind), eine positive Externalität: Auch ihre Einwohner bekommen die Möglichkeit, schneller in die beiden Großstädte zu gelangen. Es ergibt sich aber auch eine negative Externalität durch mehr Lärmbelastung und Luftverschmutzung infolge des Autoverkehrs. Durch diese negative Externalität geht Lebensqualität verloren, ebenso wie durch die bessere Anbindung an die Großstädte Lebensqualität gewonnen wird.

Schon an diesem Beispiel wird deutlich, dass nicht unbedingt von vornherein klar ist, wann negative Externalitäten überwiegen. Externalitäten sind in der Regel eine Frage dessen, jeweils pragmatisch einen Ausgleich der verschiedenen Interessen zu finden. Generell gesagt: Die Grenze, jenseits der die freie Lebensgestaltung eines Menschen oder einer Gruppe von Menschen der freien Lebensgestaltung anderer einen Schaden zufügt, ist nicht von vornherein eindeutig festgelegt. Man kann sie eher weit oder eher eng fassen. Für unsere selbst ernannten Vormünder in Wissenschaft und Politik war die Ausbreitung des Coronavirus ein willkommener Anlass, in der Weise Angst und Panik zu schüren, dass de facto kein Spielraum mehr für die freie Lebensgestaltung bleibt: Mit dem Verbreiten von Panik gelingt es, jede freie Lebensgestaltung eines Menschen so darzustellen, dass mit ihr negative Externalitäten einhergehen, die potenziell eine Bedrohung für die freie Lebensgestaltung anderer sind. Denn natürlich kann jede Form physischen Kontaktes möglicherweise zur Ausbreitung des Coronavirus beitragen. Generell gilt: Soziale Kontakte bereichern unser Leben und geben ihm einen Sinn (positive Externalität), aber sie können auch zur Verbreitung von Bakterien, Viren und Krankheiten beitragen (negative Externalität). Wenn man Menschen nur noch als Träger von Viren ansieht, dann setzt man diese mögliche negative Externalität absolut.

Damit erhalten bestimmte Wissenschaftler und Politiker eine unglaubliche Machtfülle: Sie können sich auf diese Weise eine Legitimation basteln, unser gesamtes Leben zu regeln. Die Lösung für das Problem dieser absolut gesetzten negativen Externalität besteht darin, die sozialen Kontakte umfassend zu regeln, um die Ausbreitung des Coronavirus zu steuern. Sogar der moralische Wert der Solidarität wird umgedeutet: Solidarität mit denen, die nur noch wenig Zeit zum Leben haben, soll nun plötzlich bedeuten, sie zu isolieren und von sozialen Kontakten abzuschneiden. Solidarität soll nicht mehr bedeuten, diese Menschen so gut es geht darin zu unterstützen, die ihnen verbleibende Lebenszeit frei zu gestalten. Wie gesagt, niemand lebt für das Leben selbst. Man lebt für einen Inhalt, der dem Leben einen Sinn gibt. Damit setzt man notwendigerweise sein biologisches Leben für diesen Sinn ein, indem man im Hinblick auf den Lebensinhalt unvermeidlich gewisse Risiken eingeht und diese Risiken selbst abwägen muss. Wie es nicht einen Lebensinhalt für alle gibt, so gibt es auch nicht eine Risikoabwägung für alle. Statt positive und negative Externalitäten – soziale Kontakte versus Gefahr von Infektionen – in der jeweiligen konkreten Situation pragmatisch abzuwägen und spezifische Schutzkonzepte zu entwickeln, die so weit wie möglich die Interessen aller Betroffenen berücksichtigen, wurden und werden alle Menschen dem Generalverdacht unterstellt, mit allen ihren sozialen Kontakten andere zu schädigen.

Die Masken sind der augenfälligste Ausdruck dieses Generalverdachts: Sie machen offensichtlich, wie jedem unterstellt wird, durch seine bloße physische Präsenz andere zu gefährden. Damit verhindern die Masken aber zugleich die emotionale Nähe, die der Gesundheit und insbesondere auch dem Aufbau des Immunsystems förderlich ist. All das geschieht, obwohl es keinerlei stichhaltige wissenschaftliche Evidenz dafür gibt, dass generelles Maskentragen der gesamten Bevölkerung in einer signifikanten Weise verhindert, dass Viren sich verbreiten. Jedenfalls konnten weder frühere Studien zu Grippewellen noch die Studien zum generellen Maskentragen in der Corona-Pandemie (siehe zum Beispiel Bundgaard et al. 2021) einen statistisch signifikanten Nutzen des generellen Maskentragens belegen.

Von dem Generalverdacht, andere zu schädigen, soll man sich befreien, indem man sich mit einem Covid-Zertifikat (3G: geimpft, genesen oder getestet, oder sogar nur 2G) reinwäscht. Mit Wissenschaft hat dieses allerdings ebenso wenig zu tun wie der Ablasshandel im Mittelalter etwas mit christlicher Religion zu tun hatte. In beiden Fällen sind die Bedingungen für das Reinwaschen willkürlich definiert: Was wissenschaftliche Erkenntnisse und das Covid-Zertifikat betrifft, ist es vollkommen willkürlich, natürliche Immunität durch einen positiven PCR-Test zu definieren; die Impfung verhindert nicht, das Virus übertragen zu können. Juristisch verstößt das Covid-Zertifikat ebenfalls gegen fundamentale Rechtsprinzipen, weil es die Beweislast umkehrt: Es muss nicht mehr der konkrete Nachweis geführt werden, dass jemand durch sein Verhalten andere schädigt. Vielmehr soll jeder von vornherein nachweisen, andere nicht zu schädigen. Und auch ethisch lässt sich das Covid-Zertifikat nicht rechtfertigen, weil es dem Rechtsstaat und den Menschenrechten zuwiderläuft: Jeder hat von Natur aus das Recht auf freie Lebensgestaltung (sofern sie oder er andere nicht in ihrer freien Lebensgestaltung konkret bedroht). Menschenrechte werden nicht von staatlichen Autoritäten verliehen unter Auflagen, die von diesen Autoritäten festgesetzt werden. Von niemandem darf verlangt werden, sich die Freiheit zur eigenen Lebensgestaltung durch ein Zertifikat kaufen zu müssen, dessen Bedingungen von Wissenschaftlern und Politikern formuliert werden, die sich ein Wissen, ein Können und eine Befugnis anmaßen, das gesellschaftliche Leben zu steuern. Eine angebliche wissenschaftliche Legimitation für so etwas einzusetzen, untergräbt das Vertrauen in die Wissenschaft massiv.

Wissenschaftsfreiheit und republikanischer Rechtsstaat

Platon ist, wie gesagt, der Auffassung, dass es (1) ein Wissen um das Gute für alle und jeden gibt, auf das hin die Steuerung der Gesellschaft möglich und erforderlich ist, und dass es (2) identifizierbare Personen gibt, die dieses Wissen besitzen und die deshalb herrschen sollen beziehungsweise den Politikern vorgeben sollen, was sie zu tun haben, nämlich die Philosophen oder allgemein die Experten. Aristoteles hingegen entwickelt in seiner Schrift *Politik* ein ganz anderes Verständnis von Gesellschaft und Staat: Er vertritt die Ansicht, dass die Bürger in gemeinsamer Beratung über die öffentlichen Angelegenheiten befinden sollen. Das heißt: Aristoteles zufolge gibt es keine Gruppe von Experten, die ein privilegiertes Wissen haben, das die Steuerung von Staat und Gesellschaft ermöglicht. Aristoteles ist damit die Quelle der politischen Theorie, die man *Republikanismus* nennt: Die Staatsgewalt geht von den Staatsbürgern aus. Sie partizipieren an den politischen Entscheidungen entweder direkt, indem sie diese in gemeinsamer Beratung in einer Bürgerversammlung treffen, oder indirekt durch die Wahl von Repräsentanten, die eine in der Zeit und ihren Befugnissen begrenzte politische Funktion übernehmen.

Die neuzeitliche Naturwissenschaft ist nicht die Wissenschaft Platons, die normative Erkenntnisse liefern soll. Indem sie von Bewertungen absieht, gibt die neuzeitliche Naturwissenschaft nur Tatsachenwissen her. Das ändert leider nichts daran, dass es immer mal wieder Wissenschaftler gab, die meinen, nicht nur Tatsachenwissen zu haben, sondern auch ein Wissen, das sie berechtigt, Politik und Gesellschaft normative Vorgaben zu machen, wie zum Beispiel im vergangenen Jahrhundert mit der Eugenik oder jüngst in der Corona-Krise. Wissenschaftler, die solche Ansprüche erheben, haben die Grundlagen ihrer eigenen Wissenschaft nicht verstanden. Denn die moderne Naturwissenschaft und der republikanische Rechtsstaat sind unmittelbar miteinander verbunden. Die moderne Naturwissenschaft liefert das Faktenwissen, das jeder benötigt, um überlegte Entscheidungen treffen zu können. Diese Wissenschaft setzt die Freiheit der Menschen in der Formulierung, Rechtfertigung und Überprüfung von Urteilen und Theorien voraus (siehe dazu Esfeld 2019; als dieses Buch veröffentlicht wurde, konnte ich nicht ahnen, welche gesellschaftliche Relevanz und Brisanz die dort entwickelten Zusammenhänge kurze Zeit später erhalten sollten).

Genauer gesagt: Indem zu den Grundrechten die Freiheit der Wissenschaft in Forschung und Lehre gehört, schafft der Rechtsstaat den Freiraum, in dem sich eine Wissenschaft entwickeln kann, die objektiv auf die Fakten gerichtet ist, statt durch vorgegebene Normen auf politische Ziele hin gesteuert zu werden. Nur ein Staat, der nicht auf solche Normen ausgerichtet ist, kann der Wissenschaft freien Lauf in der Entdeckung der Fakten lassen. Die

Parallele zur Geschichte der Religion in der Neuzeit ist offensichtlich: Erst ein säkularer Staat, der nicht auf religiöse Normen ausgerichtet ist und in dieser Hinsicht keine Erkenntnis für sich und seine Funktionsweise in Anspruch nimmt, kann Religionsfreiheit gewähren.

Die neuzeitliche Naturwissenschaft ist ein kollektives Unternehmen: Der Fortschritt im Gewinnen von Erkenntnis beruht zum einen darauf, Daten zu beschaffen, zum anderen aber wesentlich auf dem Austausch von Argumenten und der Diskussion von Theorien. Je gehaltvoller diese Theorien sind, desto besser können sie überprüft werden und desto besser kann man aus Fehlern lernen. Es ist ein völlig normaler Vorgang in der Wissenschaft, Hypothesen zu korrigieren. Zu einem Problem wird das nur, wenn die Wissenschaft politisch oder gar moralisch überlagert wird und ihren Wissensansprüchen ein quasi religiöser Status zugesprochen wird. Dann wird der normale Prozess, Argumente auszutauschen und Hypothesen zu korrigieren, ausgesetzt und mit ihm der wissenschaftliche Fortschritt. Das ist das, was wir jetzt mit dem politischen Gebrauch beziehungsweise Missbrauch der Wissenschaft in der Corona-Krise erleben. Wir steuern auf einen abergläubischen Kult zu mit seinen Symbolen wie Masken, Reinwaschen durch Tests und Impfungen und so weiter.

Dieser politische Gebrauch der Wissenschaft ist ein Missbrauch, weil er die Freiheit der Wissenschaft zerstört, durch die wissenschaftliche Erkenntnisse gewonnen werden. Am augenfälligsten wird dieses zur Zeit in Bezug auf die Impfung: Wir wissen viel zu wenig darüber, wie wirksam die Impfstoffe sind, wie lange ihre Wirkung anhält, inwiefern die Impfung nicht nur Selbstschutz, sondern auch Fremdschutz gewährt dadurch, dass Geimpfte das Virus nicht weiterverbreiten können und die Impfung nicht die Entwicklung von Mutationen des Virus befördert und wie weitreichend die unerwünschten Wirkungen bis hin zu Todesfällen sind.

Dazu wäre es erforderlich gewesen, die Zulassungsstudien wie ursprünglich vorgesehen über zwei Jahre durchzuführen, um die Fragen zu Selbstschutz, Fremdschutz und Nebenwirkungen mit den üblichen Standards von guter medizinischer Praxis untersuchen zu können. Stattdessen hat man die Studien nach zwei Monaten de facto abgebrochen und die Placebogruppe aufgelöst. Das bedeutet, dass wir keine systematisch beobachtete Kontrollgruppe mehr haben und auch nie mehr bekommen werden (siehe zu diesen Versäumnissen Prugger et al. 2021).

Was die Forschung nach Kausalzusammenhängen betrifft, wird suggeriert, dass diejenigen, die im Zusammenhang mit einer Infektion mit dem Coronavirus sterben, *wegen* dieser Infektion sterben und es sich dabei um zusätzliche, ansonsten nicht eingetretene Todesfälle handelt. Diese Behauptung entbehrt jeder Grundlage, wie der Blick auf die ziemlich begrenzte Übersterblichkeit zeigt. Die Aussage »im Zusammenhang mit« ist gehaltlos, weil sie nichts darüber aussagt, worin der Zusammenhang besteht: Handelt es sich lediglich um eine zeitliche Abfolge von Ereignissen? Oder stehen diese Ereignisse in einer Beziehung von Ursache und Wirkung?

Todesfälle zeitlich nach einer Impfung dürfen hingegen in den öffentlichen Verlautbarungen der staatlichen Stellen quasi per Festsetzung nicht durch die Impfung verursacht sein. Kurz, bei Coronatoten (Suggestion von Kausalität) und dem Zurückweisen von Impftoten (Abweisung von Kausalität) wird *a priori*, ohne empirische Untersuchung eine Realität so konstruiert, dass sie zu dem vorherrschenden Narrativ eines gefährlichen Virus und einer ungefährlichen Impfung passt. Man verhindert auf diese Weise, mit wissenschaftlichen Methoden etwas über die Wirklichkeit herauszufinden. Dazu müsste man systematisch eine repräsentative Anzahl der Todesfälle obduzieren, die nach einer Infektion mit dem Coronavirus oder nach einer Impfung verstorben sind, um etwas über Kausalzusammenhänge herauszufinden.

Das Gefährliche hieran ist, dass nicht nur die wissenschaftliche Objektivität, die Suche nach Fakten unterminiert wird, sondern auch die Gesellschaft gespalten wird, wodurch der republikanische Rechtsstaat unterminiert wird. Denn dieser ist auf eine von allen Bürgern geteilte Basis von Fakten angewiesen, auf deren Grundlage man zu Entscheidungen kommt und auf deren Grundlage vor allem dann Mehrheitsentscheidungen für die unterlegene Minderheit akzeptabel und nachvollziehbar werden. Wenn diese Minderheit hingegen meint, dass die Mehrheitsentscheidungen auf einer konstruierten Realität beziehungsweise sogar regelrechten Lügen beruhen, dann sind diese Entscheidungen für sie nicht mehr nachvollziehbar und nicht akzeptabel und der demokratische Rechtsstaat droht, funktionsunfähig zu werden. Wenn wir keine systematischen, unvoreingenommen nach den üblichen wissenschaftlichen Methoden erfolgten Untersuchungen bekommen, dann kann die eine Seite immer behaupten, dass die Covid-Infektion ursächlich für die Todesfälle im Zusammenhang mit der Infektion ist, die andere Seite hingegen eine solche Kausalität pauschal zurückweisen und von einer herbeigetesteten Pandemie sprechen. Ferner kann die eine Seite behaupten, dass die Impfungen unschädlich sind, und die andere Seite kann daran festhalten, dass die Impfungen eine signifikante Anzahl von Todesfällen verursachen.

Die öffentliche Finanzierung von Wissenschaft und ihren Institutionen wie Universitäten und Akademien erweist sich dabei als ambivalent. Einerseits soll diese Finanzierung gerade die Freiheit der Forschung sichern und verhindern, dass diese von wirtschaftlichen Interessen privater Geldgeber abhängig wird – wobei auch festzuhalten ist, dass private Geldgeber nicht unbedingt durch wirtschaftliche Interessen motiviert sein müssen, sondern viele von ihnen philanthropische Beweggründe haben. Andererseits wird diese Finanzierung dann höchst problematisch, wenn die Politik bestimmte Handlungsanweisungen von der Wissenschaft erwartet. Dann ist die Situation viel schlimmer als im Falle einer Vielzahl privater Geldgeber und deren unterschiedlicher Interessen, weil der Staat eine Monopolstellung hat und damit eine überwältigende Macht. Die Politik beschafft die finanziellen Mittel für die Wissenschaft und organisiert sie in Institutionen wie nationalen Akademien und dergleichen. Dafür möchte sie Wissen als Beratung der Politik erhalten, das dann unter so harmlosen Namen wie »Orientierungswissen« eingefordert und geliefert wird. Die Sache ist jedoch alles andere als harmlos: Man weist der Wissenschaft eine Aufgabe zu, die sie nicht erfüllen kann und die sie in demokratischen Rechtsstaaten auch gar nicht beanspruchen darf. Das Wissen der Wissenschaft ist Faktenwissen. Die Leistung der Wissenschaft für die Gesellschaft besteht darin, dass dieses Wissen öffentlich ist: Jeder kann es für die eigene Lebensplanung nutzen. Insofern gibt dieses Wissen Orientierung, nämlich als Fakten, an denen sich jeder orientieren kann als Mittel, um die für das eigene Leben gesetzten Ziele zu erreichen.

In demokratischen Rechtsstaaten entscheidet die Öffentlichkeit über die Politik. Das Wissen, das die Öffentlichkeit für ihre Entscheidungsprozesse braucht, ist ausschließlich das von Fakten, das die Wissenschaft als sich selbst korrigierendes Unternehmen zur Verfügung stellt. Wissenschaft ergibt kein normatives Wissen, das als Orientierungswissen zur Legitimation politischer Handlungen der Staatsgewalt eingesetzt werden kann, die allen Bürgerinnen und Bürgern Vorgaben für ihre Lebensführung machen. Wer einen solchen Wissensanspruch erhebt oder ein solches Wissen einfordert, erweist sich als Feind der freien, offenen Gesellschaft. Die entsprechenden Zusammenhänge hat Karl Popper in seinem Werk *Die offene Gesellschaft und ihre Feinde* (1945) klar dargelegt.

Weil es kein normatives Wissen um ein allgemein Gutes gibt, auf das hin sich die Gesellschaft steuern ließe, und weil die moderne Naturwissenschaft selbst auf der Freiheit der Menschen im

Urteilen und Handeln beruht, um Fortschritte in der Erkenntnis der Fakten zu erzielen, ist sie unmittelbar mit dem modernen Rechtsstaat verbunden: Den Menschen kommen individuelle Freiheitsrechte zu, die allesamt Abwehrrechte gegen äußere Eingriffe in die eigene Lebensgestaltung sind, sofern diese Lebensgestaltung nicht die Lebensgestaltung anderer konkret bedroht. Der Staat ist ein Rechtsstaat, weil er diese Freiheitsrechte sichert. Er ist aber nicht die Quelle dieser Rechte. Die Quelle ist die Würde des Menschen bestehend in dem Vermögen, selbstständig nach Gründen Urteile zu fällen und gemäß diesen Urteilen zu handeln. Es ist daher eine Perversion sowohl des Rechtsstaates als auch der Wissenschaft anzunehmen, dass diese Freiheitsrechte vom Staat gewährt oder verweigert werden können unter Bedingungen, die auf angeblich wissenschaftlicher Basis festgesetzt werden. Wer beispielsweise Freiheitsrechte an eine Impfung gegen das Coronavirus binden möchte, bringt damit zum Ausdruck, dass er oder sie weder etwas von Rechtsstaat noch etwas von Wissenschaft verstanden hat.

Wir dürfen uns nicht von Wissenschaftlern blenden lassen, die von der Idee besessen sind, sie hätten ein Wissen zur Steuerung der Gesellschaft. Und wir dürfen uns nicht von Politikern verführen lassen, die aus durchsichtigen Machtinteressen dieses angebliche Wissen aufgreifen. Beide zerstören sowohl die Wissenschaft als auch den Rechtsstaat. Es geht dabei nicht nur um die Freiheit als solche. Es geht auch darum, dass die neuzeitliche Naturwissenschaft und der moderne Rechtsstaat einen bisher in der Geschichte nie vorgekommenen technischen, wirtschaftlichen und sozialen Fortschritt ermöglicht haben, der zu einem erheblichen Gewinn an Lebensqualität und Lebenszeit für alle geführt hat. Wenn das Beispiel der Corona-Politik Schule machen sollte, würden wir nicht nur unsere Würde, sondern auch unsere Existenzgrundlagen verlieren.

Literatur

American Institute of Economic Research (2020), »Lockdowns do not control the coronavirus: the evidence«, https://www.aier.org/article/lockdowns-do-not-control-the-coronavirus-the-evidence (zuletzt aufgerufen am 20.12.2020)

Augurzky, Boris et al. (2021), »Analysen zum Leistungsgeschehen der Krankenhäuser und zur Ausgleichspauschale in der Corona-Krise«, *RWI – Leibniz-Institut für Wirtschaftsforschung, Technische Universität Berlin*, 30.4.2021

Bendavid, Eran et al. (2021), »Assessing mandatory stay-at-home and business closure effects on the spread of COVID-19«, *European Journal of Clinical Investigation* 51, e 13484.

Bjørnskov, Christian (2021), »Did lockdown work? An economist's cross-country comparison«, *CESifo Economic Studies*, 29.3.2021, 1–14, DOI: 10.1093/cesifo/ifab003

Bundgaard, Henning et al. (2021), »Effectiveness of adding a mask recommendation to other public health measures to prevent SARS-CoV-2 infection in Danish mask wearers. A randomized controlled trial«, *Annals of Internal Medicine* 174.3, S. 335–343.

Chin, Vincent et al. (2021), »Effect estimates of COVID-19 non-pharmaceutical interventions are non-robust and highly model-dependent«, *Journal of Clinical Epidemiology* 136, S. 96–132.

Esfeld, Michael (2019), *Wissenschaft und Freiheit. Das naturwissenschaftliche Weltbild und der Status von Personen*, Berlin: Suhrkamp.

Herby, Jonas, Jonung, Lars & Hanke, Steve H. (2022), »A literature review and meta-analysis of the effectiveness of lockdowns on Covid-19 mortality«, *Studies in Applied Economics* 200, Januar 2022.

Horst, Manfred (2021), »A closer look at US 2020 mortality data«, *Brownstone Institute*, https://brownstone.org/articles/a-closer-look-at-the-us-2020-mortality-data/ (zuletzt aufgerufen am 2.9.2021)

Ioannidis, John P. A. (2020), »Infection fatality rate of COVID-19 inferred from seroprevalence data«, *Bulletin of the World Health Organization*, Article ID: BLT.20.265892, 14.10.2020.

Kampf, Günter (2021), »COVID-19: stigmatising the unvaccinated is not justified«, *The Lancet* 398, S. 1871, 20.11.2021.

Kotchoubey, Boris (2021), »Auf der Suche nach verlorenen Jahren«, *Novo-Argumente*, 19.4.2021, https://www.novo-argumente.com/artikel/auf_der_suche_nach_den_verlorenen_jahren (zuletzt aufgerufen am 26.07.2022)

Lütge, Christoph & Esfeld, Michael (2021), *Und die Freiheit? Wie die Corona-Politik und der Missbrauch der Wissenschaft unsere offene Gesellschaft bedrohen*, München: riva.

Miles, David K., Stedman, Michael, & Heald, Adrian H. (2020), »›Stay at home, protect the National Health Service, safe lives‹: a cost benefit analysis of the lockdown in the United Kingdom«, *International Journal of Clinical Practice* 75.3, DOI: 10.1111/ijcp.13674.

Popper, Karl (1945), *The open society and its enemies*. London: Routledge. Deutsch *Die offene Gesellschaft und ihre Feinde*, München: Francke 1957/58.

Prugger, Christof et al. (2021), »Evaluating covid-19 vaccine efficacy and safety in the post-authorisation phase«, *British Medical Journal* 375, e067570, 23.12.2021.

Raffelhüschen, Bernd (2020), »Verhältnismäßigkeit in der Pandemie: Geht das?«, *WiSt. Wirtschaftswissenschaftliches Studium*, Juli 2020.

Savaris, R. F. et al. (2021), »Stay-at-home policy is a case of exception fallacy: an internet-based ecological study«, *Nature Scientific Reports* 11, Artikel Nr. 5313.

Schrappe, Matthias et al. (2021), »Die Pandemie durch SARS-CoV-2/CoVid-19: Zur intensivmedizinischen Versorgung in der SARS-CoV-2/CoVid-19-Epidemie. 3. Ad hoc Stellungnahme«, update 17. Mai 2021, verfügbar auf https://schrappe.com/ms2/ (zuletzt aufgerufen am 26.07.2022)

Subramanian, S. V., & Kumar, Akhil (2021), »Increases in COVID-19 are unrelated to levels of vaccination across 68 countries and 2947 counties in the United States«, *European Journal of Epidemiology*, DOI: 10.1007/s10654-021-00808-7, 9.9.2021.

Unerwünschte Wahrheiten in der Klimapolitik

FRITZ VAHRENHOLT

Seit 2010 veröffentlichte ich kritische Beiträge zum Klimaalarmismus. Im Februar 2012 erschien das Buch *Die kalte Sonne: Warum die Klimakatastrophe nicht stattfindet* (Vahrenholt & Lüning 2012), das ich gemeinsam mit Sebastian Lüning geschrieben hatte. In diesem Buch wurde die aus unserer Sicht unzulängliche Berücksichtigung der natürlichen Ursachen der Klimaveränderung in den Berichten des UN-Weltklimarates *IPCC* und der darauf basierenden Klimapolitik kritisiert.

Von diesem Zeitpunkt an veränderte sich meine Welt. Bis 2012 war ich der gefeierte Repräsentant der Umweltbewegung, ein anerkannter Umweltsenator in den 1990er-Jahren, ein erfolgreicher Manager für erneuerbare Energien in drei internationalen Unternehmen. Die erste Offshore-Windkraftturbine von *RWE* in der Nordsee trug meinen Namen (Vahrenholt 2021, Industrie/*RWE Innogy*). Ich war häufiger Gast in Talkshows von Sabine Christiansen bis Maybrit Illner. Die Zeitungen von *Spiegel* bis *Süddeutsche* überschütteten mich mit wohlwollenden Beiträgen. Bundeskanzler Schröder und Bundeskanzlerin Merkel machten mich zu ihren Beratern im Nachhaltigkeitsrat, ich war gern gesehener Begleiter bei Auslandsreisen von Kanzler und Umweltministern. Mein Wiki-Eintrag war eine Hommage.

Dann der Absturz. Mein Privathaus wurde mit einem Farbanschlag angegriffen (Zand-Vakili 2009), keine Fernsehsendungen mehr, regelmäßige Interviews und Kolumnen in der *Welt* wurden eingestellt. Mein Wikipedia-Eintrag wurde von grünen Aktivisten (Baur 2019) verunstaltet. Ich war nun in den Augen von Wiki ein »Klimawandelleugner«. Natürlich hatte ich zu keiner Zeit den Klimawandel geleugnet, nicht in Zweifel gezogen, dass CO_2 eine klimaerwärmende Wirkung hat. Lüning und ich hatten lediglich – wie andere Forscher auch – darauf hingewiesen, dass die simplifizierende Sichtweise des *IPCC*, wonach 100 Prozent der Klimaerwärmung auf anthropogene Einflüsse zurückzuführen seien, empirisch nicht zu belegen ist und der vollständige Ausschluss natürlicher Ursachen nur durch die Anwendung fragwürdiger Modellrechnungen erfolgt.

Es gab auch Ausnahmen. Bundeskanzler a. D. Helmut Schmidt lud mich in sein Herausgeber-Büro bei der *Zeit* ein und wollte meine Sicht der Dinge kennenlernen. Es wurde ein sehr langes Gespräch, allerdings bevor ich überhaupt den ersten Gedanken zu Ende führte, unterbrach mich Schmidt: »Ich glaube der *UNO* kein Wort.« Warum sollte der *IPCC* wahrhaftiger sein als manche fragwürdigen *UNESCO*-Positionen? Mit heutigem Wissen würde ich die *WHO* hinzufügen, wenn man den zweifelhaften Versuch der Ursachenerforschung in der Entstehung von Covid 19 heranzieht. Er erlaubte mir dann später den Satz »Ich finde die Argumentation von Lüning und Vahrenholt nachvollziehbar« (Vahrenholt & Lüning 2012) auf das Buch-Cover der nachfolgenden Auflagen zu platzieren.

Aber das *IPCC* ist doch, wie wir immer wieder hören, nichts anderes als der gesammelte Wissenstand der Klimaforschung. Wirklich?

Wer schreibt die *IPCC*-Klimazustandsberichte?

Kritiker des Klimaalarms bekommen in der Regel keine Chance, an den Berichten mitzuwirken, weil sie bereits im Vorfeld aussortiert werden. Während Angehörige der Industrie von der Autorenschaft weitgehend ausgeschlossen sind, befindet sich unter den Autoren eines jeden *IPCC*-Berichts eine größere Anzahl von Mitgliedern von Umweltaktivisten-Organisationen. So war am 4. Klimazustandsbericht des *IPCC* von 2007 an 28 von 44 Kapiteln – also an zwei Dritteln der Kapitel – mindestens ein Autor beteiligt, der mit dem *World Wildlife Fund for Nature (WWF)* direkt oder indirekt assoziiert war (Lamframboise 2011). Bei 15 der 44 Kapitel fungierte mindestens ein *WWF*-naher Autor als koordinierender Leitautor (Lamframboise 2011). Auch am neuesten, dem 6. Klimazustandsbericht des *IPCC*, haben Klimaaktivisten wieder mitgeschrieben, darunter mehrere Mitarbeiter des Berliner Thinktanks *Climate Analytics*, der 2008 von drei *Greenpeace*-nahen Wissenschaftlern begründet wurde und der sich unter anderem über Zuwendungen von *Greenpeace* und der aktivistischen Stiftung *European Climate Foundation* (ECF) finanziert (Vahrenholt & Lüning 2020: 267).

Die Berichtsautoren werden vom *IPCC*-Büro auf Vorschlag der Mitgliedsstaaten bestimmt (*IPCC* 2020). Das 34-köpfige *IPCC*-Büro wird vom Plenum der 195 Vertreter aus je einem Staat gewählt (*IPCC* 2021). Vertreterin Deutschlands ist zurzeit Nicole Wilke, Referatsleiterin im Bundesumweltministerium (*IPCC* 2021b). Die Büros der Arbeitsgruppen werden ebenfalls vom *IPCC*-Büro bestimmt und diese wiederum benennen die koordinierenden Lead-Autoren und Autoren sowie Reviewer. Auf diese Weise kann dafür gesorgt werden, dass vom Mainstream abweichende Positionen außen vor bleiben. Es gibt bei der Auswahl der Autoren eine klare Vorgabe: Die Entwicklungsländer sind auf allen Ebenen besonders zu berücksichtigen (sie stellen auch 18 der 34 *IPCC*-Büro-Mitglieder) (*IPCC* 2021c). Sie haben ein offensichtliches Interesse, die Klimaveränderungen möglichst dramatisch zu beschreiben und die Verursachung bei den Industrieländern zu suchen. Denn sie haben Interesse an den jährlich zugesagten 100 Milliarden Dollar des *Grünen Klimafonds*, der von den Industrieländern gespeist wird (Vahrenholt & Lüning 2021: 280).

Die *IPCC*-Berichte durchlaufen mehrere Begutachtungsrunden, bevor sie veröffentlicht werden. Gutachter kann jeder werden, der in einem klimawissenschaftlich relevanten Bereich formal publiziert hat. Sebastian Lüning und ich waren bereits als Gutachter für den *IPCC* tätig. Allerdings werden die meisten kritischen Gutachterhinweise leider ignoriert, sodass ein effektiver Dialog zwischen Berichtsautoren und Gutachtern nicht entstehen kann. Die ebenfalls politisch eingesetzten Review-Editoren haben am Ende das letzte Wort und sorgen dafür, dass schwerwiegende Kritik keinen Eingang in die Berichte findet (Lüning 2020).

Dass der *IPCC* politisch gesteuert wird, wäre nicht weiter kritisch – derlei Aussagen hört man häufig, denn die Wissenschaft sei sich ja ohnehin einig: 97 Prozent der Wissenschaftler vertreten doch den Konsens, dass der Mensch die Ursache der Klimaveränderungen der letzten 150 Jahre ist.

Ist das wirklich so?

Der ominöse 97 Prozent-Konsens

»97 Prozent der Wissenschaftler stimmen überein: Klimawandel ist eine Tatsache, menschengemacht und gefährlich«, verbreitete US-Präsident Barack Obama per Twitter 2013 (Bojanowski 2014). Insbesondere in Diskussionen mit Politikern, Journalisten, aber auch Klimaaktivisten ist dieser Hinweis das probate Mittel, um jeden Zweifel abzublocken. Zweifel etwa, ob es nicht auch natürliche Ursachen für einen Teil der Erwärmung gegeben haben könnte, ob nicht das CO_2 in seiner Klimawirkung überschätzt sei, ob die Klimamodelle wirklich ein zureichendes Bild der realen Klimaentwicklung abgäben, sollen damit im Keim erstickt werden.

Der immer wieder zitierte 97 Prozent-Konsens beruht auf einer Arbeit von John Cook, einem australischen Psychologen, aus dem Jahr 2013 (Cook 2013). Cook hatte 11.944 klimawissenschaftliche Artikel aus den Jahren 1991 bis 2011 untersucht. Er unterteilte die Artikel in acht Kategorien. In die oberste Kategorie wurden diejenigen eingestuft, welche den Anteil der menschengemachten Erwärmung mit mehr als 50 Prozent ansetzten: Das waren gerade mal 1,6 Prozent (190).

Nimmt man noch die nächste Kategorie derjenigen hinzu, die den menschlichen Einfluss ohne Quantifizierung bejahen, kommt man auf 32,6 Prozent (3896). Wie kommt Cook auf 97 Prozent? Indem er alle, die sich nicht festlegten (7930 Artikel), sowie weitere 40 nicht einzustufende Artikel unter den Tisch fallen ließ. So verblieben 3974 Artikel, von denen nur 78 die These einer menschengemachten Erwärmung ablehnten. So entstand der Mythos von den 97 Prozent der Wissenschaftler, die den Menschen als Hauptursache der globalen Erwärmung einstufen (Vahrenholt & Lüning 2020: 271).

Bei Cook zählt also jeder zu den 97 Prozent, der eine gewisse Erwärmungswirkung des CO_2 in Betracht zieht. Das bedeutet, dass die übergroße Zahl der *IPCC*-Kritiker ebenfalls zu den 97 Prozent zählt. Auch Sebastian Lüning und ich wären unter den 97 Prozent.

Beispiel für die Wissenschaftsverzerrung im jüngsten IPCC-Bericht: die mittelalterliche Wärmeperiode

Überraschenderweise hat der *IPCC* in seinem jüngsten Bericht von 2021 die mittelalterliche Wärmeperiode von 900 bis 1200 aus dem Klimabericht und somit aus dem Klimagedächtnis der

Menschheit gestrichen (*IPCC*d 2021: 7). Die erste Grafik des Berichts gibt den Temperaturverlauf der letzten 2000 Jahre wieder. Vom Jahr 1 an zeigt die Kurve einen ständig leicht abfallenden Trend bis 1850, um dann die Temperatur bis heute stark ansteigen zu lassen. Ein neuer Hockeystick ist erschaffen. So kann der Weltklimarat behaupten, dass es seit 125.000 Jahren noch nie so warm war wie heute. Zahlreiche wissenschaftliche Publikationen (an sechs war ich selbst beteiligt, Lüning et al. 2017, 2018, 2019) dokumentieren zwar, dass die mittelalterliche Wärmeperiode etwa so warm war wie heute. Noch im 5. *IPCC*-Sachstandsbericht hieß es, dass Nordeuropa damals ähnlich warm war wie die zweite Hälfte des 20. Jahrhunderts (*IPCC* 2013: 417).

An diesem Beispiel kann man die Vorgehensweise des *IPCC* gut studieren. In der Langfassung des 3949 Seiten starken Berichts werden Sebastian Lüning und ich noch zitiert (*IPCC* 2021e: 2-25, 2-51, 2-140), in der *Summary für Policymakers* wird nur noch die hochumstrittene Hockeystick-Grafik aufgeführt: Die klimatisch angeblich ereignislose vorindustrielle Zeit bildet den geradlinigen Schaft und an dessen Ende kommt mit der rapiden modernen Erwärmung die Kelle des Hockeyschlägers. Die fragwürdige neue Hockeyschläger-Temperaturkurve stammt von der internationalen Paläoklimatologengruppe *PAGES 2k*. Aber ein bedeutender Teil der *PAGES-2k*-Forscher konnte die neue Hockey-Stick-Version fachlich nicht mittragen und verließ die Gruppe im Streit. Die Aussteiger publizierten mittlerweile eine konkurrierende Temperaturkurve mit deutlichen vorindustriellen Klimaausschlägen. Der *IPCC* verschweigt der Öffentlichkeit die Alternative. So einfach schreibt man die Klimageschichte um, und kaum jemand merkt es. Warum ist das wichtig? Die vorindustrielle Temperaturentwicklung ist für die Aufteilung (»Attribution«) des modernen Klimawandels einerseits in menschengemachte und andererseits in natürliche Faktoren von höchster Relevanz.

Da die Klimamodelle lediglich vernachlässigbar geringe natürliche Klimaantriebe besitzen, können sie lediglich Hockeyschläger-Muster generieren. Jede real festgestellte vorindustrielle Warm- oder Kaltphase bereitet den Modellen daher Probleme, denn sie können sie nicht reproduzieren. Sie sind so konstruiert, dass das nicht vorgesehen ist.

Dies wirft unbequeme Fragen bezüglich ihrer Tauglichkeit und Verwendbarkeit für die zukünftige Klimaentwicklung auf. Wenn ein Klimamodell auf die Frage, wie die Temperatur der Vergangenheit sich entwickelte, Antworten liefert, die von der Realität nicht gedeckt sind, sind sie als Prognose-Werkzeug eher nicht zu gebrauchen.

Beispiel 2: das Hantieren mit irrealen Szenarien durch den IPCC

Der *IPCC*-Bericht unterscheidet fünf verschiedene CO_2-Entwicklungsszenarien. Drei davon kann man sehr schnell in das Reich der Märchen verweisen. Im Szenario 8.5 (die Zahl steht für die von CO_2 erzeugte Erwärmungswirkung) würde sich die jährliche CO_2-Emission bis 2080 auf die dreifache Menge erhöhen (*IPCC* 2021d: 16). Ein absurdes Szenario, da uns dann bald Kohle, Öl und Gas ausgehen würden. Das Szenario 7.0 ist ähnlich irreal, denn danach verdoppelt sich der CO_2-Ausstoß bis 2100. Das dritte Szenario, das man füglich ausschließen kann, ist die Absenkung der CO_2-Emissionen ab 2020 (!) und Verminderung auf die Hälfte in 2035, einem Zeitpunkt, zu dem China und Indien noch einmal 30 Prozent an CO_2-Emissionen draufgelegt haben werden (Vahrenholt & Lüning 2020: 279).

Wie realistisch sind die zu großen Temperaturveränderungen führenden Szenarien 8.5 oder 7.0? Die *Bundesanstalt für Geowissen-*

schaften hat in ihrer letzten Energiestudie 2019 die weltweiten Reserven an Gas, Öl und Kohle aufgeführt, wonach beim Verbrennen aller Reserven 3402 Milliarden Tonnen ausgestoßen werden (Öl 843 Milliarden Tonnen, Gas 431 und Kohle 2127) (*BGR* 2019: 41). Summiert man die Emission des 8.5-Szenarios bis 2100, ergibt sich eine Summe von 6100 Milliarden Tonnen CO_2. Danach würden uns in diesem Szenario etwa 2080 die Kohlenstoffreserven ausgehen.

Auch das Szenario 7.0 übersteigt die heute bekannten und wirtschaftlich nutzbaren Kohle-, Öl- und Gasvorkommen. Selbst in den »schlimmsten« Prognosen des *BP Energy outlook 2021* (Newell 2021) werden die CO_2-Emissionen bis 2050 um allenfalls 5 Milliarden Tonnen CO_2 ansteigen (*OPEC*-Schätzung) und damit eher einem 4.5-Szenario entsprechen, das nur einen leichten Anstieg der Emissionen bis 2050 vorsieht.

Aber nur mit einem völlig irrealen Szenario 8.5 kann der *IPCC* mit seinen fragwürdigen Modellen auf eine Temperaturerhöhung von 3,3 bis 5,7 Grad Celsius in 2100 kommen. Diese Angabe schaffte es dann in die *Summary for Policymakers* (*IPCC* 2021d: 18). Und es findet sich dann als eine der Hauptbotschaften in den Medien. Die Tagesschau berichtete, »ohne entschiedenen Klimaschutz sind bis zu 5,7 Grad Erwärmung zu erwarten.« (Werner 2021) In der *FAZ* schrieb Joachim Müller-Jung unter dem Untertitel »Erwärmung bis zu 5,7 Grad?«: »Im schlimmsten Fall jedoch, dem weiteren ungebremsten Ansteigen der Emissionen, könne es zu einer Erwärmung von 3,3 bis 5,7 Grad bis 2100 kommen.« (Müller-Jung 2021) Diese irrealen Szenarien werden gebraucht, um Angst zu erzeugen, denn die wahrscheinlichen Entwicklungen – selbst mit den viel zu heiß laufenden Klimamodellen des *IPCC* – werden bis 2040 wenig spektakulär mit 1,5 Grad sowohl im 2.6- als auch im 4.5-Szenario (also in beiden Szenarien 0,43 Grad mehr als heute) wiedergegeben (*IPCC* 2021d: 18).

Die Leugnung der CO_2-Senken Ozeane und Pflanzen durch das Bundesverfassungsgericht

Das *Bundesverfassungsgericht* hat in seinem Beschluss vom 24. März 2021 eine deutliche, gesetzlich festgelegte Verminderung der CO_2-Emission aus Deutschland über 2030 hinaus gefordert (*Bundesverfassungsgericht* 2021). In seinem Beschluss zum Klimaschutzgesetz kommt das *Bundesverfassungsgericht* zu einer für die Entscheidung zentralen Aussage über den Verbleib des von Menschen emittierten CO_2:

»Nur kleine Teile der anthropogenen Emissionen werden von Meeren und der terrestrischen Biosphäre aufgenommen … Im Gegensatz zu anderen Treibhausgasen verlässt CO_2 die Erdatmosphäre in einem für die Menschheit relevanten Zeitraum nicht mehr auf natürliche Weise. Jede weitere in die Erdatmosphäre gelangende und dieser nicht künstlich wieder entnommene CO_2-Menge erhöht also bleibend die CO_2-Konzentration und führt entsprechend zu einem weiteren Temperaturanstieg« (*Bundesverfassungsgericht* 2021: Rn 32).

Wie das international anerkannte *Global Carbon Project* (*Global Carbon Project* 2020: 51) ermittelte, wurden 2019 31 Prozent des emittierten CO_2 durch vornehmlich Pflanzen aufgenommen und 24 Prozent durch die Ozeane, zusammen also 55 Prozent. Da diese Feststellungen die Ausgangsbasis für das für Deutschland vom Gericht festgelegte CO_2-Restbudget ist, lohnt es sich, die Sachverhalte genauer zu untersuchen (Vahrenholt & Lüning 2012).

Denn im Pariser Klimaschutzabkommen wird im Artikel 4 als Ziel des Abkommens die Verringerung der Emissionen definiert, *»um in der zweiten Hälfte dieses Jahrhunderts ein Gleichgewicht zwischen den anthropogenen Emissionen von Treibhausgasen aus Quellen und dem Abbau solcher Gase durch Senken … herzustellen.«* (*Bundesumweltministerium* 2016: 5)

Im September 2020 veröffentlichte Andrew Watson von der *Universität Exeter* mit anderen Wissenschaftlern, darunter Peter Landschützer vom *Max-Planck-Institut für Meteorologie* in Hamburg, in *Nature Communications* eine aufsehenerregende Neuberechnung der CO_2-Aufnahme durch die Ozeane (Watson 2020). Die Wissenschaftler berechnen, dass 3 Gigatonnen (Milliarden Tonnen) mehr CO_2 aufgenommen werden als bisher angenommen. Das sind immerhin rund 100 Gigatonnen mehr CO_2 in den nächsten 30 Jahren.

Die zusätzliche Aufnahme des CO_2 durch Ozeane und Pflanzen verläuft proportional zur Konzentrationszunahme des CO_2 in der Atmosphäre gegenüber dem Gleichgewichtszustand von 1860 und nicht proportional zur jährlichen Emission. Die Aufnahme steigt seit einigen Jahrzehnten stärker als die Emissionen, sodass heute schon 55 Prozent der jährlichen Emissionen von Ozeanen und Pflanzen aufgenommen werden. Anders ausgedrückt: Etwa 5 ppm werden vom Menschen jährlich ausgestoßen, 2,7 ppm werden insgesamt aufgenommen (alle Zahlen aus *Global Carbon Project* 2020), 2,3 ppm verbleiben in der Atmosphäre. Bei nur leicht weiter steigender Emission nimmt die Aufnahme von Ozeanen und Pflanzen weiter zu und immer weniger CO_2 verbleibt in der Luft.

Würde es der Weltgemeinschaft bis 2050 bei einer dann vorliegenden Konzentration von 450 ppm gelingen, die Emission im Verlaufe der nächsten Jahrzehnte auf etwa 2,5 ppm zu halbieren, so wäre demnach ein unmittelbarer Rückgang der CO_2-Konzentration in der Atmosphäre die Folge. Die Katastrophenszenarien könnten ad acta gelegt werden. Und wir wären im Einklang mit dem Pariser Abkommen, das ja fordert, dass Quellen und Senken von CO_2 ins Gleichgewicht zu bringen seien. Eine Nullemission – die ohnehin nicht erreicht wird, solange China und die sich entwickelnde Welt wachsende CO_2-Emissionen ausstoßen – ist nicht erforderlich.

Auch der *IPCC* räumt ein (*IPCC* 2021f: 5-184), dass die reale Aufnahme der Meere in zunehmendem Maße die Modellrechnungen übertrifft. Aber es kommt noch besser. Der *IPPC* stellt weiter fest: »Falls die Emission und die Aufnahme von CO_2 gleich sind, stabilisiert sich die CO_2-Konzentration. Falls die CO_2-Entfernung größer ist als die Emission, würde die Konzentration sinken.« (*IPCC* 2021f: 5-120) Diese Aussagen bestätigen also, dass die Halbierung der Emissionen ausreicht, um die Konzentration zu senken, denn die Aufnahme von Ozeanen und Pflanzen hängt nicht von der jährlichen Emission ab, sondern von der jeweiligen Konzentration in der Atmosphäre.

Um nicht zu dieser famosen Lösung zu kommen, schreibt der *IPCC* in der *Summary for Policymakers*: »Basierend auf Modellprojektionen würden beim mittleren Szenario 4.5, das die CO_2-Konzentrationen in der Luft stabilisiert, die Aufnahme von CO_2 durch Land und Ozeane zurückgehen.« (*IPCC* 2021d: 25) Das gelte nach den Modellen ab der zweiten Hälfte des Jahrhunderts. Kaum ein physikalischer Zusammenhang legt das nahe. Aber Modelle, die in der Rückschau versagen, belegen das! Man malt sich die Welt, wie man sie braucht. Es ist fast überflüssig zu erwähnen, dass es die Veröffentlichung von Watson, der eine steigende Aufnahme von CO_2 durch Ozeane ermittelte, nicht in die *Summary for Policymakers* geschafft hat. Das hätte der Alarmstimmung einen spürbaren Dämpfer erteilt.

Die Folgen der Verengung der wissenschaftlichen Debatte: verfehlte Energiepolitik

War schon das bisherige Klimaschutzgesetz dazu angetan, erhebliche Wohlstands- und Arbeitsplatzverluste bis 2030 zu bewirken, werden die jetzt zu erwartenden Verschärfungen zu tiefsten Verwerfungen führen. Spät, sehr spät wird man erkennen, dass die

Elektrifizierung der Sektoren Wärme, Verkehr und Industrie ohne Erdgas, ohne die in Deutschland verbotene CO_2-Abscheidung in tiefen Gesteinsschichten und ohne die in Deutschland verbotene Kernenergie nicht zu bewerkstelligen ist. Wind und Solar werden die nötige Energie jedenfalls nicht liefern. Denn es geht praktisch um die Stilllegung der Gas- und Ölheizungen, das Verbot von Benzin- und Dieselautos, die weitgehende Aufgabe des dieselbetriebenen LKW-Verkehrs, des Flugverkehrs, der Raffinerien, der Grundstoffindustrie und die Durchleitung des in *Nordstream 1 und 2* ankommenden Erdgases (etwa 100 Mio. Tonnen CO_2 pro Jahr) an unsere Nachbarn, die es dann verbrennen dürfen – das volle grüne Programm also. Denn für 2040 sieht die Bundesregierung nur noch 100 Mio. Tonnen CO_2 an Restemission vor. Da bleibt dann neben der Landwirtschaft (heute etwa 70 Mio. Tonnen) nicht mehr viel übrig (*Deutscher Bundestag* 2021).

Das wird grandios scheitern. Das *Bundesverfassungsgericht* hat einen momentanen, mit hohen Unsicherheiten behafteten Diskussionsstand der Klimadebatte zum Anlass genommen, den CO_2-Knopf in Deutschland für 2030 bis 2050 auf Null zu stellen. Bundesregierung und Bundestag überholen das Gericht mit der Verschärfung auf 2045 (*Deutscher Bundestag* 2021).

Politik und Gericht glauben offenbar fest daran, dass mit Windkraftanlagen und Solaranlagen der heutige Primärenergiebedarf von 2400 Terawattstunden Energie (heutige Erzeugung durch Wind und Solar: 200 Terawattstunden) erzeugt werden können und gleichzeitig Wettbewerbsfähigkeit und Versorgungssicherheit erhalten werden können, wissend, dass dieser Pfad die Energiekosten vervielfachen wird. Und dies in einem Land, das mittlerweile die weltweit höchsten Stromkosten hat.

Am Ende wird das Festhalten an diesen unerreichbaren Zielen zu einem Klima-Lockdown des Landes führen sowie zu Strommangelwirtschaft, Fahrverboten, Zusammenbruch der Grundstoffindustrie wie der Chemieindustrie. 464.000 Arbeitsplätze gibt es hierzulande in 2000 Unternehmen der Chemieindustrie, mit Zulieferern eine Million hochwertige Arbeitsplätze. Pharmaka, Handy-Bildschirme, Kabelummantelungen, Dämmstoffe, Kosmetika, Farben und Lacke, Beschichtungen, Kunstfasern, Klebstoffe, Wasch- und Reinigungsmittel müssten aus Wasserstoff hergestellt werden, der wiederum aus Windmühlen produziert wird. Ist das realistisch? Allein der Frankfurter Flughafen verbraucht im Jahr 5,4 Millionen Kubikmeter Kerosin mit einem Energieinhalt von 50 Terawattstunden. Dafür benötigt man bei der Herstellung synthetischer Kraftstoffe aus Wasserstoff mindestens 100 Terawattstunden Strom – so viel wie heute durch alle Windkraftanlagen an Land (105 Terawattstunden) erzeugt wird. Neben der Stromknappheit wird es zu Kostenexplosionen kommen, die das soziale Gefüge Deutschlands auseinanderreißen werden. Denn der Wasserstoff ist ein Vielfaches teurer als die heutigen Kraft- und Brennstoffe.

Schon vor dem Beschluss des *Bundesverfassungsgerichtes* und den Verschärfungen des Klimaschutzgesetzes warnte der *Bundesrechnungshof* in seinem Sonderbericht zur Energiewende, in dem er zum Ergebnis kam, »dass die Energiewende in dieser Form den Wirtschaftsstandort Deutschland gefährdet, die finanzielle Tragkraft der letztverbrauchenden Unternehmen und Privathaushalte überfordert und damit letztlich die gesellschaftliche Akzeptanz aufs Spiel setzt«. (Bundesrechnungshof 2021: 47)

Fazit

Wissenschaftler, die sich nicht dem Konsens unterwerfen, haben wenig Chancen, im vom Staat finanzierten Wissenschaftsbetrieb zu reüssieren. Es gibt kein Forschungsprogramm, das die Aufklärung des Einflusses natürlicher Klimafaktoren mit Forschungsgeldern unterstützt. Es gibt auch keine Hochschule, die sich diesem Thema gewidmet hat.

Um sich Gehör zu verschaffen, können vom Mainstream abweichende Auffassungen nur noch in den sozialen Medien artikuliert werden. Und selbst dort werden sie schnell als Abweichler gebrandmarkt. So haben wir einen Blog: *kaltesonne.de* (demnächst: *klimanachrichten.de*) geschaffen, um die Lücken, Übertreibungen und Fehlschlüsse der Öffentlichkeit zugänglich zu machen. Eine andere Alternative besteht darin, Bücher zu schreiben, wie wir es mit *Unerwünschte Wahrheiten* (Vahrenholt & Lüning 2020) und mit *Unanfechtbar* (Vahrenholt & Lüning 2021) getan haben. In den öffentlich-rechtlichen Medien finden solche kritischen Diskussionen nicht statt. Die Regierungen hören nicht zu. Aber wir wirken doch in die Gesellschaft, weil die Widersprüche in der Energie -und Klimapolitik erkennbar zunehmen und erfahrbar werden.

Literatur

Baur, Alex (2019), »Knuttis grüner Schatten«, *Die Weltwoche*, 17.7.2019, https://www.weltwoche.ch/ausgaben/2019-29/wirtschaft-wissenschaft/knuttis-gruner-schatten-die-weltwoche-ausgabe-29-2019.html (zuletzt aufgerufen am 29.9.2021)

BGR (2019), »BGR Energiestudie 2019 – Daten und Entwicklungen der deutschen und globalen Energieversorgung«, https://www.bgr.bund.de/DE/Themen/Energie/Downloads/energiestudie_2019.pdf?__blob=publicationFile&v=6 (zuletzt aufgerufen am 21.9.2021)

Bojanowski, Axel (2014), »Die 97-Prozent-Falle«, *Der Spiegel*, 23.9.2014, https://www.spiegel.de/wissenschaft/natur/klimawandel-97-prozent-konsens-bei-klimaforschern-in-der-kritik-a-992213.html (zuletzt aufgerufen am 21.9.2021)

Bundesrechnungshof (2021), Sonderbericht, »Bund steuert Energiewende weiterhin unzureichend«, https://www.bundesrechnungshof.de/de/veroeffentlichungen/produkte/sonderberichte/langfassungen-ab-2013/2021/umsetzung-der-energiewende-im-hinblick-auf-die-versorgungssicherheit-und-bezahlbarkeit-bei-elektrizitat-pdf (zuletzt aufgerufen am 21.9.2021)

Bundesumweltministerium (2016), »Übereinkommen von Paris«, S. 5, https://www.bmu.de/fileadmin/Daten_BMU/Download_PDF/Klimaschutz/paris_abkommen_bf.pdf (zuletzt aufgerufen am 21.9.2021)

Bundesverfassungsgericht (2021), Beschluss vom 24. März 2021, https://www.bundesverfassungsgericht.de/SharedDocs/Entscheidungen/DE/2021/03/rs20210324_1bvr265618.html;jsessionid=D090323D498C8B1941838A33FDB99836.2_cid386 (zuletzt aufgerufen am 21.9.2021)

Cook, John et al. (2013), »Quantifying the consensus on anthropogenic global warming in the scientific literature«, *Environmental Research Letters 8* (2), 024024.

Deutscher Bundestag (2021), »Entwurf eines Ersten Gesetzes zur Änderung des Bundes-Klimaschutzgesetzes«, Drucksache 19/30230, Anlage 1, S. 10, https://dserver.bundestag.de/btd/19/302/1930230.pdf (zuletzt aufgerufen am 21.9.2021)

Eckert, Werner, (2021), Tagesschau, »Schnellere Erwärmung, extremere Wetter«, https://www.tagesschau.de/ausland/europa/weltklima-bericht-ipcc-101.html (zuletzt aufgerufen am 21.9.2021)

Global Carbon Project (2020), https://www.globalcarbonproject.org/carbonbudget/20/files/GCP_CarbonBudget_2020.pdf (zuletzt aufgerufen am 21.9.2021)

IPCC (2013), S. 417, https://www.ipcc.ch/site/assets/uploads/2018/02/WG1AR5_Chapter05_FINAL.pdf (zuletzt aufgerufen am 21.9.2021)

IPCC (2020), https://www.ipcc.ch/about/preparingreports (zuletzt aufgerufen am 21.9.2021)

IPCC (2021), https://www.ipcc.ch/bureau/ (zuletzt aufgerufen am 21.9.2021)

IPCC (2021b), https://www.ipcc.ch/apps/contact/interface/focalpoints.php (zuletzt aufgufen am 21.9.2021)

IPCC (2021c), https://www.ipcc.ch/election-results/ (zuletzt aufgerufen am 21.9.2021)

IPCC (2021d), »Climate change 2021, Summary for policymakers«, https://www.ipcc.ch/report/ar6/wg1/downloads/report/IPCC_AR6_WGI_SPM.pdf (zuletzt aufgerufen am 21.9.2021)

IPCC (2021e), »Climate change 2021«, Chapter 2, Changing state of the climate system, 2-25;2-51;2-140, https://www.ipcc.ch/report/ar6/wg1/downloads/report/IPCC_AR6_WGI_Full_Report.pdf (zuletzt aufgerufen am 21.9.2021)

IPCC (2021f), »Frequently asked questions«, 5-120;5-184, https://www.ipcc.ch/report/ar6/wg1/downloads/faqs/IPCC_AR6_WGI_FAQs.pdf (zuletzt aufgerufen am 21.9.2021)

Lamframboise, Donna (2011), *The delinquent teenager who was mistaken for the TOP's climate experts*, Toronto, Ivy Avenue Press.

Lüning, Sebastian (2021), »Wer schreibt die Klimaberichte des IPCC«, https://www.youtube.com/watch?v=C_sbZnPqq48 (zuletzt aufgerufen am 21.9.2021)

Lüning, Sebastian et al. (2019), »The Medieval Climate Anomaly in Antarctica«, *Palaeogeogr., Palaeoclimatol., Palaeoecol.*, doi: 10.1016/j.palaeo.2019.109251

Lüning, Sebastian et al. (2019), »The Medieval Climate Anomaly in Oceania«, *Environmental Review*, https://doi.org/10.1139/er-2019-0012 (zuletzt aufgerufen am 21.9.2021)

Lüning, Sebastian, & Vahrenholt, Fritz (2019), »Holocene climate development of North Africa and the Arabian Peninsula«, in: Bendaoud, A., Hamimi, Z., Hamoudi, M., Djemai, S., Zoheir, B. (Hrsg.), *Geology of the Arab World – An overview*, Springer, doi: 10.1007/978-3-319-96794-3_14.

Lüning, Sebastian et al. (2018), »The Medieval Climate Anomaly in South America«, *Quaternary International*, doi: 10.1016/j.quaint.2018.10.041

Lüning, Sebastian et al. (2018), »Hydroclimate in Africa during the Medieval Climate Anomaly«, *Palaeogeography, Palaeoclimatology, Palaeoecology*, 495: 309-322, doi: 10.1016/j.palaeo.2018.01.025.

Lüning, Sebastian et al. (2017), »Warming and cooling: The Medieval Climate Anomaly in Africa and Arabia«, *Paleoceanography* 32 (11): 1219-1235, doi: 10.1002/2017PA003237.

Müller-Jung, Joachim (2021), »Die Klimakrise ist jetzt auch im letzten Winkel des Planeten spürbar – Erwärmung um bis zu 5,7 Grad«, in *FAZ* vom 9.8.2021, https://www.faz.net/social-media/instagram/bericht-des-weltklimarats-ipcc-klimakrise-weltweit-spuerbar-17476855-p3.html (zuletzt aufgerufen am 29.9.2021)

Newell, Richard et al. (2021), »Global Energy outlook 2021: Pathways from Paris«, https://www.rff.org/publications/reports/global-energy-outlook-2021-pathways-from-paris/ (zuletzt aufgerufen am 29.9.2021)

Vahrenholt, Fritz, & Lüning, Sebastian (2012), *Die kalte Sonne*, 2. Auflage, Hoffmann und Campe, Hamburg

Vahrenholt, Fritz & Lüning, Sebastian (2020), *Unerwünschte Wahrheiten*, 8. Auflage, Langen Müller, München

Vahrenholt, Fritz, & Lüning, Sebastian (2021), *Unanfechtbar*, 1. Auflage, Langen Müller, München

Vahrenholt, Fritz (2021), »Prof. Dr. Fritz Vahrenholt – autorisierte Biographie«, https://vahrenholt.net/rwe-innogy/ (zuletzt aufgerufen am 29.9.2021)

Watson, Andrew et al. (2020), »Revised estimates of ocean-atmosphere CO2 flux are consistent with ocean carbon inventory«, Nature communications 11, 4422, https://www.nature.com/articles/s41467-020-18203-3 (zuletzt aufgerufen am 29.9.2021)

Zand-Vakili, Andre (2009), »Anschlag auf Haus von Ex-Senator verübt«, *Welt* 19.1.2009, https://www.welt.de/regionales/hamburg/article5267999/Anschlag-auf-Haus-von-Ex-Senator-veruebt.html (zuletzt aufgerufen am 29.9.2021)

Einwanderung als »Chance«? Zu den ideologischen Wurzeln eines neuen akademischen Paradigmas

DAVID ENGELS

Einleitung

Spätestens seit dem Ende des Zweiten Weltkriegs ist die stetig steigende Einwanderung von Menschen aus außereuropäischen Gebieten nach Europa zu einem zentralen, wenn auch ungern offen besprochenen Thema der Politik geworden. Hierbei taten sich vor allem Frankreich und das Vereinigte Königreich hervor, da gerade jene Staaten aufgrund ihrer umfangreichen kolonialen Besitzungen eine enge Symbiose mit vielen afrikanischen und asiatischen Völkern eingegangen waren und nunmehr aus den verschiedensten Gründen zu Zielen von Migrationsbewegungen aus den gegenwärtigen und früheren Außenbesitzungen in das Zentrum geworden waren.

Deutschland war dieser Entwicklung in einem etwas geringeren Maße ausgesetzt, da größere Wanderungsbewegungen bis 2015 vor allem im Rahmen von Gastarbeiterabkommen zustande gekommen waren, welche zudem lange als rein provisorische Maßnahmen verstanden worden waren und keineswegs als Keimzelle langfristiger Ansiedlung. Osteuropa hingegen blieb, vom geringfügigen Austausch mit südostasiatischen Staaten wie Vietnam abgesehen, weitgehend durch homogene Bevölkerungsstrukturen gekennzeichnet, die freilich oft genug auf artifizielle Weise im Kontext der Bevölkerungsverschiebungen nach Ende des Zweiten Weltkriegs zustande gekommen waren.

Die sich stetig verstärkende Einwanderung nach Westeuropa generierte hier schon früh eine kontroverse Debatte, welche die Bevölkerung zunehmend in zwei radikale Lager trennte, von denen das eine die negativen Effekte der Masseneinwanderung leugnete beziehungsweise auf das individuelle oder institutionelle Fehlverhalten der Gastgesellschaft zurückführte und vor allem die positiven Auswirkungen der Einwanderung auf die kulturelle, wirtschaftliche und soziale Entwicklung des Gastlandes unterstrich, während das andere ganz im Gegenteil um das langfristige Überleben der eigenen Kultur fürchtete und nach einer strengen Begrenzung der Einwanderung rief.

Diese Debatte war von Anfang an eine asymmetrische, da gerade im Lichte der Verarbeitung der Gräueltaten des Totalitarismus mit seinem Rassen- und Klassenhass gruppenbezogene Pauschalisierungen grundsätzlich verdächtig scheinen, sodass Medien, Universitäten und Politik selbst im Falle sonstiger konservativer Ausrichtung bemüht waren, den Einwanderungsbefürwortern ein gewisses Entgegenkommen zu zeigen und radikale Aussagen zu vermeiden, während auf der linken Seite nie ein Hehl daraus gemacht wurde, dass Masseneinwanderung als eine grundsätzlich positive Größe betrachtet wurde, ja sogar als Mittel zur Durchsetzung der eigenen sozialen und wirtschaftlichen Zielsetzungen gefordert wurde.

Diese Entwicklung hat in den letzten Jahren zweifellos einen gewissen Höhepunkt erreicht, allen voran in Deutschland, das sich vor allem seit der Flüchtlingskrise des Jahres 2015 in eine intensive, wenn auch bezeichnenderweise unterschwellige und asymmetrisch geführte Auseinandersetzung um Chancen wie Gefahren der Einwanderung verwickelt hat. Mehr denn je ist diese Debatte dadurch geprägt, dass die klassischen Akteure der öffentlichen Meinung sich auf die Seite einer positiven Einschätzung der Masseneinwanderung gestellt haben, während kritische Meinungen fast ausschließlich in verschiedensten Nischenmedien und sozialen Netzwerken zu finden waren, nichtsdestoweniger aber einen nicht unerheblichen Teil der Bevölkerung repräsentieren dürften.

Gerade die akademische Welt, aus der sich doch jene Experten rekrutieren, auf die Medien wie Politik zur besseren Analyse der Ereignisse angewiesen sein sollten, hat sich in ihrer überwiegenden Mehrheit ganz auf die Seite der sogenannten Willkommenskultur geschlagen, während skeptische Stimmen aus den Universitäten kaum Gehör fanden oder systematisch marginalisiert wurden. Dies betraf natürlich in erster Linie die historischen, politologischen und soziologischen Bereiche, da notwendigerweise hier der bedeutendste und umfangreichste Erfahrungsschatz angesammelt worden war, aus dessen Analyse sich die Möglichkeit einer kritischen und objektiven Einschätzung der gegenwärtigen Lage hätte ergeben können – und zwar nicht nur im Hinblick auf die einmalige Einwanderungswelle des Jahres 2015, sondern auch hinsichtlich langfristiger Tendenzen und Folgen der Masseneinwanderung.

Im Folgenden wollen wir uns daher ein wenig mit den Hintergründen jener Situation auseinandersetzen und versuchen zu zeigen, welche narrativen Strukturen hier am Werke sind und vor allem, welche Folgen sich hieraus für die Zukunft der Glaubwürdigkeit der akademischen Welt im 21. Jahrhundert ergeben dürften.

Die moderne Universität

Die abendländische Universität ist von Anbeginn an ein Ort der diffizilen Vermittlung zwischen reiner Rationalität und diversen gesellschaftlichen Vorgaben gewesen. Schon im Mittelalter war es alles andere als einfach gewesen, Philosophie und Theologie unter dem Blickwinkel ihrer wechselseitigen Bestätigung und Ergänzung zu betrachten, da die Versuchung immer nahelag, vielmehr beide gegeneinander auszuspielen und in einen unversöhnlichen Gegensatz zueinander zu bringen. Trotzdem ermöglichte es die tiefe, innere Einheit des abendländischen Welt- und Menschenbildes über viele Jahrhunderte hinweg, ein Auseinanderbrechen der Disziplinen zu verhindern, indem zum einen neue philosophische Postulate in die Theologie übernommen wurden, während zum anderen dogmatische Vorgaben seitens der Philosophie nicht als Einengung empfunden wurden, sondern eher als Ansporn zu einem tieferen Weltverständnis (Haskins 1972; Rashdall 1987; Miethke 1990; Ferruolo 1998).

Seit Beginn der Frühen Neuzeit allerdings tat sich eine immer tiefere Kluft zwischen beiden geistigen Polen auf, die schließlich zur völligen Säkularisierung der Universität führen sollte. Dieser Säkularisierung wohnte immer schon ein gewisses traditions- und autoritätsfeindliches Element inne, das größtenteils durch das Denken des Liberalismus geprägt war. Als es daher spätestens seit der Französischen Revolution zur weitgehenden Machtübernahme des ideologischen Liberalismus kam, wurden viele Universitäten von Stätten des geistigen Widerstands zu Garanten der neuen Ordnung. Für die wissenschaftliche Forschung war das 19. Jahrhundert sicherlich ein Höhepunkt, da die Grundlagen des damaligen Liberalismus, gemäßigt durch eine starke, wenigstens formale Fortexistenz traditionaler Strukturen, sich hervorragend mit den neuen Forderungen nach vorbehaltlosem und akribischem Forschen vereinen ließen. Vor allem das Ideal der Humboldtschen Universität sollte zu einem wichtigen Prinzip einer jeden Bildungseinrichtung werden und nicht nur die Suche nach höchster fachlicher Kompetenz, sondern auch das Bestreben nach persönlicher Entwicklung und Bildung fördern (Richter 1971; Menze 1975; Tschong 1991; Benner 2003).

Doch so sehr sich der Liberalismus im Vergleich zum »ancien régime« als revolutionäre Bewegung sehen mochte, so sehr geriet er angesichts der neu entstehenden sozialistischen Bewegungen in die Defensive, auch und vor allem an den Universitäten. Wie so oft dauerte die Ablösung der einen Generation durch die nächste mehrere Jahrzehnte, wurde aber in der Nachkriegszeit durch die schwierige Verarbeitung des Totalitarismus sowie den unvermittelten Ansturm der 1968er-Revolution zusätzlich beschleunigt (Frei 2008; Kraushaar 2008; Grüttner et al. 2010; Deppe 2018). Das Resultat war in mehrfacher Hinsicht eine fundamentale Transformation des bisherigen Universitätssystems.

Zum einen ist hier die »Demokratisierung« des Zugangs zu höherer Bildung zu nennen, die bis dahin einer kleinen sozialen und intellektuellen Elite vorbehalten war, nunmehr aber für zunehmend breite Schichten offen wurde und in Form der modernen Massenuniversität große Unterschiede zu den übersichtlichen und elitären Strukturen der Vorzeit aufwies. Diese personelle Verbreiterung implizierte aber auch eine gewisse Linksbewegung der Universitäten, da diese nunmehr nicht allein den meist liberal-konservativen Schichten zugänglich war, sondern eben zunehmend den sozial weniger gut aufgestellten Bevölkerungsgruppen, die oft politisch eher im linken Spektrum zu verorten waren. Dies sollte langfristig natürlich auch die politische Ausrichtung des akademischen Nachwuchses sowie der von ihr ausgebildeten Lehrerschaft beeinflussen, welche im Laufe weniger Jahrzehnte insgesamt eine zunehmende dementsprechende Ideologisierung erlebte.

Ein weiterer Faktor war die damalige Attraktivität sozialistischer Ideologien in den westlichen intellektuellen Führungszirkeln, welche oft eine gewisse Steuerung durch die Entscheidungsträger des ehemaligen Ostblocks erlebten, der sich den europäischen Denkern gerne als ideale Alternative zum kapitalistischen Westen präsentierte und viele dieser Intellektuellen von seiner Überlegenheit zu überzeugen wusste.

Ein weiterer, ursprünglich in seiner ganzen politischen Tragweite noch nicht offensichtlicher Faktor der Transformation der westlichen Universitätswelt war der zunehmende Rückzug des Staates von seiner Funktion als Organisator und Geldgeber des allgemeinen Rahmens wissenschaftlicher Forschung und die indirekte Übertragung dieser Kompetenzen an die Wirtschaftswelt. Die angestrebte Symbiose zwischen Forschung, Bildung und freier Wirtschaft war ideologisch natürlich eine Forderung des Liberalismus gewesen, seine Durchsetzung sollte allerdings keineswegs eine Stärkung liberalen Denkens an den Universitäten bewirken, sondern im Gegenteil deren zunehmende Unterwerfung unter den jeweils herrschenden Zeitgeist, der vor allem im Bereich der besonders ideologieanfälligen Geisteswissenschaften auch die Forderungen privater Geldgeber beeinflusste.

Denn anders als lange erwartet sollte der Liberalismus im Stadium seiner größten Entfaltung in antiliberale Tendenzen umschlagen: Die schon von de Tocqueville befürchtete Tendenz der Demokratie, den Kollektivismus hervorzubringen, sollte sich im späten 20. und frühen 21. Jahrhundert auch im modernen Westen bewahrheiten, indem die mediale, wirtschaftliche, kulturelle und politische Meinungsvielfalt letztlich keinen langfristigen Bestand hatte, sondern zunehmend der Tendenz zur Unterwerfung unter die jeweilige Mehrheitsmeinung folgte, welche, einmal im Besitz aller Machtmittel, dafür sorgte, dass keine alternative Ideologie die Möglichkeit beanspruchen konnte, ihre eigene Meinung zu verbreiten (Brogan 2006; Jaume 2008; Bluhm/Krause 2016; Krause 2017).

Die Liberalisierung der Universitätsfinanzierung sollte somit unfreiwillig die bisherige Vielfalt von Bildung und Forschung der

Notwendigkeit unterwerfen, Finanzen von Institutionen zu erlangen, die ihrerseits in der Ausrichtung ihrer wissenschaftlichen Interessen vom allgemeinen politischen und medialen Konsens geprägt waren. Denn als kulturelle und soziale Akteure waren viele Stiftungen, private Geldgeber oder Unternehmen darauf angewiesen, ihre Konvergenz mit der jeweiligen politischen Leitmeinung unter Beweis zu stellen, sodass mit der zunehmenden Verhärtung dieser Meinung auch die Bandbreite der von diesen Einrichtungen geförderten Forschungsprojekte eingeengt wurde und die zu entwickelnden Forschungsresultate von Anfang an ideologisch zumindest unterschwellig vorgegeben waren.

Da die Universitäten nicht nur das Einwerben dieser Drittmittel förderten, sondern oft sogar zur zwingenden Voraussetzung einer langfristigen wissenschaftlichen Beschäftigung machten, wurde es so gut wie unmöglich, sich den hier vorgegebenen ideologischen Vorgaben zu entziehen. Somit wurde die Unterordnung der eigenen Forschungsinteressen unter die allgemeinen Bedingungen des herrschenden Zeitgeistes zu einer Überlebensfrage, einer Art wissenschaftlichen Einverständniserklärung, aus der es kaum ein Entrinnen geben konnte, sobald einmal die Maschinerie umfangreicher Forschungsprojekte und damit zusammenhängender Bildungsaufträge in Gang gesetzt worden war. Auch beeinflussten jene Projekte naturgemäß die Einstellung entsprechenden Forschungsnachwuchses, der seinerseits seine eigenen, solchermaßen von dritter Seite in das Zentrum der Aufmerksamkeit gestellten Lieblingsthemen zum Fokus der sonstigen wissenschaftlichen Tätigkeit und Lehre zu machen wusste und dank Kontrolle über Berufungs- und Einstellungsverfahren unwiderruflich im universitären Alltag verankerte (Heinrich 1987; Bektchieva 2004; Schultheis 2008; Becker 2012).

Die Völkerwanderungen

In diesem Kontext musste es natürlich auch zu einer zunehmenden Neubewertung des Phänomens von Massenmigration kommen, deren Folgen wir heute überall in der akademischen Welt vorfinden.

Über viele Jahrhunderte hinweg galt es als eine Selbstverständlichkeit, dass eine jede Gesellschaft innerhalb ihrer Grenzen das Recht habe, den Primat ihrer eigenen Identität zusammen mit der Gewährleistung ihrer spezifischen materiellen wie geistigen Interessen zu verfolgen. Gesellschaften wurden seit jeher als eigenrechtliche und eigenverantwortliche Körperschaften begriffen, welche ganz genau wie der einzige Mensch eine spezifische Identität aufwiesen, welche im Laufe der Geschichte zwar verschiedenen leitenden Vorstellungen verpflichtet waren – etwa städtischer, regionaler, feudaler, landesherrschaftlicher oder nationaler Art –, die sich aber doch immer deutlich von den jeweiligen Nachbarn unterschieden und auf dem Postulat beruhten, dass selbst die jeweilige territoriale Peripherie immer noch mehr mit dem eigenen Zentrum gemein habe als mit der Peripherie der angrenzenden Gesellschaft (vergleiche Engels 2021).

Integration fremder Bürger in jene Körperschaften war zwar zu allen Zeiten eine mal mehr, mal weniger freigiebig praktizierte Lebensrealität, fand aber konkret wie theoretisch unter der doppelten Voraussetzung statt, dass die Neubürger zum einen sich dem jeweiligen Leitbild der Gastgesellschaft anzupassen hatten und ihre Zugehörigkeit zunächst an gewisse Bedingungen gebunden war, zum anderen immer nur eine recht begrenzte Zahl neuer Bürger aufgenommen werden konnte, um die Integrationskraft der Gastgesellschaft nicht zu schwächen oder gar eine Verkehrung der faktischen Mehrheitsverhältnisse zu riskieren.

Während man entsprechende theoretische Reflexionen bereits im Alten Testament, bei Aristoteles und bei Thomas von Aquin, drei fundamentalen Gründungstexten der abendländischen Staatsphilosophie, nachlesen konnte, war das konkrete historische Musterbeispiel für das Scheitern von Integration und die Gefahren unkontrollierter Masseneinwanderung traditionell der Untergang des Römischen Reiches gewesen. Die sich hier vollziehende gefährliche Kombination aus Masseneinwanderung, geschwächter Integrationskraft, vielfältigen politischen Fehlentscheidungen, der naiven Übertragung eigengesetzlicher Autonomierechte an die neuen Gruppen und deren Beauftragung mit militärischen Pflichten, die sie zu einer Gefahr für den eigentlichen Souverän werden ließ, sollte über lange Zeit hinweg ein Menetekel darstellen, das, zu Recht oder zu Unrecht, immer dann beschworen wurde, wenn die Frage nach unkontrollierter Massenmigration relevant wurde (Demandt 2007; Johnson 2012; Elton 2018; Meier 2019).

Es ist daher sicher kein Zufall, dass gerade der Bewertung der Völkerwanderungszeit in der gegenwärtigen althistorischen Forschung eine solche Bedeutung zukommt, und es ist offensichtlich, dass der heute stattfindende Paradigmenwechsel mit der offenen oder verdeckten Absicht erfolgt, das Narrativ von der Migration als Kernursache des Untergangs des Römischen Reiches zu brechen und durch das Paradigma von Kontinuität, Transformation, Kulturtransfer und Interkulturalität zu ersetzen. Dementsprechend ist die Zahl der Studien, die sich bemühen, mit verschiedensten Methoden den Zusammenbruch der römischen Autorität im Nordwesten der alten Welt zu einem geradezu beiläufigen Phänomen der Weltgeschichte zu degradieren, geradezu Legion geworden (Demandt 2014).

Typisch hierbei ist die Taktik, die Selbstwahrnehmung der Zeitgenossen möglichst auszublenden beziehungsweise zu einer Aneinanderreihung bloßer literarischer Topoi kleinzureden, die bestenfalls im Rahmen eines sehr beschränkten Elitendiskurses eine höchstens rhetorische Funktion gehabt haben sollen, und stattdessen das Augenmerk auf eine quantitative Interpretation archäologischer Zeugnisse zu legen. Deren jeweiliger Untersuchungsrahmen wird dabei meist so ausgewählt und festgelegt, dass Elemente wie Bruch, Gewalt oder Niedergang möglichst ausgeblendet beziehungsweise zu rein akzidentellen Phänomenen umgedeutet werden, denen gegenüber eine langfristige Kontinuität steht, die dem Untergangsgedanken scheinbar diametral entgegengesetzt ist – fraglos auch Zeichen einer gewissen mangelnden Lebenserfahrung seitens der Forscher selbst, welche wohl der Meinung sind, solange eine Krise von der Mehrheit der Bevölkerung physisch halbwegs unbeschadet überlebt wird, handle es sich um keine »wirkliche« Katastrophe ...

Weiterhin ist typisch, dass die kulturellen Unterschiede zwischen den romanischen Bevölkerungsgruppen und den germanischen Einwanderern möglichst geleugnet werden, indem auf Phänomene sprachlichen, kulturellen oder juristischen »Transfers« zwischen beiden Gruppen hingewiesen wird, um eine disruptive oder konfliktuelle Interpretation des Materials möglichst zu entkräften. Das Ziel dieser Bemühungen ist offensichtlich: Indem das bekannteste Paradebeispiel gescheiterter Masseneinwanderung, missglückter Integration und feindlicher Übernahme wissenschaftlich entkräftet wird, soll gleichzeitig die naheliegende Versuchung, ähnliche Vorgänge der Gegenwart analog zu deuten, als unwissenschaftlich abgewiesen und im Keim erstickt werden.

Nun ist es tatsächlich so, dass die gegenwärtige Migrationssituation durchaus zahlreiche fundamentale Unterschiede zu den spätantiken Völkerwanderungen aufweist, auf die hier nicht im Detail eingegangen werden kann, da die wahren Parallelen, will man das Gedankenspiel tatsächlich konsequent betreiben, eher in der Migrationssituation des 1. Jahrhunderts v. Chr. liegen (Engels 2014). Trotzdem ist bezeichnend, mit welcher Intensität und politischen Hintergedanken die Verharmlosung der Völkerwanderungszeit betrieben wird, wobei es schwer zu eruieren ist, inwieweit die dabei betriebene völlige Verwischung herkömmlicher Definitionen kollektiver Identität (Religion, Sprache, Volk, Sitte, Kultur et cetera), die weitgehende Negierung offensichtlicher historischer Brüche und die Verlagerung des Augenmerks auf rein materielle Kontinuitäts- und Transformationsprozesse nur einer gewissen, lebensweltlich gesteuerten Einschränkung des geschichtlichen Wahrnehmungsvermögens der Forschung entspricht oder vielmehr bewusst ideologisch konstruiert ist.

Einwanderung als »Chance«

Freilich ist der Untergang des Römischen Reiches nur ein Beispiel unter vielen: Auch in zahlreichen anderen Feldern der Geschichtswissenschaft, Soziologie, Ethnologie oder Politikwissenschaft wird versucht, alle Ereignisse oder Fakten, die bislang unter dem Blickwinkel eines oft genug antagonistischen Zusammenpralls verschiedener Kulturen gedeutet wurden, unter dem Spektrum der Verwischung alles Trennenden zu untersuchen. Métissage, Inklusivität, Kreolisierung, Transkulturalität, Schnittmengen, Kulturtransfer, Transformation, Hybridisierung, Bricolage, Middle Ground und viele andere mehr sind zum herrschenden Forschungsparadigma geworden, das einer jeden Untersuchung nicht nur von Anfang an zugrunde gelegt wird, sondern gleichzeitig auch als wesentliches Forschungsresultat zu fungieren hat (Lévi-Strauss 1966; Berry et al. 1997; Heidemann & De Toro 2006; Baron & Cara 2011).

Nun soll keinesfalls geleugnet werden, dass jene Schnittmengen zwischen den Kulturen tatsächlich hochinteressante Forschungsfelder darstellen, welche eben nicht nur unter dem Paradigma des Konflikts, sondern auch des Zusammenlebens, des Austausches und der gegenseitigen Befruchtung gedeutet werden können und müssen. Allein, es scheint ein paradoxales, ja absurdes Unternehmen, Koexistenz und gegenseitige Beeinflussung von Kulturen zu untersuchen, während gleichzeitig die Annahme von der Existenz jener Kulturen negiert beziehungsweise als »Essentialismus« diskreditiert wird. Genau dies geschieht aber in der gegenwärtigen Forschung, welche jede Bemühung, Gesellschaften oder Kulturen als autonome und mit einer gewissen Kohäsionskraft versehene geschichtliche Akteure zu verstehen, als rückschrittliche, ja gefährliche Sichtweise brandmarkt. Die Folge davon ist die notwendige Reduktion des Kulturbegriffs auf eine Ansammlung pragmatisch-statistisch erstellter Bündel materieller Verhaltensweisen, welche in Modellen zusammengefasst werden, die dann in ihrer gegenseitigen Interaktion studiert werden, sodass faktisch die Untersuchungen interkultureller Schnittmengen nur selten über die Zusammenfassung einiger offensichtlicher archäologischer oder kunsthistorischer Bestandsbeschreibungen hinauszureichen vermögen, da ihnen die eigentlich unabdingbare methodische Basis, nämlich ein tiefergehender Kulturbegriff, ganz bewusst fehlt.

Der Essentialismus (Hägler 1994; Rademacher & Wiechens 2001; Oderberg 2007; Gruen 2012) erscheint also als der angebliche Sündenfall der historischen Wissenschaft und wird mit einer erstaunlichen Intensität bekämpft, wobei meist schon der Vorwurf, ein Forscher verteidige essentialistische Positionen, ausreicht, ihn zu diskreditieren oder zum Widerruf seiner Positionen zu zwingen. Diese Kritik des Essentialismus ist nur verständlich, wenn man ein weiteres, ihr zugrunde liegendes, wenn auch in Forschungskreisen nur selten explizit ausgesprochenes Postulat bedenkt, demzufolge die Essentialisierung von Gesellschaften und Kulturen automatisch nicht nur zu ihrem Vergleich, sondern auch zu ihrer hierarchischen Wertung führen müsse und somit angeblich notgedrungen früher oder später zur Grundlage kolonialer, imperialer oder gar genozidärer Projekte werden würde.

So sehr ein solcher geistiger Kurzschluss in den Jahren nach dem Ende des Zweiten Weltkriegs verständlich gewesen sein mochte, so überzogen scheint er in der heutigen Gegenwart des frühen 21. Jahrhunderts. Denn aus dem Interesse dafür, was eine jede Gesellschaft oder Kultur einzigartig macht und ihre innere Kohäsionskraft und Resilienz erklärt, muss keineswegs notgedrungen der Wunsch zum wertenden Vergleich entstehen. Ganz im Gegenteil: Der komplexe Reichtum menschlichen Schaffens kann nur dann ganz verstanden und analysiert werden, wenn man die verschiedenen Ausprägungen der historischen Menschen- und Weltbilder aus sich selbst heraus zu verstehen sucht und somit notwendigerweise zum Zwecke besserer Verständlichkeit mit anders gearteten Charakteristika anderer Gesellschaften vergleicht. Dass aus einer solchen Vergleichung notgedrungen eine wie auch immer geartete Wertung, ja gar hierarchische Staffelung entstehen müsse, ist ein weiterer Irrtum des gegenwärtigen Forschungsparadigmas. Denn es geht aus der Natur der Sache hervor, dass das Bemühen um ein inneres Verständnis der Identität einer jeden Gesellschaft sich jedem Versuch, sie alle auf einen gemeinsamen Nenner zu bringen, von dem aus dann eine quantitative Bewertung möglich wäre, widersetzen muss.

Somit ist es aber paradoxerweise gerade der gegenwärtige Forschungsansatz, der mit seiner bewussten Zerschlagung der Annahme von eigenständigen Identitäten, die über bloße materielle Belanglosigkeiten hinausgehen, und der Rückführung des Forschungsmaterials auf letztlich rein quantitative und statistische Elemente gerade jenen gemeinsamen Nenner schafft, der durch einen echten und einfühlsamen Kulturvergleich sogar ausgeschlossen wird. Dies erinnert sicher nicht zufällig an das übergeordnete Paradox der herrschenden Ideologie, die zwar zum einen die Existenz einer genuin abendländischen Kultur leugnet beziehungsweise diese ganz als Summe der Einflüsse der vorherigen oder benachbarten Kulturen zu reduzieren sucht, gleichzeitig aber alle anderen Gesellschaften unter dem Gesichtspunkt der angeblich genuin »europäischen Werte« misst und ordnet und somit letztlich selbst den Versuch einer auch politischen Einflussnahme in die innere Beschaffenheit jener anderen Kulturen legitimiert.

Doch damit nicht genug. Die akademische Welt bemüht sich nicht nur, Migrationssituationen durch gesteuerte methodologische Rekontextualisierung jegliche Schärfe zu nehmen; sie geht mittlerweile noch einen Schritt weiter und suggeriert, dass Migration allgemein eher als »Chance« und nicht als Gefahr verstanden werden muss, eine bezeichnende Rückprojektion einer normativen Forderung an unsere Zukunft auf die Analyse unserer Vergangenheit, die dieses Grundpostulat nur selten zu bestätigen scheint. Umso mehr ist man bemüht, nicht nur konfliktuelle historische Migrationssituationen zu verharmlosen, sondern auch jene hervorzuheben, welche (angeblich) vorteilhaft waren oder deren moralische Berechtigung über jeden Zweifel erhaben war – auch wenn jene Beispiele methodologisch überaus problematisch scheinen, um der Gegenwart tatsächlich zum Vorbild zu dienen, oder in ihrer Bewertung doch nur selektiv aufgebaut sind.

So ist es kein Wunder, dass in den letzten Jahren das Narrativ entstanden ist, die gegen Ende des Zweiten Weltkriegs vor den Sowjets nach Westen flüchtenden deutschen Bürger mit dem Migrationsstrom des Jahres 2015 zu vergleichen, um aus der unmittelbar einsichtigen Notwendigkeit in die damalige Solidarität mit den Ersteren die Verpflichtung zur Aufnahme der Letzteren zu konstruieren – und das unter wohl bewusster Verkennung der ganz anders gearteten moralischen Notwendigkeit zur Solidarität mit den eigenen Landsleuten im Vergleich zu jenen Menschen anderer Kulturen: Auch dies ein seit Jahrtausenden gängiger Grundsatz, der unter Verweis auf die »Gleichheit aller Menschen vor dem Gesetz« ausgehebelt werden soll. Dazu passt dann auch gleich das parallel entstandene, freilich ganz anders argumentierende Narrativ vom »Wiederaufbau Deutschlands« durch türkische Gastarbeiter, das zwar aus rein chronologischen und wirtschaftsstatistischen Gründen in vielerlei Hinsicht mehr als fragwürdig ist, im Polit- und Mediendiskurs allerdings so sehr gefördert wurde, dass es zum gängigen Paradigma zur Bewertung von Masseneinwanderung geworden ist. Hierbei wird interessanterweise nicht an die moralische Solidarität, sondern vielmehr das wirtschaftliche Selbstinteresse der Rezipienten dieser Narrative appelliert und gleichzeitig werden so wesentliche Faktoren unterschlagen wie etwa das ursprünglich zeitlich begrenzte Aufenthaltsrecht jener Gastarbeiter, ihre starke ideologische Verankerung im kemalistischen Laizismus, den ganz anderen Integrationsdruck in eine kulturell und ideologisch erheblich homogenere Bundesrepublik sowie die technologische Unmöglichkeit jener Einwanderer zum tagtäglichen Kontakt mit der Heimat und somit der identitären Selbstversicherung, ja potenziell gar Radikalisierung.

Auch dieser Vorgang stellt eine bezeichnende Vermischung moralischer mit historischen Kriterien dar, die leider zunehmend im aktuellen Wissenschaftsbetrieb anzutreffen ist und letztlich aus einer moralischen Forderung an die Zukunft die entsprechende Deutung der Vergangenheit extrapoliert. So verständlich und idealistisch dies manchmal scheinen mag, so gefährlich kann eine solche moralische und nicht faktische Interpretation der historischen Quellen sein, denn sie generiert ein Pseudowissen, das über Schulen, Universitäten und Medien die öffentliche Meinung und somit natürlich auch die politische Willensbildung beeinflusst und zu Entschlüssen verleiten mag, welche auf einer grundfalschen Analyse unseres historischen Erfahrungsschatzes beruhen. Gerade in Zeiten der kulturellen wie wirtschaftlichen und politischen Krise ist dies ein Risiko, das gravierende Folgen zeitigen könnte, indem eben die offensichtlichen Risiken von Einwanderung und die sachlichen Probleme der Integration zugunsten einer beschönigten Geschichtsumdeutung unterdrückt werden und somit Weichenstellungen befördern können, welche nicht wieder gutzumachende Konsequenzen haben könnten.

Ausblick

Aus den oben getroffenen Überlegungen ergeben sich drei Konsequenzen, die wir im Folgenden kurz ansprechen wollen.

Erstens besteht gegenwärtig ein großes Risiko, dass die zunehmende Diskrepanz zwischen pseudo-wissenschaftlicher »Forderung« an die Realität und der ganz anders gelagerten politischen Faktenlage zu einer gravierenden Diskreditierung der akademischen Welt führen könnte; eine Diskreditierung, welche dann freilich nicht nur selektiv offensichtliche Fehlentwicklungen des gegenwärtigen Bildungswesens anprangern würde, sondern gleichzeitig auch viele durchaus berechtigte Forschungsleistungen unter Pauschalverdacht stellen könnte, wie schon jetzt das zunehmend verbreitete Misstrauen gegenüber den von der Politik zunehmend angeführten »Experten« nahelegt.

Zweitens legt die aktuelle Situation der Universitäten den Zweifel nahe, ob jene Einrichtungen aus sich heraus zu einer echten, inneren Erneuerung fähig sind, ohne dass es vorher erst zu gravierenden politischen oder sozialen Umbrüchen kommen muss. Will man in der Zwischenzeit echte wissenschaftliche Forschung und Lehre betreiben, welche sich jener stetig steigenden linksliberalen Einengung des Sagbaren entzieht und die gerade im Bereich der Geisteswissenschaften von Anfang an letztlich moralisch vorgegebene Forschungsresultate ablehnt, bleibt wenig anderes übrig, als eigenständige Einrichtungen zu gründen, welche zwar an Status, Ausstattung und Anerkennung kaum mit den meisten bisherigen Hochschulen und Universitäten gleichziehen können, dafür aber wenigstens zur Ausbildungsstätte einer neuen, freien und vorurteilsfrei argumentierenden wissenschaftlichen Elite werden könnten – eine Forderung, die aus analogen Gründen auch auf das Schulwesen auszudehnen ist.

Drittens folgt aus den negativen Konsequenzen der Liberalisierung der Hochschulen die Aussicht, dass auf demselben Wege auch eine Umkehr von den herrschenden Verhältnissen angestrebt werden könnte. Sollten die entsprechenden wirtschaftlichen Mittel eines Tages bereitstehen, ließe sich auch an vielen herkömmlichen Universitäten in Anbetracht ihrer zunehmenden finanziellen Schwierigkeiten durchaus vorstellen, dass ein Kader- beziehungsweise Generationenwechsel sich durch die Einrichtung inhaltlich entsprechend aufgestellter Drittmittelprojekte vollziehen könnte. Diese Entwicklung wäre freilich von nicht unbeträchtlichen inneren Auseinandersetzungen zwischen dem gegenwärtigen, überwiegend linksliberal orientierten wissenschaftlichen Personal und den neu zu rekrutierenden Forschern geprägt, könnte aber ein wichtiger Hebel sein, um erneut eine gewisse Vielfalt zu generieren, die zu einer Rückkehr zum ursprünglichen Selbstanspruch der Universität führen könnte, vorurteilslos und ergebnisoffen Forschung zu betreiben.

Literatur

Baron, Robert & Cara, Ana C. (Hrsg.) (2011), *Creolization as Cultural Creativity*, Jackson, MS.

Becker, Lena (2012), *Bildung im Zeichen der Ökonomisierung. Der Bologna-Prozess und seine Auswirkungen auf die Erziehungswissenschaft*, Darmstadt.

Bektchieva, Jana (2004), *Die europäische Bildungspolitik nach Maastricht*, Münster.

Benner, Dietrich (2003), *Wilhelm von Humboldts Bildungstheorie. Eine problemgeschichtliche Studie zum Begründungszusammenhang neuzeitlicher Bildungsreform*, Weinheim/ München.

Berry, John W. et al. (Hrsg.) (1997), *Handbook of Cross-Cultural Psychology*. Bd. 3, *Social Behaviour and Applications*, Boston.

Bluhm, Harald, & Krause, Skadi (Hrsg.) (2016), *Alexis de Tocqueville – Analytiker der Demokratie*, Paderborn.

Brogan, Hugh (2006), *Alexis de Tocqueville. Prophet of Democracy in the Age of Revolution*, London.

Demandt, Alexander (2014), *Der Fall Roms. Die Auflösung des Römischen Reiches im Urteil der Nachwelt*, München.

Demandt, Alexander (2007), *Die Spätantike*, München.

Deppe, Frank (2018), *1968: Zeiten des Übergangs. Das Ende des »Golden Age«, Revolten & Reformbewegungen, Klassenkämpfe & Eurokommunismus*, Hamburg.

Elton, Hugh (2018), *The Roman Empire in Late Antiquity. A Political and Military History*, Cambridge.

Engels, David (2014), *Auf dem Weg ins Imperium? Die Krise der Europäischen Union und der Untergang der Römischen Republik*, München/Berlin.

Engels, David (2021), »Zur Inkommensurabilität der Verarbeitung kollektiver historischer Erfahrungen – Ein Plädoyer für den zivilisatorischen Relativismus?«, in: Claudius Mandel, Philipp Thimm (Hrsg.), *Experience. Implikationen für Mensch, Gesellschaft und Politik. Festschrift für Wolfgang Leidhold*, Würzburg, 233-246.

Ferruolo, Stephen (1998), *The Origins of the University. The Schools of Paris and their Critics, 1100–1215*, Stanford.

Frei, Norbert (2008), *1968, Jugendrevolte und globaler Protest*, München.

Gruen, Erich (2012), *Rethinking the Other in Antiquity*, Princeton.

Grüttner, Michael et al. (Hrsg.) (2010), *Gebrochene Wissenschaftskulturen. Universität und Politik im 20. Jahrhundert*, Göttingen.

Hägler, Rudolf-Peter (1994), *Kritik des neuen Essentialismus*, Paderborn et al.

Haskins, Charles H. (1972), *The Rise of Universities*, Ithaca/New York.

Heidemann, Frank, & De Toro, Alfonsi (Hrsg.) (2006), *New Hybridities: Societies and Cultures in Transition*, Hildesheim/Zürich/New York.

Heinrich, Klaus (1987), *Zur Geistlosigkeit der Universität heute*, Oldenburg.

Jaume, Lucien (2008), *Tocqueville*, Paris.

Johnson. Scott F. (Hrsg.) (2012), *The Oxford Handbook of Late Antiquity*, Oxford et al.

Krause, Skadi (Hrsg.) (2017), *Erfahrungsräume der Demokratie. Zum Staatsdenken von Alexis de Tocqueville*, Stuttgart.

Kraushaar, Wolfgang (2008), *Achtundsechzig: Eine Bilanz*, München.

Lévi-Strauss, Claude (1966), *The Savage Mind*, Chicago.

Meier, Mischa (2019), *Geschichte der Völkerwanderung. Europa, Asien und Afrika vom 3. bis zum 8. Jahrhundert*, München.

Menze, Clemens (1975), *Die Bildungsreform Wilhelm von Humboldts*, Hannover et al.

Miethke, Jürgen (1990), *Die mittelalterlichen Universitäten und das gesprochene Wort*, München.

Oderberg, David S. (2007), *Real Essentialism*, New York.

Rademacher, Claudia, & Wiechens, Peter (Hrsg.) (2001), *Geschlecht – Ethnizität – Klasse: Zur sozialen Konstruktion von Hierarchie und Differenz*, Opladen.

Rashdall, Hastings et al. (1987), *The Universities of Europe in the Middle Ages*, Oxford.

Richter, Wilhelm (1971), *Der Wandel des Bildungsgedankens. Die Brüder von Humboldt, das Zeitalter der Bildung und die Gegenwart*, Berlin.

Schultheis, Franz (Hrsg.) (2008), *Humboldts Albtraum. Der Bologna-Prozess und seine Folgen*, Konstanz.

Tschong, Youngkun (1991), *Charakter und Bildung. Zur Grundlegung von Wilhelm von Humboldts bildungstheoretischem Denken*, Würzburg.

Postmoderne Gegenaufklärung und Zerstörung der kritischen Vernunft 2.0 – zur Kritik des islamophilen »Antirassismus«

HARTMUT KRAUSS

Was Europa als eigenständigen und besonderen Kulturraum auszeichnet, ist der historische Tatbestand, dass hier zum ersten Mal der revolutionäre Übergang von der mittelalterlich-feudalen Vormoderne zur neuzeitlichen Moderne stattfand. Im Rahmen dieser Großen Transformation kam es schließlich zur Etablierung von normativ-institutionell auf besondere Weise strukturierten bürgerlich kapitalistischen Gesellschaftssystemen mit jeweiligen landesspezifischen Entwicklungen.

Soziokulturell betrachtet basierte dieser Umwälzungsprozess auf den Kernetappen Renaissance, Reformation und Aufklärung; wobei der Radikalaufklärung eine besondere Bedeutung zukommt.[23] *Politisch* stechen hier die Englische und Französische Revolution hervor. *Ökonomisch* wurde der qualitative Übergang durch die industrielle Revolution als Ausgangsfundament der kapitalistischen Produktionsweise vorangetrieben.

---

23 Der Kern der Radikalaufklärung ist der gleichzeitige Angriff auf die Religion als Legitimationsideologie, die Kirche als Instanz geistig-moralischer Entmündigung und die weltliche Herrschaft des Feudaladels. Ihr Ziel ist die Überwindung vormoderner Formen politischer Herrschaft und die Emanzipation von religiös-irrationaler Bevormundung. Siehe Israel/Mulsow 2014.

Verallgemeinert kann man sagen: Die Identität Europas basiert auf den Prinzipien und Werten der Aufklärung und den dadurch geschaffenen Grundinhalten der »kulturellen Moderne«. Die Durchsetzung dieser kulturellen Identität erfolgte in einem hart umkämpften und opferreichen Prozess, der schließlich die Überwindung der feudal strukturierten und religiös legitimierten Herrschafts- und Ständeordnung zum Ergebnis hatte. Damit wurde Europa zur Geburtsstätte einer säkular-menschenrechtlichen Lebensordnung.

Diese Überwindung vormoderner Herrschaftsverhältnisse nahm in einem ganzen Ensemble von Prinzipien konkrete Gestalt an. Anzuführen sind hier insbesondere folgende Errungenschaften:

- Der Übergang von einer religiös-irrationalen zu einer wissenschaftlich-rationalen (wahrheitsorientierten) Welterklärung als ideelle Basis der europäischen Kultur. In diesem Kontext kommt es nicht nur zur Herausbildung der instrumentellen Vernunft (als Basis der Naturbeherrschung), sondern ebenso zur Entfaltung der herrschaftskritisch-emanzipatorischen Vernunft (als Grundlage progressiv-humanistischer Gesellschafts- und Selbstveränderung);
- Das Konzept der universellen Menschenrechte (gegen die ständisch-religiöse beziehungsweise geburtsrechtliche Zuteilung von Lebenschancen);
- Die Trennung von Religion einerseits und Staat, Recht und Privatsphäre andererseits;
- Die Idee des freien und emanzipationskompetenten Individuums;
- Das Prinzip der Gleichstellung der Gesellschaftsmitglieder vor dem Gesetz;
- Das Recht auf freie öffentliche Meinungsäußerung;
- Das Regulativ der Gewaltenteilung;

- Die Prinzipien der Volkssouveränität, der Demokratie sowie der Rechtsbindung der Regierungsinstanzen et cetera.

Trotz des europäischen Kolonialismus, westlichen Imperialismus und zweier Weltkriege sowie der kapitalistischen Negation zahlreicher emanzipatorischer Gründerideale gelang demnach hier, also in Europa, erstmalig und nachhaltig die endogene (auf eigenen kulturinternen Ressourcen beruhende) Überwindung vormoderner Herrschaftsverhältnisse sowie die Hervorbringung eines ganzen Ensembles »moderner« (posttraditionaler) Prinzipien.

Als ein zentrales Wesensmerkmal der säkularen Moderne ist die Durchbrechung und Überwindung der absoluten Deutungs- und Normierungsherrschaft nicht nur des autochthonen Christentums, sondern aller religiösen Weltanschauungen hervorzuheben, deren Inhalte und Regeln aufgeklärt-menschenrechtlichen Prinzipien widersprechen und sich gegen eine säkular-demokratische Werte- und Gesellschaftsordnung (Kultur der »Ungläubigen«) richten beziehungsweise diese negieren und verletzen.

Im Zuge der geistigen Auseinandersetzungen zwischen feudaler Reaktion und antifeudaler Befreiungsbewegung kam es sukzessive zur *Entkoppelung von Glauben und Wissen* nicht nur als Basis für die Entstehung der modernen Wissenschaften, sondern zugleich als Voraussetzung für *Säkularisierung* (Verweltlichung von gesellschafts- und selbstbezogenen Denk- und Handlungsformen) und *institutionelle Trennung von Religion und Politik*. Rational-wissensbasiertes Streben nach Wahrheit als fundamentales Kulturgut sollte fortan aus den Fesseln obrigkeitsstaatlicher und kirchlich-religiöser Bevormundung, Repression und Zensur befreit werden. »Wenn die Wahrheit von der öffentlichen Meinung getragen wird, wird sie unwiderstehlich; selbst die Regierungen werden von ihr fortgerissen, und kein Mensch hat den Mut, allein unvernünftig zu sein. Die Torheit hat nur dann Macht, wenn sie die Menge hinter sich hat, und der

Betrug triumphiert nur dann, wenn viele Lobredner, Anstifter und Helfershelfer dahinterstehen. Nur in verblendeten und vernunftberaubten Nationen besitzen die religiösen und politischen Tyrannen unumschränkte Gewalt.« (Du Marsais & D'Holbach 1972, 70)

Ein weiterer zentraler Umwälzungsaspekt des Aufklärungsdenkens ist die Idee des freien Individuums. Nach dieser Auffassung verfügen die individuell-konkreten Menschen als Gattungsindividuen unabhängig von ihren jeweiligen sozialen und kulturellen Einbettungen über das artspezifische Vermögen, sich ihres »Verstandes ohne Leitung eines anderen zu bedienen« (Kant). Im Lichte dieser *allgemeinmenschlichen Fähigkeit zur Mündigkeit* (das heißt Tradiertes kritisch zu reflektieren) werden die überlieferten Gemeinschaftsformen (Sippe, Stamm, Kaste, Stand, Religionszugehörigkeit et cetera) nicht mehr als zwangsdeterministische Gebilde aufgefasst, die den Menschen eine unwandelbare und nichttranszendierbare Identität auferlegen. Dem individuellen Subjekt wird vielmehr die Kompetenz und das Recht zuerkannt, sich vom Tradierten (Althergebrachten, Gewohnten) zu distanzieren, die unmittelbar-zufälligen sozialen Bindungen, Standesgrenzen und Glaubenszugehörigkeiten zu überschreiten und seine Identität – im Rahmen des konkret-historisch limitierten Raumes alternativer Wahlmöglichkeiten – *frei* zu gestalten.

Meinungsfreiheit und korrespondierende Freiheiten als umkämpfte Grundrechte im Fortgang der bürgerlich-kapitalistischen Gesellschaftsentwicklung

Im Zuge der erfolgreichen Überwindung des feudalen Herrschaftssystems kam es dann auch zur Kodifizierung der emanzipatorischen Werte und Normen der bürgerlich-revolutionären Bewegung, die gegenüber jeder Form vormoderner Herrschaft einen radikalen und als irreversibel beabsichtigten Bruch markiert. So betont die Erklärung der Menschen- und Bürgerrechte, die am 26. August 1789 von der französischen Nationalversammlung verabschiedet wurde, in Artikel 1, dass die Menschen von Geburt frei und gleich an Rechten sind und bleiben. »Soziale Unterschiede dürfen nur im gemeinen Nutzen begründet sein.« Artikel 2 legt grundsätzlich fest: »Das Ziel jeder politischen Vereinigung ist die Erhaltung der natürlichen und unveräußerlichen Menschenrechte. Diese Rechte sind Freiheit, Eigentum, Sicherheit und Widerstand gegen Unterdrückung.« Die Freiheit der Mitteilung der Gedanken und Meinungen wird als eines der kostbarsten Menschenrechte proklamiert, aber zugleich gegenüber destruktivem und reaktionärem Missbrauch (»Keine Freiheit für die Feinde der Freiheit«) eingeschränkt: Dementsprechend lauten die Artikel 10 und 11: »Niemand soll wegen seiner Meinungen, selbst religiöser Art, beunruhigt werden, solange ihre Äußerung nicht die durch das Gesetz festgelegte öffentliche Ordnung stört.« Und: »Die freie Mitteilung der Gedanken und Meinungen ist eines der kostbarsten Menschenrechte. Jeder Bürger kann also frei schreiben, reden und drucken unter Vorbehalt der Verantwortlichkeit für den Missbrauch dieser Freiheit in den durch das Gesetz bestimmten Fällen.«[24]

Diese nachdrückliche Kodifizierung der Meinungs-, Gedanken-, Rede- und Pressefreiheit, die systematisch mit der Freiheit zu wissenschaftlicher Wirklichkeitsanalyse korrespondieren, erfolgte unter dem starken Eindruck vorgängiger Erfahrungen mit Inquisition, Ketzerverfolgung, Zensur und multipler Repression seitens der kirchlichen und weltlich-feudalistischen Herrschaftsinstanzen.

---

24 https://de.wikipedia.org/wiki/Erkl%C3%A4rung_der_Menschen-_und_B%C3%BCrgerrechte (zuletzt aufgerufen am 6.2.2022)

Im französischen Ancien Régime standen auf Atheismus immer noch die schlimmsten Strafen. Kritik an Religion und Kirche konnte nur anonym erfolgen. Ein Regierungsedikt vom April 1757 verbot bei Todesstrafe die öffentliche Bekundung kritischer Äußerungen gegenüber Religion und Königtum. Die Beteiligung an der Beschädigung eines Kruzifixes in Kombination mit der Weigerung, seinen Hut vor einer vorbeigehenden Prozession zu ziehen, und dem Besitz von Voltaires philosophischem Wörterbuch sowie zweier erotischer Romane führten dazu, dass an dem 19-jährigen Chevalier Jean-Francois de la Barre am 1. Juli 1766 folgende Strafe vollstreckt wurde: »Folter, Durchbohren der Zunge, Enthauptung und Verbrennung der Leiche.« (Jestrabek 2016, 21)

Im Verlauf der Entwicklung im Anschluss an die französische Revolution zeigte sich, dass die proklamierten Werte und Normen sowie die kodifizierten Freiheitsrechte im Zuge wirkungsmächtiger reaktionärer und restaurativer Gegenbewegungen unter erheblichen Druck gerieten, einerseits revidiert und andererseits nachhaltig eingeschränkt wurden. Aus Angst vor revolutionären Tendenzen wurden zum Beispiel mit den Karlsbader Beschlüssen 1819 in Deutschland liberale Tendenzen massiv unterdrückt. Festgelegt wurde eine strikte Zensur der Presse, Burschenschaften wurden verboten, die Universitäten überwacht und liberale sowie nationalgesinnte Professoren entlassen. Die öffentliche schriftliche Meinungsfreiheit war damit systematisch suspendiert.[25]

Generell galt für die deutsche Entwicklung im 19. Jahrhundert (bis zur Novemberrevolution 1918), dass die Herausbildung und Entfaltung des Industriekapitalismus politisch-kulturell durch das überkommene und fixierte Herrschaftsbündnis von Thron und Altar überformt blieb. In Anbetracht dieser intakt gebliebenen Über-

25 Siehe http://www.heinrich-heine-denkmal.de/dokumente/karlsbad1.shtml und http://www.heinrich-heine-denkmal.de/dokumente/karlsbad2.shtml (zuletzt aufgerufen am 6.2.2022)

macht feudalabsolutistischer Ideologien und Werte assimilierte die Masse des deutschen Bürgertums angesichts der normativen Kraft des Faktischen adelige Denkhaltungen und Kulturelemente und generierte auf diese Weise einen den rückständigen Lebensbedingungen angepassten Habitus. Dieser wurde auch durch die letztlich gescheiterte Revolution von 1848 nicht aufgebrochen, sondern eher noch bestärkt. Insbesondere die Furcht vor dem erwachenden Proletariat wirkte hier als verfestigender Faktor. Durch das radikale Eingreifen der demokratischen Kleinbürger, Arbeiter, Studenten und teilweise auch Bauern aufgeschreckt und durch seine Untertanen-Sozialisation entsprechend prädisponiert, paktierte das Bürgertum mit der feudalen Reaktion und schloss einen Klassenkompromiss mit dem Adel.

Das von Bismarck angesichts der erstarkenden Arbeiterbewegung initiierte und mit der Stimmenmehrheit der Konservativen und Nationalliberalen 1887 verabschiedete Gesetz »wider die gemeingefährlichen Bestrebungen der Sozialdemokratie« (»Sozialistengesetz«) ermöglichte Verbote sozialistischer Parteien, Organisationen und Druckschriften sowie politischer Versammlungen. Auf dieser Grundlage »wurden innerhalb von zwölf Jahren etwa 1.300 Druckschriften und über 330 Arbeiterorganisationen, darunter auch die SAP und Gewerkschaftsverbände, verboten. Tausende Menschen wurden verhaftet und inhaftiert oder zur Emigration gezwungen.«[26]

Nach der Periode des triumphalistischen Aufstiegs Deutschlands zur vereinigten Großmacht und der mit euphorisch-chauvinistischem Geist durchtränkten Vorkriegsphase bedeutete dann die militärische Niederlage Deutschlands im Ersten Weltkrieg und der daraus resultierende Zusammenbruch des wilhelminischen

26 https://www.dhm.de/lemo/kapitel/kaiserreich/innenpolitik/sozialistengesetz.html (zuletzt aufgerufen am 6.2.2022)

Herrschaftssystems ein nationales Trauma – nicht nur für die in ihrer Dominanzposition erschütterten imperialistischen Eliten, sondern auch für jene Bevölkerungskreise, die von der nationalistischen Hochstimmung seit 1871 überwältigt worden waren. Auf sie wirkte der erneute »Absturz« der Nation in die Rolle des Verlierers, des Geschlagenen und Bezwungenen wie eine persönliche Erniedrigung und Demütigung.

Vor diesem traumatisierenden Erlebnishintergrund wird die »Weimarer Republik«, die konkret-politisch als Kompromissgebilde zwecks Eindämmung der drohenden proletarischen Revolution zustande gekommen war, von vielen innerlich als von den Siegermächten und »Novemberverbrechern« aufgenötigter Fremdkörper angesehen. Diese innerliche Distanzierung seitens großer Bevölkerungsgruppen, die weder eine demokratische Erziehung erhalten noch entsprechende Traditionen ausgebildet hatten, wurde noch dadurch vertieft, dass »die Weimarer Demokratie gezwungen war, die tiefste nationale Erniedrigung, die Deutschland seit der Napoleonischen Zeit erlebt hat, den imperialistischen Frieden von Versailles durchzuführen und ins Leben zu setzen. Vor den demokratisch nicht erzogenen Volksmassen war also die Weimarer Republik das Vollzugsorgan dieser nationalen Erniedrigung im Gegensatz zu den Zeiten der nationalen Größe und Expansion, die mit den Namen Friedrich II. von Preußen, mit Blücher, mit Bismarck und Moltke, also mit monarchistisch-undemokratischen Erinnerungen verbunden waren.« (Lukács 1989, 264f.)

Nach der »von außen« seitens der Anti-Hitler-Koalition bewirkten Befreiung vom antihumanistisch-barbarischen System der nationalsozialistischen Gewaltherrschaft etablierte sich in Deutschland – sowohl in West- und Ostdeutschland unter verschiedenen politischen Bedingungen als auch im wiedervereinigten Gesamtdeutschland – trotz mangelhafter Entnazifizierung in der ersten Phase der Nachkriegszeit eine starke und umfassende Erinnerungskultur, welche die Verbrechen des Naziregimes klar benennt und dokumentiert sowie mit Schuldeingeständnissen und moralischen Appellen nicht spart. Damit hebt sich Deutschland wohltuend ab von der offiziellen Türkei, die den Völkermord an den Armeniern bis heute wutschnaubend leugnet, ja sogar diese Tatsachenfeststellung massiv bekämpft.

Zudem hat die vielschichtige historische Aufarbeitung der Nazi-Verbrechen zu einer nachhaltigen Ächtung und Eindämmung beziehungsweise Marginalisierung neonazistischer Gruppen und rechtsextremistischer Gesinnungsträger geführt. Und das ist zweifellos gut so.

Weniger positiv zu bewerten ist der tendenzielle germanozentristische Autismus des Erinnerungs- und Aufarbeitungsprozesses, der gewissermaßen das »Böse« mit dem »Deutsch-Sein« verschmolzen und damit essentialisiert hat. In der Folgewirkung führte das zur fatalen Überschätzung der eigenen und Unterschätzung der fremdkulturellen Disposition zum Totalitären/Repressiven/Mörderischen. Zwar war die fabrikmäßige Vernichtung von Juden, Sinti und Roma, aber auch von Kriegsgefangenen, Schwerbehinderten, Widerstandskämpfern und weiteren KZ-Häftlingen eine entsetzliche Einmaligkeit des deutschen Nationalsozialismus und muss als solche auch besonders hervorgehoben werden. Aber alle anderen totalitären Wesenszüge sind transkultureller Art und basieren auf einer Synthese prämoderner Herrschaftsaspekte mit Komponenten ökonomischer, technologischer und bürokratischer Modernität (vergleiche Krauss 2003).

Da der germanozentristische Autismus und Essentialismus im Hinblick auf totalitäre und barbarische Herrschaftsausübung durch Wissenschaft (vergleichende Forschungen), Politik, Medien und Schulsystem nicht hinreichend korrigiert, sondern mit Hilfe zusätzlicher ideologischer Zerrbilder (Postmodernismus, Multikulturalismus, Kulturrelativismus) eher noch befeuert und zum

Teil bis zum Selbsthass übersteigert wurde und wird, kam und kommt es auch deshalb zu folgenden geistig-moralischen Verformungen, die zu überwinden vordringlichste Zukunftsaufgaben sind:

1. Zu einer Unterschätzung des Tatbestandes, dass die Konstitution des Totalitären als radikaler Antihumanismus beziehungsweise militante Konterrevolution gegen die »kulturelle Moderne« keine nur oder rein deutsche, sondern eine transkulturelle, insbesondere auch islamisch-orientale, also fremdkulturelle Erscheinung sein kann und realiter sogar in besonders ausgeprägter und aktuell bedrohlichster Form auch ist. (Das Andere/Nichtdeutsche ist eben nicht immer und a priori das Gute.)

2. Daran anschließend kam es zu einer weiteren geistig-moralischen Verzerrung, die jede Form der Kritik an nichtdeutschen beziehungsweise nichtwestlichen Formen des Totalitären/Repressiven/Antihumanistischen als »Rassismus« verleumdet und damit nicht nur der Verteidigung der emanzipatorischen Potenziale Europas in den Rücken fällt, sondern überhaupt erst Handlungsmöglichkeiten für echte autochthone Rechtsextremisten schafft, indem sie für diese Kräfte eine scheinbare politisch-ideologische »Lücke« anbietet.

Diese geistig-moralische Deformation gipfelt heute in der Verteidigung des grund- und menschenrechtswidrigen Islam und des aus ihm hervorgewachsenen neuen barbarischen Totalitarismus und offenbart damit die dialektische Selbstumkehrung von sich selbst in irreführender Weise so titulierenden »Antifaschisten« in ebenso reale wie primitive Handlanger einer irrationalen Regressions- und Dezivilisierungsbewegung schlimmsten Ausmaßes.

So richtig es ist, nach wie vor den überschaubaren einheimischen Rechtsextremismus zu bekämpfen, so ist es doch aktuell und bis auf weiteres von vorzugsweiser Not-Wendigkeit, den zugewanderten und sich in Europa ausbreitenden Rechtsextremismus islamischer Herkunft als objektiv größere Gefahr einzudämmen und auszuschalten. (Gelingt Letzteres, geht übrigens dem Erstgenannten ohnehin die Luft aus!)[27]

Zur Konstitution der deutschen »Postdemokratie«

Deutschlands »gebückter Gang« in die kapitalistische Moderne unter politisch-weltanschaulicher Vorherrschaft von Thron und Altar sowie der Aufstieg und die Herrschaft des Naziregimes, von dem sich das »Volk« nicht aus eigener Kraft befreien konnte, brachten eine relativ schwache soziokulturelle Verankerung demokratisch-emanzipatorischer Leitwerte innerhalb der Bevölkerung mit sich. Im Endeffekt resultierte daraus ein tradierungsfähiger beziehungsweise sozialisationswirksamer obrigkeitshöriger »Nationalcharakter«, an den mutierende reaktionäre Kräfte immer wieder vorzüglich anzuknüpfen wussten und wissen. Im Gegensatz zum Aufklärungsdiskurs spekuliert diese historisch konstante antiaufklärerische Reaktion zudem auf jene in der dialektischen Natur des Menschen angelegte negative (aufklärungsresistente) Potentialität, die Kant (1999, 20) folgendermaßen umrissen hat: »Faulheit und Feigheit sind die Ursachen, warum ein so großer Teil der Menschen, nachdem sie die Natur längst von fremder Leistung

27 Siehe hierzu: https://hintergrund-verlag.de/analyse-der-islamischen-herrschaftskultur/wider-den-rechtsextremismus-innerhalb-und-ausserhalb-der-islamischen-communities/ (zuletzt aufgerufen am 6.2.2022)

freigesprochen (naturaliter maiorennes), dennoch gerne zeitlebens unmündig bleiben; und warum es anderen so leicht wird, sich zu deren Vormündern aufzuwerfen.«

Vor diesem Hintergrund ist jedenfalls *die weitgehend widerstandslose Durchsetzung postdemokratischer Verhältnisse im wiedervereinigten Gesamtdeutschland* zumindest zum Teil erklärlich. Dabei ist grundsätzlich festzustellen, dass »Demokratie« als System der Selbstregierung/Selbstherrschaft eines Gemeinwesens freier und gleichberechtigter Bürger, die ihre gemeinschaftlichen Angelegenheiten selbstbestimmt regeln und kontrollieren, wesensmäßig weniger an Wahlen als vielmehr an folgende grundlegende Voraussetzungen geknüpft ist:

1. An die Bereitstellung institutioneller, rechtlicher und organisatorischer Möglichkeiten für eine gleichberechtigte und chancengleiche Teilnahme aller partizipationskompetenten Bürgerinnen und Bürger am politischen Willensbildungs- und Entscheidungsprozess.

2. An den freien Zugang zu allen relevanten Informationen und Wissensspeichern für den politischen Willensbildungs- und Entscheidungsprozess.

3. An die kognitive und motivationale Befähigung der Bürgerinnen und Bürger zur Teilnahme am politischen Willensbildungs- und Entscheidungsprozess (Vermittlung von Partizipationskompetenz).

Demgegenüber kommt bereits die totale Abtretung von politischen Erörterungs- und Entscheidungsprozessen an angebliche, weitestgehend verselbstständigte und parteipolitisch kommandierte Vertreter des Volkes bei gleichzeitiger vollständiger Vorenthaltung von

Volksentscheiden über zentrale und richtungsweisende politische Angelegenheiten einer Verstümmelung des demokratischen Souveräns gleich. Die Bürger sollen und dürfen nur noch in langen Zeitabständen darüber entscheiden, welche parteihörigen »Repräsentanten« ihre Belange im Parlament vertreten, de facto aber in vielen Fällen »zertreten«, das heißt negieren und missachten dürfen.

Die »repräsentationsdemokratische« Beschneidung und Einschränkung der politischen Handlungsmacht der Gesellschaftsmitglieder ist im Endeffekt nichts anderes als die funktionale Zurechtstutzung des politischen Systems auf die Bedürfnisse der ökonomischen, bürokratischen und ideologischen Herrschaftsträger. Dem Wähler wird suggeriert, seine Stimme habe Gewicht und bestimme die Ausrichtung des Regierungshandelns. Tatsächlich aber ratifizieren die Bürger im Wahlakt ihre Selbstabdankung als demokratischer Souverän und legitimieren eine ihnen zunehmend entfremdete politische Klasse, die vorgibt, in ihrem Namen zu handeln, in Wahrheit aber ganz anderen Interessen als denen des Gemeinwohls folgt. Die Umsetzung von Partialinteressen als Allgemeininteresse auszugeben und kontingente Entscheidungen als alternativlosen Sachzwang oder gar als moralische Pflicht erscheinen zu lassen, wirken hierbei als zentrale Verschleierungsideologie.

Die formal-institutionelle Wahrung des Anscheins demokratischer Verhältnisse und Prozeduren bei gleichzeitiger Aushöhlung und Deformierung ihrer realen Substanz (siehe die genannten Voraussetzungen) nennt man »Postdemokratie« (Crouch 2008). So steht heute bestenfalls ein Drittel (aktuell nur ein Fünftel) der wahlberechtigten Bevölkerung hinter der »stärksten« Partei, die den Regierungschef stellt, das heißt der Legitimationsfaktor sinkt. Infolgedessen kommt es zu Wahlergebnissen, die »unnatürliche« und damit handlungsdiffuse und fragile Regierungskoalitionen hervorbringen, die von den Konkurrenten keiner gewollt hat und die bei näherer Betrachtung auf faulen Kompromissen basieren.

Folgende wesentlichen Merkmale kennzeichnen die schon längere Zeit feststellbare postdemokratische Deformation des politischen Erörterungs-, Willensbildungs- und Entscheidungsprozesses:

1. Bei aller rhetorischen Aufblähung von Differenzen im Zweitrangigen und Nebensächlichen (zum Beispiel Gewährleistung islamischer Massenzuwanderung mit oder ohne explizite »Obergrenze« von einer Million in fünf Jahren) gibt es keine grundlegenden Unterschiede zwischen den herrschaftskonformen Parteien. Abgesehen von graduellen Differenzen auf wirtschafts- und sozialpolitischem Gebiet dominiert die Übereinstimmung in jenen gesellschaftlichen Grundfragen, die von der Bevölkerung als hervorstechend relevant angesehen werden: So die alternativlose Verteidigung des gescheiterten EU-Projekts anstatt des Aufbaus eines anderen Europas im Sinne einer modernen säkular-demokratischen Werte- und Solidargemeinschaft bei Wahrung der nationalstaatlichen Souveränität und Einhaltung der Nichtbeistands-Klausel; eine apologetische Duldung und Förderung der Ausbreitung islamischer Herrschaftskultur anstatt einer Politik der Eindämmung und Zurückdrängung des grund- und menschenrechtswidrigen Islam in Europa; die sowohl pseudomoralische als auch demagogische Verteidigung einer irregulären und illegalen Masseneinschleusung größtenteils hochproblematischer Zuwandergruppen ohne tatsächlichen Rechtsanspruch; die Aufrechterhaltung der Kapitaldominanz über den gesamtgesellschaftlichen Prozess; die Unterwerfung unter das wertenihilistische Konzept der neoliberalen »Weltoffenheit« in Verbindung mit der Diffamierung von Zuwanderungssteuerung als »Abschottung«; die Privilegierung religiöser Weltanschauungsverbände sowie die Negierung des aufklärungshumanistischen Sozialer-

bes. Auch hinsichtlich der Corona-Politik sowie des Klimawandels gibt es zwischen den etablierten Parteien keine klar erkennbaren wesentlichen Unterschiede als Basis für echte alternative Entscheidungsoptionen.

2. Die Massenmedien sind keine Orte einer sachlichen, wahrheitsorientierten und chancengleichen Kommunikation über politische und gesellschaftliche Angelegenheiten, sondern Instrumente der ideologischen Beeinflussung und Meinungsmanipulation der Wahlberechtigten im Sinne der herrschaftskonformen Konsens-Parteien bei gleichzeitiger Ausgrenzung und/oder pauschaler Diffamierung von kritischen Kräften mit alternativen politischen Gestaltungsangeboten. Eine wesentliche Rolle spielt hierbei neben der Filterung und Selektion von Informationen (zum Beispiel keine Nennung der Herkunft von Straftätern im Falle von Nichtdeutschen) sowie der Zugangssperre für nonkonforme Positionen eine wertende Sprachregelung nach einer moralistischen Schwarz-Weiß-Logik mit Inklusions-Exklusionsfunktion: Hier das gute, helle, weltoffene, diverse, proislamische, migrantophile, regierungs- und parteienkonforme et cetera Deutschland – dort das böse, dunkle, auf Abschottung bedachte, antiislamische, xenophobe, regierungs- und parteienkritische Deutschland. Diese politisch-mediale Setzung einer moralisierenden »Klassenspaltung« zwischen (naiven) »Bessermenschen«, die treu den etablierten Parteien hinterhertraben (»Willkommenshelfern«) einerseits und böswillig-zurückgebliebenen Unzufriedenen, denen man keine eigene kritische Urteilskraft zutraut, sondern in ihnen nur irrational Angstbesessene und Unmündige voller Ressentiments sieht (»Wutbürger«) andererseits, bildet ein zentrales widerspruchsverschärfendes Karzinom der spätkapitalistischen Postdemokratie.

3. Während dem postdemokratisch stillgelegten Passivbürger über weitgehend primitives Infotainment (Talkshows) suggeriert wird, politische Gestaltung finde über Wahlen, Parlamentsdebatten, vordergründigen Parteienstreit statt, werden die Leitlinien der Regierungspolitik sowie der Gesetzgebung außerhalb der öffentlich-demokratischen Kontrolle in abgeschotteten Gremien, Arbeitskreisen und informellen Dunkelkammern festgelegt. Das gilt insbesondere für die Ebene der UN- und EU-Bürokratie, für die Interaktion zwischen Lobbyisten und Politikern sowie für ein ganzes Netzwerk von »Beratungssystemen«. Dazu gehören zum Beispiel Einrichtungen wie die Abteilung Bevölkerungsfragen der Vereinten Nationen, in denen die akzeptierende Lenkung von Migrationsströmen nach Europa zwecks Bestandserhaltung für die dortigen schrumpfvergreisenden Gesellschaften »empfohlen« wird oder aber die Ausarbeitung von Gesellschaftsstrategien zur Anpassung der einheimischen Bevölkerung an die Ausbreitung und Festsetzung islamischer Herrschaftskultur samt verschwurbelter Sprachkodes.[28]

4. Vor diesem Hintergrund ist die Einschränkung von Wissenschaftsfreiheit eine folgerichtige Konsequenz. Theorien, Analysen, empirische Studie et cetera, die den postdemokratischen Setzungen und Leitideologien der politischen Entscheidungsträger und den mit ihnen eng liierten Interessengruppen widersprechen, werden mehr oder minder subtil »ausgebremst«, ins Zwielicht gerückt, als nicht förderungsfähig abgewiesen et cetera und deren Vertreter als »miss-

28 Vergleiche hierzu Hartmut Krauss: »Globalkapitalistische Migrationspolitik und multikulturalistischer Gesellschaftsumbau. Wie supranationale Institutionen die soziokulturelle Zerstörung Europas betreiben«, http://www.gam-online.de/text-globkap.html (zuletzt aufgerufen am 6.2.2022)

liebig« ausgegrenzt, »geschnitten« oder gänzlich »weggemobbt«. Eine zentrale, schon länger beobachtbare Ebene dieser Cancel Culture ist die Diskriminierung von wissenschaftlich-islamkritischen und migrationskritischen Positionen und Stellungnahmen als »rassistisch«, »phobisch«, »fremdenfeindlich« et cetera. Bezweckt wird damit die Etablierung einer auf Gleichschaltung bedachten Einschüchterungskultur, die auf die Verinnerlichung von Selbstzensur abzielt. Den in Verdacht Geratenen wird bedeutet, sich zurückzuhalten, um sich prestige- und karrierepolitisch »über Wasser zu halten«, nicht anzuecken und medial ins Abseits zu geraten. Dementsprechend werden manche Professoren erst nach ihrer Emeritierung »mutig«.

Die Doppelfunktion des Postmodernismus als Leitideologie des Globalkapitalismus und Einfallstor für die islamische Expansionsstrategie

Gegen Ende des Kalten Krieges und dann verstärkt nach dem Zusammenbruch des »Realsozialismus« etablierte sich zunehmend der Postmodernismus als neuartige ideologische Disziplinarmacht des sich umformierenden Globalkapitalismus. Für diesen entpuppten sich die den postmodernen Narrativen innewohnende Verschmähung und »Dekonstruktion« von Aufklärung, Wahrheit, Vernunft, Fortschritt, Emanzipation, Menschenrechten et cetera sowie die kulturrelativistische Verklärung vormoderner Herrschaftskulturen als nunmehr strategisch passgerecht und funktional. Denn die globalkapitalistischen Herrschaftsträger sahen jetzt – vor dem Hintergrund der siegreichen Beendigung des Kalten Krieges – ein neues »Goldenes Zeitalter des Kapitalismus« anbrechen und im

Rahmen einer globalisierten kapitalistischen Marktwirtschaft eine neue Weltordnung unter westlicher Vorherrschaft entstehen. Hingegen hielt man die Ideen der religions- und herrschaftskritischen Aufklärung sowie die an Marx anschließende Kapitalismuskritik pauschal für erledigt und unter den Trümmern des Realsozialismus begraben. Mit Hilfe der postmodernen Diskurse war und ist man bestrebt, eine reaktionäre Katharsis gegenüber dem »Ballast« des eigenen progressiven Sozialerbes vorzunehmen und zugleich eine ökonomische und politische (Markt-)Öffnung gegenüber den nichtwestlichen Herrschaftsregionen zu realisieren.

Als herausragend herrschaftsfunktional erwies sich insbesondere die normative Durchsetzung eines neuen postmodernen Wissenschaftsverständnisses, das de facto auf die Zerstörung der Gesellschaftswissenschaften nicht nur als kritisch-humanistisch ausgerichtete Disziplinen, sondern generell auf die Entwissenschaftlichung gesellschafts- und subjektbezogener Denktätigkeit hinausläuft. So wird die Möglichkeit objektiver Realitätserkenntnis sowie die Unterscheidung zwischen wahr und falsch in Abrede gestellt beziehungsweise als »Machttechnik« abgewehrt. Im Endeffekt wird das gesamte Konstitutionsensemble der »kritischen Vernunft«, das heißt die kognitiven Funktionsmomente begreifenden Denkens als Prämisse emanzipatorischer Praxis zur Wurzel aller modernen Übel erklärt. Die Weigerung beziehungsweise das Unvermögen, zwischen instrumenteller und kritischer Vernunft zu unterscheiden, führt im postmodernen Denken zur Tabuisierung, ja Verteufelung des Denkens von Zusammenhängen, der Aufschlüsselung des Verhältnisses von Einzelnem, Besonderem und Allgemeinem sowie der Vermittlung von Analyse und Synthese. Der erklärte Feind des postmodernistischen Neoagnostizismus und Subjektivismus ist somit das begreifende Erkennen als begriffliche Analyse der Entstehungsursachen, Entwicklungszusammenhänge und konstitutiven Beschaffenheitsmerkmale von Realitätsstrukturen. Nicht etwa nur die fortschrittsdeterministischen Zukunftsentwürfe, sondern generell jedwede nichtsingulären theoretischen Erkenntnisabsichten, noch dazu in Verbindung mit einem kritisch-emanzipatorischen Interesse, werden in das »Schmähbild« der »Großen Erzählungen« hineingezogen und entsprechend abgewehrt. Auf dieser dekonstruktiven Grundlage wird jede argumentative Auseinandersetzung von vornherein eliminiert. An die Stelle von rationaler Argumentation tritt dogmatisch verhärtete Haltung – oftmals vom unfundierten Podest einer moralischen Selbstüberhöhung herab. Wo es – wie bei der postmodernen Gegenaufklärung – »nicht um Argumente geht, spielt die Stimmigkeit der Gedankenverbindungen ohnehin keine große Rolle. Sie braucht es nicht und darf es gar nicht geben, denn das Prinzip jeder Anti-Aufklärung ist es, die zwingende Kraft des schlüssigen Arguments als vordergründig abzuwerten und sich auf höhere Einsichten zu berufen, die vor der prüfenden Vernunft zu bestehen nicht nötig haben.« (Holz 2002, 73)

Die postmoderne Demontage der Gesellschaftswissenschaften als kritisch-rationale Disziplinen korrespondiert unmittelbar mit deren Transformation in kulturrelativistische Ideologieagenturen. In diesem Kontext bilden die Fetischisierung der »Diversität« und der damit verbundene Kult der Differenz die Kehrseite des postmodernen »Affekts gegen das Allgemeine« (Honneth) beziehungsweise gegen die begreifende Realitätsanalyse. Die als »methodischer Individualismus« zum Prinzip erhobene Zerschneidung der Interdependenz von Einzelnem, Besonderem und Allgemeinem verengt den Erkenntnisprozess von vornherein auf die Erfassung des unvermittelt Singulären, das nur noch in seiner isolierten Einzigartigkeit betrachtet werden darf, würde doch bereits die Einnahme eines vergleichenden, kategorial-methodisch unterlegten Analyseblickwinkels sofort den Verdacht »vergewaltigender Identitätszerstörung« nach sich ziehen. Damit wird einer verzerrten Ontologie Vorschub geleistet, in der nur noch das lediglich singulär beschreib-, aber nicht mehr hinterfragbare Unvergleichlich-Heterogene existiert. Die Behauptung der »Inkommensurabilität« und damit letztendlich unantastbaren Fundamentalität der »Differenz« löscht nicht nur die progressiv-kritische Bedeutung von Vergleichs- und Bewertungsmaßstäben aus, sondern bewirkt eine Immunisierung herrschaftsförmiger, auf Herrschaftserhalt beziehungsweise Herrschaftseroberung bedachter Partikularismen (Kulturen, Bewegungen, Parteien, Nationen, Ethnien, Religionen et cetera) gegenüber in Frage stellender und wertender Kritik. Nicht zuletzt auf diese Weise fungiert das postmoderne Denken als »methodologischer« Verharmloser und Apologet totalitärer/fundamentalistischer Gegenwartsbewegungen. Ein unmittelbar aufschlussreiches Beispiel hierfür lieferte der Meisterdenker des pseudolinken Postmodernismus, Michel Foucault, mit seiner expliziten Bewunderung für den totalitär-islamischen Umsturz im Iran. In undistanzierter Apologie schrieb er: »Im Iran bestimmt der Kalender die Termine der Politik. Am 2. Dezember beginnen die Feierlichkeiten des Trauermonats Moharram, mit denen man an den Tod des Imam Hussein erinnert. Es handelt sich um ein großes Bußritual (noch vor kurzem sah man Geißlerprozessionen). Doch das Gefühl der Schuld, das an das Christentum erinnern könnte, ist hier unlösbar mit der Verherrlichung des für eine gerechte Sache erlittenen Martyriums verknüpft. In dieser Zeit sind die Massen bereit, im Rausch des Opfermuts den Tod auf sich zu nehmen. Das schiitische Volk gibt sich den Extremen hin.«[29] Kunstreich (2004, 40) urteilte über dieses Hohelied auf den schiitischen Totalitarismus: »Hätte Foucault Filme gedreht, er

29 Zitiert nach Thomas Maul: »Wie Foucault die schiitische Revolte lieben lernen konnte« (2008, 12. Kritiknetz. PDF.) http://www.kritiknetz.de/images/stories/texte/Foucault_und_die_schiitische_Revolte.pdf (zuletzt aufgerufen am 6.2.2022)

hätte die Riefenstahl der islamischen Revolution und des Ayatollah Khomeini werden können.«

Die von den Vertretern des Postmodernismus so variantenreich praktizierte Missdeutung der Aufklärung als »Grundübel« wirkte in Verbindung mit der kulturrelativistischen Ausblendung beziehungsweise Tabuisierung der repressiv-antiemanzipatorischen Beschaffenheitsmerkmale und des barbarischen Potenzials prämoderner (Herrschafts-)Kulturen in zweierlei Richtung: Zum einen schwächte diese negative Synergie nachhaltig die geistig-moralischen Widerstands- und Abwehrkräfte innerhalb der entwickelten kapitalistischen Länder gegenüber der sich aktuell verstärkenden Doppelbedrohung von »McWorld« und »Dschihad« (Barber). Und zum anderen fungierte sie als unmittelbare geistige Bestärkung der sich weltweit ausbreitenden reaktionär-religiösen Ideologisierungsprozesse. So fällt es den diversen Fundamentalismen und insbesondere den islamischen Vorhutkräften leicht, das (post-)strukturalistische, kulturrelativistische und postmoderne Ideengut in den eigenen Diskurs zu integrieren und apologetisch zu instrumentalisieren. »Man muß gesehen haben«, so Al-Azm (1996, 10), »wie die Sprecher und Vertreter repressiver Regime rund um den Erdball auf der Internationalen Menschenrechtskonferenz in Wien 1993 ganz unerwartet und überaus zynisch eine Haltung einnahmen, die aussah wie eine relativistische, postmoderne, avantgardistische und multikulturelle ›Sensibilität‹ für Leben, Politik und Kultur, für die Menschenrechte, die Rechte der Frauen und die Unantastbarkeit kultureller Unterschiede. Doch mit ihrer neuen Argumentation versuchen diese Regime nur, jene charakteristischen Verletzungen von Menschenrechten zu legitimieren, die bei ihnen zu Hause praktiziert werden. Und das alles im Namen einer praktischerweise entdeckten Authentizität, im Namen von Nativismus, Partikularismus, kultureller Vielfalt, im Namen der Heiligkeit von Tradition, Sitte, und des Endes aller großen universalistischen Erzählungen!«

»Antirassismus« als postmoderne Islamapologetik und Grundlage wissenschaftsfeindlicher Umtriebe

Der kulturrelativistischen Islamapologetik als wesentlichem Ausfluss postmoderner Ideologie und wissenschaftsfeindlichem Dogma ist Folgendes entgegenzuhalten:

In seiner orthodoxen Grundgestalt in Koran, Sunna und Scharia (und nicht erst in seiner militant djihadistischen Erscheinungsweise) verkörpert der Islam eine monotheistisch artikulierte totalitäre Weltanschauung und Herrschaftslehre, die den Grundprinzipien einer säkular-demokratischen Gesellschafts- und Lebensordnung direkt entgegengesetzt ist und auf ein Gemeinwesen ohne Freiheit und individuelle Grundrechte abzielt sowie den individuellen Menschen zu einem Gottesknecht erniedrigt.

Die religiöse oder genauer: monotheistische Bedeutungsarchitektur und Artikulationsweise dieser Weltanschauung ermäßigt keinesfalls ihren grund- und menschenrechtswidrigen Grundcharakter. Eher verschärft der religiöse Artikulationsmodus den totalitären Charakter, indem er ihn als »gottgewollt« inszeniert und legitimiert.[30]

Dennoch verkennen und bestreiten der deutsche Staat, seine zentralen Instanzen bis hin zum Bundesverfassungsgericht sowie die erdrückende Mehrheit der politischen Klasse den totalitären Grundcharakter des Islam, während sie gleichzeitig a) die Etablierung und Expansion der islamischen Herrschaftskultur systematisch fördern und b) islamkritisch-bürgerschaftliches Engagement

---

30 Eine detaillierte Darlegung der grund- und menschenrechtswidrigen Inhalte und Konstitutionsmerkmale des Islam ist hier nicht möglich. Siehe hierzu ausführlich: Gopal (2006), Krauss (2008), Ley (2015), Nagel (2018), Raddatz (2002) und Ibn Warraq (2004).

sowie kritisch-wissenschaftliche Islamanalyse ebenso systematisch diskriminieren.[31]

In Anbetracht dieser neuen postmodern-globalkapitalistischen Konstellation dominiert in Deutschland schon seit längerer Zeit die politisch-medial gestützte Tendenz, den Vorwurf des Rassismus systematisch zu pervertieren. Das heißt: Der Rassismusvorwurf wird dazu missbraucht, *jede* Kritik an Zuwanderern, deren Einstellungen, Handlungsweisen, weltanschaulich-normativen Orientierungen et cetera – und zwar unabhängig von ihrer realen Validität – von vornherein durch Diffamierung abzuwehren und zu delegitimieren. Dabei sollen mit Hilfe dieser missbräuchlichen Diffamierungs- beziehungsweise Stigmatisierungsstrategie zwei Effekte erzielt werden:

1. Die Immunisierung der zugewanderten Migrantenkulturen und ihrer Träger gegen Kritik »von außen« und

2. die vorverurteilende Diskriminierung/Herabwürdigung der Kritiker als per se moralisch minderwertig. Mit anderen Worten: Die vermeintlichen (Diskriminierungs-)Opfer und ihre Unterstützer agieren selbst als (Diskriminierungs-)Täter. Auch hier wieder ein klassischer Fall von »einfacher Negation« beziehungsweise Umkehrung ins bloße Gegenteil.

In Deutschland wird diese Strategie vor allem dazu benutzt, die grund- und menschenrechtswidrige Weltanschauung des Islam gewissermaßen unter Naturschutz zu stellen: Kritik am Islam = Rassismus; Kritik am herrenmenschlich-islamischen Diskurs gegenüber Ungläubigen = Rassismus; Kritik an der minderwertigen

31 Vergleiche hierzu Krauss 2010.

Rolle der Frau im Islam = Rassismus; Kritik an den islamischen Rechtsvorstellungen = Rassismus; Kritik an den orthodoxen und radikalen Trägern der islamischen Herrschaftskultur = »Du bist ein antimuslimischer Rassist« und so weiter. Letztendlich geht es darum, die nichtmuslimische Bevölkerungsmehrheit im Interesse der verordneten Massenimmigration aus vornehmlich islamischen Ländern politisch-ideologisch zu züchtigen und den Islam sowie seine überwiegend orthodox-konservativen Träger kritischer Reflexion zu entziehen.

Unter dem Stichwort »Teilhabe« sollen sich die islamisch geprägten Zuwanderer entgegen bisheriger Integrationsvorstellungen nicht mehr in die bestehende (zumindest dem Anspruch nach säkular-demokratische) Gesellschafts- und Lebensordnung soziokulturell eingliedern, sondern umgekehrt: Die gesellschaftliche Mehrheit ohne muslimischen Migrationshintergrund soll sich den Ansprüchen und Vorgaben der islamischen Siedler anpassen und unterordnen und darüber hinaus den Ausbreitungsprozess islamischer Herrschaftskultur auch noch aktiv unterstützen. Wer dem widerspricht, gilt als Verfechter der »Abschottung«.[32]

Um diesem Manöver einen scheinwissenschaftlichen Anstrich zu geben und gewissermaßen die Krone aufzusetzen, hat der Bundesinnenminister – »auf der Grundlage der bisherigen Ergebnisse und Erörterungen der Deutschen Islam Konferenz« – eigens einen »Unabhängigen Expertenkreis Muslimfeindlichkeit« einberufen. Diesem gehören fast ausnahmslos einheimische »Freunde« der Islamverbände und ebenso voreingenommene wie selbstgerechte

32 Auch der Vorwurf der »Abschottung« ist ein Beispiel dafür, wie reale Sachverhalte seitens der herrschenden ideologischen Narrative in ihr Gegenteil verkehrt werden. Denn de facto findet gerade in den autoritär-repressiven gegengesellschaftlichen Milieus der orthodoxen Muslime eine dezidierte Abschottung gegenüber der säkular-liberalen Kultur der nichtmuslimischen Aufnahmegesellschaft statt. »Teilhabe« bedeutet dann, dass man für diese desintegrative Abschottung – zum Beispiel in Form antisäkularer Bildungsarbeit – staatliche »Anerkennung«, »kultursensiblen Umgang« und finanzielle Mittel einfordert.

Islamapologeten an, für die Muslime pauschal immer nur Opfer und niemals Täter oder Träger gruppenbezogener Menschenfeindlichkeit sein können (siehe hingegen den orthodox-dogmatischen Islamdiskurs über »Ungläubige« als wesentliches Konstitutionsmerkmal).[33]

Während die in Politik und Medien betriebene proislamische beziehungsweise antiislamkritische Dauerindoktrination bezogen auf die Gesamtbevölkerung dennoch weitgehend misslingt – eine deutliche Mehrheit vertritt islamkritische Einstellungen[34] –, zeigt sich an den Hochschulen und hier insbesondere an den geisteswissenschaftlichen Fakultäten im Kontext der Durchdringung mit postmoderner Ideologie sowie eines allgemeinen Bildungsverfalls ein anderes Bild.

Hier wächst, blüht und gedeiht oftmals ein besonders ausgeprägtes Klima der repressiven Diffamierung gegenüber säkular-humanistischer Kritik an nichtwestlichen Herrschaftskulturen. Die Grundlage hierfür bieten vulgarisierte Mutationen postmoderner Diskurse wie zum Beispiel die »critical race theory« in Verbin-

---

33 https://www.bmi.bund.de/SharedDocs/pressemitteilungen/DE/2020/09/expertenkreis-muslimfeindlichkeit.html (zuletzt aufgerufen am 6.2.2022)

34 Im Gegensatz zur proislamischen Ausrichtung der etablierten Parteien und der ihnen nahestehenden Massenmedien stimmten laut einer aktuellen Umfrage nur 5 Prozent der Aussage zu »Der Islam gehört zu Deutschland«. Für 45 Prozent gehört der Islam »gar nicht zu Deutschland«, 44 Prozent sagten, nur »friedliche Formen, nicht radikale Gruppen« gehörten dazu. 86 Prozent sprechen sich für ein Verbot islamischer Organisationen aus, die religiöse Gebote über das Grundgesetz stellen. 61 Prozent sprechen sich für ein Verbot der Auslandsfinanzierung islamischer Organisationen und Moscheen in Deutschland aus. 90 Prozent befürworten ein »Burka-Verbot«, 61 Prozent plädieren für ein Kopftuchverbot für Lehrerinnen in öffentlichen Schulen, 58 Prozent für Beschäftigte und Beamtinnen im öffentlichen Dienst und 53 Prozent sind für ein Verbot bei Mädchen unter 14 Jahren. 77 Prozent fürchten, dass es zu islamistischen Terroranschlägen kommt, 55 Prozent befürchten generell einen wachsenden Einfluss des Islam in Deutschland und 54 Prozent sind in Sorge, dass immer mehr Flüchtlinge mit muslimischem Hintergrund nach Deutschland gelangen, während 48 Prozent die Gefahr sehen, dass der demokratische Rechtsstaat von Muslimen unterwandert wird. https://alice-schwarzer-stiftung.de/2021/06/11/umfrage-islam-und-islamismus (zuletzt aufgerufen am 6.2.2022)

dung mit einem dogmatisch verhärteten Kulturrelativismus sowie aggressiver Islamapologetik.[35]

Betrachten wir hierzu abschließend einige markante Beispiele:

1. Ein Forschungsprojekt der Edmund A. Walsh School of Foreign Service der Georgetown Universität in Washington mit dem Namen »Bridge Initiative« veröffentlicht regelmäßig »Fact Sheets« genannte Denunziationslisten, in denen Personen, darunter zahlreiche »Islamismusexperten« aus Europa sowie sogenannte Reformmuslime und ihre Unterstützer, der Verbreitung von angeblicher »Islamophobie« bezichtigt werden. Ein Mitarbeiter dieser »Bridge Initiative« ist bezeichnenderweise der in Österreich agierende Farid Hafez, Mitherausgeber des *European Islamophobia Report* (EIR), der von der AKP-nahen türkischen Seta-Stiftung (Stiftung für politische, wirtschaftliche und gesellschaftliche Forschung)[36] mitfinanziert wird, die zum ideologischen Apparat des türkisch-staatsislamischen Herrschaftssystems gehört. Die Staatsanwaltschaft Graz geht anhand von Informationen aus abgehörten Telefongesprächen sowie der Aussage eines anonymen Hinweisgebers davon aus, *dass Hafez zusammen mit fünf weiteren Personen zu den »führenden Muslimbrüdern in Österreich« gehört.* So soll er »maßgeblich an Aktivitäten beteiligt [sein], welche der Anwerbung, Indoktrinierung, der Ausbildung und der Heranführung von Per-

35 Angesichts dieser Gegebenheiten wurde zutreffend festgestellt, dass »unseren Universitäten und Forschungseinrichtungen (nunmehr) die intellektuelle Redlichkeit fehlt, die schwierigen Fragen und normativen Dilemmata zu thematisieren«, die sich aus dem tiefen Gegensatz zwischen säkular-menschenrechtlicher Lebensordnung und islamischer Herrschaftskultur ergeben. https://www.nzz.ch/feuilleton/afghanistan-der-zusammenbruch-kam-nicht-ueberraschend-ld.1641239?reduced=true (zuletzt aufgerufen am 6.2.2022)

36 https://www.mena-watch.com/wer-steckt-hinter-dem-europaeischen-islamophobie-bericht/ (zuletzt aufgerufen am 6.2.2022)

sonen an das ideologische Umfeld der Muslimbruderschaft dienen«. Zudem behauptet die Staatsanwaltschaft, gestützt auf die Aussage des Hinweisgebers, »dass Hafez im Zuge einer mit Mitstreitern gemachten Reise bei einem ›Murschid‹ (arabisch für Führer) von ›Ichwan‹ (arabisch für Muslimbrüder) in Ägypten gewesen sei und dort (…) den Treueeid abgelegt habe.«[37]

2. In ihrem Buch *Generation beleidigt. Von der Sprachpolizei zur Gedankenpolizei. Über den wachsenden Einfluss linker Identitärer* zeigt Caroline Fourest, wie die Verinnerlichung vulgarisierter postmoderner Ideologie leicht in eine offen-faschistoide Lynchstimmung im Namen eines neuen antiweißen Rassismus mit stark islamischen Beimengungen umschlagen kann. Verallgemeinernd mit Blick auch auf französische Universitäten sowie unter dem Eindruck eigener massiver Erfahrungen mit dem politischen Terror des lumpenakademischen Mobs an der Freien Universität Brüssel, wo sie unter Polizeischutz und den Schreien »Dreckige Jüdin! Freimaurerin! Islamophobe!« eine Vorlesung hielt, schreibt sie: »Studenten aus der identitären radikalen Linken greifen Referenten, die ihre Überzeugungen nicht teilen, regelmäßig an, und zwar mit körperlicher Gewalt. Dabei können ihre Opfer genauso der Rechten wie der gemäßigten, sozialdemokratischen oder universalistischen Linken angehören. An zahlreichen Universitäten ist es nicht mehr möglich, Personen einzuladen, die diesen sektiererischen linken oder islamistischen Studenten nicht genehm sind. Die Redner

37 https://www.mena-watch.com/der-fall-farid-hafez-teil-4-treueeid/ und https://exxpress.at/insider-packt-aus-ueber-geheime-fuehrungsriege-der-muslimbrueder/ (zuletzt aufgerufen am 6.2.2022)

werden sogleich von einem Mob fanatischer Studenten verjagt, die ihnen vorwerfen, ihren Safe Space zu verletzen.« (Fourest 2020, 131f.)

3. Als Reaktion auf die Ausstellung des Frankfurter Museums für Angewandte Kunst über islamische Mode hatte die Leiterin des Forschungszentrums »Globaler Islam« an der Universität Frankfurt, Susanne Schröter, Anfang Mai 2019 eine Konferenz mit dem Titel »Das islamische Kopftuch. Symbol der Würde oder der Unterdrückung« anberaumt, auf der neben Kopftuchkritikerinnen auch Kopftuchträgerinnen auftreten sollten und dann auch auftraten. Umgehend agitierte eine studentische Gruppe mit dem bezeichnenden Namen »Uni gegen antimuslimischen Rassismus« gegen die Veranstaltung, forderte die Nichtdurchführung der Konferenz und verlangte obendrein die Entlassung von Schröter. Schließlich fand die Veranstaltung zwar unter Polizeischutz statt,[38] zeigte aber, wie fragil die Meinungs- und Wissenschaftsfreiheit unter dem Druck dreister islamischer Akteure und ihrer einheimischen Komplizen auch in Deutschland bereits geworden ist. Dabei sind »antimuslimischer Rassismus«, »Islamfeindlichkeit« und »Islamophobie« die neuen Codewörter dieser meinungsterroristischen Agitation.[39]

4. Ein weiteres Beispiel für postmodern-pseudolinks ideologisierte Agitation gegen kommunikative Wissenschaftsfrei-

38 https://taz.de/Kopftuchkonferenz-an-Uni-Frankfurt/!5590822/ https://www.welt.de/kultur/article193224165/Warum-die-Frankfurter-Kopftuchkonferenz-ein-Erfolg-war.html (zuletzt aufgerufen am 6.2.2022)

39 Hartmut Krauss: »Ist der Islam faschistisch?« http://www.gam-online.de/text-krauss,ahadi.html (zuletzt aufgerufen am 6.2.2022)

heit lieferte im Frühjahr 2021 der Allgemeine Studentenausschuss (AStA) der Universität Osnabrück. Mit ebenso perfiden wie absurden Unterstellungen wollte man einen Vortrag des emeritierten Althistorikers Egon Flaig zum Thema »Die Grenzen von Machtkonzepten« verhindern. Flaig sei nicht nur für seine wissenschaftlichen, sondern vor allem auch für seine rechten und revisionistischen Ansichten bekannt. Die Quintessenz seiner Theorien läge in der Vorstellung, dass unterschiedliche Kulturen nicht vereinbar seien. Zudem stellten die AStA-Leute die ebenso falsche wie infame Behauptung auf, Flaig habe den Mord an Walter Lübcke gerechtfertigt.[40] Tatsächlich aber ist Flaig den studentischen Islambeschützern ein Dorn im Auge, weil er zu Recht auf die reaktionäre Konstitution des orthodoxen Scharia-Islam hinweist, die islamische Massensklaverei als historisches Faktum thematisiert, die unleugbare Existenz repressiv-antiemanzipatorischer muslimischer Sozialmilieus in Europa anspricht, die kulturrelativistische Immunisierung nichtwestlicher Herrschaftskulturen kritisiert, auf »hautfarbenrassistische« Aussagen arabisch-muslimischer Autoren verweist und den selbstgerechten essentialistisch-antiwestlichen Hass eines Frantz Fanon nicht teilt et cetera.

Schlussendlich knickte die Osnabrücker Universitätsleitung zwar nicht ein, sodass die Veranstaltung stattfinden konnte. Dennoch bleibt die Existenz und Bestückung eines solchen AStAs mit 5 Millionen Euro Haushaltsvolumen als Rufschädigung im Raum. Dabei ist auch anzumerken, dass

40 Tatsächlich nannte Flaig die Tat »ein Terrorakt und ein Angriff auf den Staat, der sein Personal in besonderer Weise schützen und, in solch einem Fall, in besonderer Weise ehren muß«. https://www.tichyseinblick.de/meinungen/cancel-culture-gegen-professor-egon-flaig-in-osnabrueck/ (zuletzt aufgerufen am 6.2.2022)

der AStA bei einer Wahlbeteiligung von nur 11,06 Prozent ins Amt gelangt war.[41]

Das bundesweite »Netzwerk Wissenschaftsfreiheit« begrüßte einerseits die Entscheidung der Osnabrücker Universitätsleitung, wandte sich aber andererseits scharf gegen die vom AStA initiierte und von der Fachschaft Geschichte der Universität Osnabrück mitgetragene »Verleumdungskampagne«.[42]

Was angesichts dieser umstrittenen Vortragsveranstaltung nicht nur den AStA-Leuten, sondern generell allen deutschen Islamapologeten ins Stammbuch geschrieben werden muss, ist die vom Kaiserreich über die Naziherrschaft und den westdeutschen Kalten-Kriegs-Staat bis heute zählebig tradierte Kollaboration mit den reaktionären Protagonisten der islamischen Herrschaftskultur. Hier wäre Nacharbeit in den entsprechenden Seminaren angebracht.

Grundsätzlich ist Folgendes festzuhalten: Die postmodernen Verteidiger und Schönredner der repressiven, autoritären, irrationalen und menschenrechtsfeindlichen Weltanschauung des Islam agieren als »bunt« und »weltoffen« verkleidete Komplizen einer extrem »rechten« und totalitären Herrschaftskultur. Sie sind die wahren Verräter der kulturellen Moderne. Sie sind diejenigen, die

---

41 Zu betonen ist auch, dass der AStA in diesem Fall seine gesetzlich bestimmte Pflicht zur Wahrung der weltanschaulichen und politischen Neutralität verletzt hat. So wurde in einem neuen Urteil unterstrichen, dass es einem AStA, der alle Studierenden vertreten und dabei insbesondere Meinungsfreiheit, Meinungsvielfalt und Chancengleichheit im hochschulinternen Diskussionsprozess respektieren muss, verwehrt ist, »einen allgemeinpolitischen Meinungskampf zu führen oder sonstige politische Forderungen ohne konkreten studien- oder hochschulpolitischen Inhalt in die Hochschule hineinzutragen.« https://hpd.de/artikel/gbs-hochschulgruppe-gewinnt-klage-gegen-asta-uni-mainz-19769? mit Link auf den Urteilstext (zuletzt aufgerufen am 6.2.2022)

42 https://www.noz.de/lokales/osnabrueck/artikel/2300637/netzwerk-wissenschaftsfreiheit-unterstellt-uni-asta-verleumdung (zuletzt aufgerufen am 6.2.2022)

die Werte und Prinzipien der Aufklärung mit Füßen treten. Sie sind es, die mit ihrer Tür- und Toröffnung für eine militant anti-aufklärerische und rückschrittliche Einstellungs- und Lebensweise orientalisch-islamischer Machart die Zerstörung der europäischen säkularen Gesellschafts- und Lebensordnung vorantreiben. Oder kurz gesagt: Der Islam und seine Komplizen stehen »rechts«.

Literatur

Al-Azm, Sadik Jalal (1996), »Das Wahrheitsregime der Verbrecher. Postmoderner Relativismus und die Frage der Menschenrechte«, in: *Frankfurter Rundschau* vom 26.11.1996, S. 10.

Crouch, Colin (2008), *Postdemokratie*, Frankfurt am Main.

Du Marsais, César Chesneau, Baron d'Holbach & Dietrich, Paul-Henri (1972), *Essay über die Vorurteile oder Vom Einfluß der Meinungen auf die Sitten und das Glück der Menschen, eine Schrift, die die Verteidigung der Philosophie enthält*, Leipzig.

Fourest, Caroline (2020), *Generation Beleidigt. Von der Sprachpolizei zur Gedankenpolizei. Über den wachsenden Einfluss linker Identitärer. Eine Kritik*, Berlin.

Gopal, Jaya (2006), *Gabriels Einflüsterungen. Eine historisch-kritische Bestandsaufnahme des Islam*, 2. erweiterte Auflage, Freiburg.

Holz, Hans Heinz (2002), »Irrationalismus – Moderne – Postmoderne«, in: Kopp, Hermann, Seppmann, Werner (Hrsg.), *Gescheiterte Moderne? Zur Ideologiekritik des Postmodernismus*, Essen, S. 67–92.

Israel, Jonathan I., & Mulsow, Martin (Hrsg.) (2014), *Radikalaufklärung*, Hamburg.

Jestrabek, Heiner (2016): »›Der liebenswürdige Atheist‹ Paul Thiry d'Holbach: Heilige Seuche & Gesunder Menschenverstand. Vorwort«, in: D'Holbach, Paul-Henri Thiry, *Heilige Seuche & Gesunder Menschenverstand*, herausgegeben und eingeleitet von Heiner Jestrabek, Reutlingen, S. 7–48.

Kant, Immanuel (1999), *Was ist Aufklärung? Ausgewählte kleine Schriften*, Hamburg.

Krauss, Hartmut (2003), *Faschismus und Fundamentalismus. Varianten totalitärer Bewegung im Spannungsfeld zwischen »prämoderner« Herrschaftskultur und kapitalistischer »Moderne«*, Osnabrück.

Krauss, Hartmut (2008), *Islam, Islamismus, muslimische Gegengesellschaft. Eine kritische Bestandsaufnahme*, Osnabrück.

Krauss, Hartmut (Hrsg.) (2010), *Feindbild Islamkritik. Wenn die Grenzen zur Verzerrung und Diffamierung überschritten werden*, Osnabrück.

Kunstreich, Tjark (2004), »Lust an der Unfreiheit«, in: *KONKRET* Heft 8 August 2004, S. 35–41.

Ley, Michael (2015), *Der Selbstmord des Abendlandes. Die Islamisierung Europas*, Osnabrück.

Lukács, Georg (1989), *Zur Kritik der faschistischen Ideologie*, Weimar.

Nagel, Tilman (2018), *Was ist der Islam? Grundzüge einer Weltreligion*, Berlin.

Raddatz, Hans-Peter (2002), *Von Allah zum Terror? Der Djihad und die Deformierung des Westens*, München.

Warraq, Ibn (2004), *Warum ich kein Muslim bin*, Berlin.

Eurozentrismus als Ursünde des Westens? Der mögliche Sonderweg Europas in der globalen Geschichte aus der Sicht der Frühen Neuzeit

RONALD G. ASCH

Der Kampf gegen den »Eurozentrismus« als ideologisches Programm

Vor weniger als 20 Jahren, 2003, veröffentlichte der österreichische Wirtschafts- und Sozialhistoriker Michael Mitterauer ein Buch mit dem Titel *Warum Europa? Mittelalterliche Grundlagen eines Sonderwegs* (Mitterauer 2004). Für dieses Werk erhielt er sogar den Preis des Historischen Kollegs. Es wäre sicherlich zu viel gesagt, wenn man behaupten wollte, dass ein solches Buch heute nicht mehr in renommierten Verlagen veröffentlicht werden könnte, aber seine Publikation wäre sicherlich sehr viel kontroverser als damals. Heute wird jede Diskussion über eine mögliche kulturelle Überlegenheit Europas in einer historischen Perspektive zunehmend riskant, ganz besonders gilt das, wenn in einer solchen Debatte die islamische Welt kritisiert wird. Sicher, wir sind noch nicht ganz so weit wie in den angelsächsischen Ländern, wo solche Interpretationen fast automatisch von interessierten Kreisen als rassistisch diskreditiert werden. Aber sieht man sich die deutschen Universitäten an, ist es unwahrscheinlich, dass sie sich gegen die Rufe nach einer »Dekolonialisierung« des Lehrplans wehren oder sich einer grundsätzlichen Kritik an der vermeintlich rein westlichen Logik der konventionellen Wissenschaft wirklich verschließen werden. Die vorherrschende Position namentlich in den USA und in Großbritannien, aber zunehmend auch in anderen Ländern ist die, dass der Verweis auf die vermeintliche Überlegenheit des Westens in der Vergangenheit vor allem ein Argument war, um koloniale Expansion und imperiale Herrschaftsansprüche zu rechtfertigen. Deshalb müsse die gesamte Logik eines westlichen Überlegenheitsanspruches in Frage gestellt werden. Lehrpläne müssten dekolonialisiert werden, um den bislang einseitig eurozentrischen Kanon zum Beispiel literarischer und philosophischer Werke aufzubrechen (Muldoon 2019; vergleiche Geier 2020 zum Echo in Deutschland). Im Gegenzug werden nicht-europäische historische Großreiche glorifiziert und alle Schwächen, die solche Reichsbildungen hatten, werden konsequent wegretuschiert (zum Beispiel Mikhail 2021).

Radikale Anwälte einer umfassenden Dekolonialisierung stellen bisweilen sogar den Wahrheitsbegriff und die Methodik der Naturwissenschaften in Frage, weil sie spezifisch westlich seien und den Normen nicht-europäischer Kulturen und ihrer Form von Wissensproduktion nicht gerecht würden (Prescod-Weinstein 2015, vergleiche Newell/Pype 2021 und Ally/August 2018). Das mögen extreme Positionen sein, aber wer heute in der universitären Lehre oder in Forschungsdebatten nicht-westliche Kulturen in einer historischen Perspektive als »rückständig« bezeichnet, riskiert durchaus, als Anwalt einer verderblichen »white supremacy« an den Pranger gestellt zu werden. Besonders stark zur Ächtung solcher Positionen neigen vermutlich jene Disziplinen, wie die Ethnologie, die sich tatsächlich ursprünglich im Kielwasser der europäischen kolonialen Expansion entwickelt hatten, und die sich daher – im

Prinzip zurecht – bewogen sehen, sich mit ihrer eigenen Vergangenheit besonders kritisch auseinanderzusetzen. Hier kann in Begutachtungsverfahren schon ein falscher, weil politisch nicht korrekter Ton in der Formulierung eines Antrages zu einer Ablehnung führen. In einem Fach wie Geschichte mag das Diskussionsklima einstweilen noch liberaler sein, aber Protagonisten postkolonialer Ansätze, denen es darum geht, vor allem als Ankläger der westlichen Welt und ihrer Untaten aufzutreten, und die etwa den Holocaust primär als natürliche Konsequenz der Kolonialpolitik sehen, die vor 1914 betrieben wurde, wie der Hamburger Lehrstuhlinhaber Jürgen Zimmerer, werfen ihren Gegnern dann schon gern einmal in denunziatorischem Ton vor, in einer »eurozentrischen Blase« zu leben, um ihre Argumente beiseite zu fegen (Schwarz 2021).

Solche Angriffe dürften nur ein Vorspiel zu dem darstellen, was uns noch erwartet. Wir werden uns darauf einzustellen haben, dass jeder, der etwa als Historiker das Prinzip in Frage zu stellen wagt, dass alle Kulturen im Kern mindestens gleichwertig sind, wenn nicht sogar der Westen wegen seiner aggressiven Neigungen in der Vergangenheit durchweg als besonders »böse« zu gelten habe, unter Druck geraten wird. In den USA, die hier die Richtung zeigen, in die wir uns bewegen, werden zum Beispiel die Klassischen Altertumswissenschaften zunehmend zum Ziel einer scharfen politischen Kritik. Ihnen wird vorgeworfen, nicht mehr als ein intellektuelles Arsenal zu sein, aus dem sich die Verteidiger einer angeblichen Überlegenheit der weißen Rasse nach Belieben bedienen können (Poser 2020). Es ist durchaus damit zu rechnen, dass solche Debatten auch auf Kontinentaleuropa übergreifen, soweit das noch nicht geschehen ist, denn die Tendenz, gerade im universitären Milieu Europas die Kultur der amerikanischen »wokerati« zu übernehmen, ist ungebrochen.

Nun ist den Kritikern des westlichen Überlegenheitsanspruches freilich zuzustimmen, dass dieser in der Vergangenheit oft in heuchlerischer Weise instrumentalisiert wurde. Auf literarischer Ebene hat niemand das besser dargestellt als Joseph Conrad in seiner Novelle *Heart of Darkness*, die sich mit den Kongo-Greueln auseinandersetzt. Ohnehin muss man sich davor hüten, im Sinne einer »Whig-Interpretation of History« die historische Entwicklung des Westens als triumphale Geschichte eines immerwährenden Fortschritts hin zu Freiheit, Wohlstand und Rationalität darzustellen (zu dieser Perspektive neigt zum Beispiel Pinker 2018). Das wäre absurd, denn allzu ambivalent ist das, was wir gemeinhin Fortschritt nennen, oft in seinen Auswirkungen. Schon der große Historiker Jacob Burckhardt merkte in einer seiner Vorlesungen an, es sei falsch, das Mittelalter – mit dem er selbst freilich sehr viel weniger anfangen konnte als mit der Renaissance – nur als eine Epoche der Rückständigkeit zu begreifen, in der sich die Anlagen des Menschen nicht wirklich hätten entfalten können. Keineswegs habe der mittelalterliche Mensch selbst das Bestreben gehabt, aus dieser Epoche »als einem dunkeln, unglücklichen Zustande herauszukommen«. Das Mittelalter sei vielmehr »eine Zeit der heilsamen Zögerung« gewesen und wenn es die »Erdoberfläche ausgenutzt« hätte wie spätere Generationen, »so wären wir vielleicht gar nicht mehr vorhanden.« (Burckhardt 1957, 80) Diese Bemerkung von Burckhardt mutet angesichts der heutigen ökologischen Probleme, mit denen wir in massiver Weise in Form der Erderwärmung konfrontiert sind, geradezu prophetisch an.

Ein Sonderweg Europas?

Ein Blick auf die Errungenschaften Europas und des Westens seit der Renaissance sollte daher stets selbstkritisch bleiben. Aber es ist Eines zu erkennen, dass das Mehr an Wohlstand, individueller Freiheit und wissenschaftlicher Erkenntnis, das uns die vergangenen

Jahrhunderte sicher per saldo trotz aller Rückschläge gebracht haben, auch ihren Preis haben, und ein Anderes zu leugnen, dass Errungenschaften wie der moderne Verfassungsstaat mit seinen individuellen Freiheitsrechten und seiner demokratischen Partizipation auf kulturellen Fundamenten ruhen, die erstmals im Westen konsequent ausgebildet wurden. Das heißt natürlich in keiner Weise, dass nicht-westliche Länder diese Modelle nicht erfolgreich übernehmen, adaptieren und weiterentwickeln können, am Ende vielleicht sogar in einer Weise, dass sie in manchen Bereichen den Ländern, aus denen diese Modelle stammen, überlegen sind. Aber ganz ohne Bezug auf das ursprüngliche westliche Modell kommen sie eben doch nicht aus, oder wie es der amerikanische Historiker Antony Pagden mit Blick auf die Geschichte der Menschenrechte formuliert hat: »Die Geschichte der Menschenrechte kann uns vor Augen führen, dass wir, wenn wir uns zu universalen Werten bekennen wollen, nicht umhin kommen, zunächst zumindest einige der Werte eines ganz spezifischen Lebensentwurfes und einer spezifischen Kultur anzunehmen und zu verteidigen.« (Pagden 2003, 173; vergleiche Sowell 2011, 464–367)

Die Frage stellt sich freilich, was den relativen Sonderweg des Westens, auf dem die Moderne beruht, begründet hat. Dieses Problem kann hier natürlich schon aus Raumgründen nur sehr essayistisch und rein eklektizistisch erörtert werden. Es soll im Folgenden weniger darum gehen, systematisch die Sonderstellung des Westens, der aus der lateinischen Christenheit des Mittelalters hervorging, zu begründen, sondern eher darum zu zeigen, dass eine – natürlich ergebnisoffene – Debatte über eine solche Sonderstellung weiterhin legitim und sogar politisch wichtig ist, wenn wir dem radikalen Kulturrelativismus, der uns heute bedroht, entgegentreten wollen.

In dieser Diskussion muss sich der Blick in besonderer Weise auf die Frühe Neuzeit richten, denn es wäre recht schwierig, für ältere Epochen von einer grundsätzlichen Überlegenheit des Westens auszugehen. Das gilt für die wirtschaftliche Leistungskraft – hier geht ein Großteil der neueren Forschung ohnehin davon aus, dass Europa erst im späten 18. Jahrhundert die Kerngebiete des chinesischen Kaiserreiches an Produktionskraft übertraf (Vries 2015; Pomeranz 2000, und jüngst mit dem Versuch, den Vorsprung Europas schon auf das 16. Jahrhundert zu datieren, Wyman 2021) – ebenso wie für das Niveau wissenschaftlicher und intellektueller Auseinandersetzungen und der allgemeinen Bildung. Damit soll natürlich nicht geleugnet werden, dass wichtige Fundamente für die spätere Sonderentwicklung Europas schon im Mittelalter gelegt wurden. Hier wäre etwa auf das Konkurrenzverhältnis zwischen weltlicher und geistlicher Obrigkeit zu verweisen, das in dieser scharfen Ausprägung – mit dem Papst als Herrscher über die Kirche und als Rivale nicht nur der Kaiser, sondern auch der einzelnen Könige und Fürsten – so nicht leicht in anderen Kulturen zu finden ist (Mitterauer 2004, 152–198).

Natürlich waren auch in Europa weltliche und religiöse Ordnung auf das Engste miteinander verbunden, aber wichtig bleibt doch, dass weltliche und kirchliche Gerichte, weltliches und kirchliches Recht miteinander konkurrierten, wobei das gelehrte weltliche Recht, das auf dem Corpus Iuris Civile beruhte, seinen Ursprung sogar in der heidnischen Antike hatte, also mit einem Wertesystem verbunden war, das nicht das des Christentums war. Überhaupt ist die durchgehende Orientierung der lateinischen Christenheit und auch noch des frühneuzeitlichen Europa an einer älteren Kultur, die sich von der eigenen unterschied, wohl ein Spezifikum unserer Tradition. Sicher wurde das Erbe der Antike auch in der arabischen Welt rezipiert und in der Philosophie und Wissenschaft sogar lange Zeit deutlich intensiver, aber für Europa galt die Antike in Dichtung und Literatur, aber auch in ihren Bildungsmodellen und tendenziell auch im gelehrten Recht durchgehend als Maßstäbe setzendes, schwer erreichbares und kaum je zu übertreffendes Vorbild, auch schon vor der Renaissance, obwohl sie gleichzeitig durchaus als fremde Kultur gesehen wurde. Dies stellt dann doch ein Spezifikum dar, wie nicht zuletzt der französische Gelehrte Rémi Brague betont hat (Brague 2012).

Ein wichtiger Faktor war überdies die relative Fragmentierung Europas – im Sinne des Gebietes der westlichen Christenheit – schon im späten Mittelalter, wenn nicht schon nach dem Zerfall des Karolingerreiches (Manent 2010, besonders 13; vergleiche Manent 2016). Das war in vieler Hinsicht auch eine Schwäche, wenn man Europa mit Großreichen wie China oder dem Reich der Osmanen vergleicht, aber diese Zersplitterung erschwerte es der Kirche gleichermaßen wie den weltlichen Obrigkeiten, »systemgefährdende« Innovationen zu verhindern oder zu verbieten. Im Osmanischen Reich wurde der Buchdruck (jedenfalls die Publikation von Büchern in arabischer Schrift, die sich an muslimische Leser wandten) im frühen 16. Jahrhundert durchaus erfolgreich verboten, sicher auch, um das Wissensmonopol der Korangelehrten, der *ulema*, zu verteidigen (Rubin 2017, 99–118; vergleiche Kuru 2019, besonders 185–203), auch wenn eine politisch korrekte Interpretation das gerne bestreitet und versucht, harmlosere Gründe für dieses Verbot wie den Schutz des Gewerbes der Kalligraphen anzuführen. Auch wenn das Verbot im 18. Jahrhundert gelockert wurde, wurde vor dem frühen 19. Jahrhundert nur eine vergleichsweise geringe Zahl von Büchern im Herrschaftsgebiet der Osmanen gedruckt (Chaney 2016). Es hätte sicherlich auch in Europa Kräfte gegeben, die ein solches Verbot versucht hätten durchzusetzen, wenn sich eine Chance dafür geboten hätte, aber das wäre angesichts der vielen konkurrierenden Herrschaftsinstanzen aussichtslos gewesen.

Die mangelnde territoriale Einheit Europas war aber noch in anderer Hinsicht bedeutsam. Aus ihr erwuchsen zumindest in West-

und Mitteleuropa die Nationalstaaten des 19. Jahrhunderts, auch wenn diese Entwicklung nicht immer gradlinig war. Der englische Philosoph Roger Scruton, der nicht zuletzt wegen seiner mutigen Verteidigung europäischer kultureller Traditionen wiederholt, zuletzt kurz vor seinem Tode, Ziel diffamierender Angriffe war (BBC 2019), hat betont, dass die Identifikation mit der Nation als primär territorialer Einheit die Bindung an ältere vorstaatliche Solidargemeinschaften wie die Familie, die Konfessionsgemeinschaft oder auch an kleinere ethnische Gruppen relativierte und in den Hintergrund treten ließ: »Loyalität gegenüber einer Nation verdrängt andere Loyalitäten, etwa gegenüber der Familie, dem Stamm und der Glaubensgemeinschaft und fokussiert in den Augen der Bürger patriotische Gefühle nicht auf eine Person oder Gruppe, sondern ein Land.« (Scruton 2021, 59) Damit erlaubte der Nationalstaat auch die Entwicklung einer politischen Ordnung, die keiner religiösen Legitimation mehr bedurfte. Dort, wo der Nationalstaat fragil bleibt oder fehlt, lassen sich Religion und Politik weniger leicht trennen, wie noch heute in der islamischen Welt. Diese Wirkung nationaler Identitätszuschreibungen setzt allerdings voraus, dass das Territorium, das einer Nation zugeordnet werden kann, klare Grenzen hat, was für England, die Nation, auf die Scruton in besonderer Weise blickt, schon frühzeitig galt, für andere europäische Nationen, etwa in Ostmitteleuropa sehr viel weniger. Heute freilich, in einer Zeit, in der alle nationalen Grenzen relativiert werden, drohen neue Gefahren, denn, »wenn man Grenzen gänzlich aufhebt, dann beginnen sich die Menschen nicht mit Bezug auf ein Territorium und eine Rechtsordnung eine Identität zuzuschreiben, sondern gemäß ihrer Zugehörigkeit zu einem Stamm, einer Rasse oder einer Religionsgemeinschaft«. (Scruton 2021, 59)

Die Krisenhaftigkeit der europäischen Entwicklung und die Konfessionsspaltung als Grundbedingungen von Innovationsfähigkeit

So wichtig die Entwicklung des Nationalstaates für die Identität Europas war, so wichtig war jedoch auch die konfessionelle Spaltung des Kontinents seit dem 16. Jahrhundert, die eigentlich zunächst eine tiefe Krise heraufführte und stark destabilisierend wirkte. Das würde allerdings nur Patricia Crones Diktum bestätigen, dass es nach dem Ende der Antike nie wieder zu einer wirklich stabilen traditionellen Ordnung fand und dass es gerade diese relative Instabilität war, die Europa dann in der Neuzeit einen Modernitätsvorsprung verschaffte (Crone 1989, 149). Insbesondere durch die Konfessionsspaltung entstand in ein und derselben Kultur eine permanente Konkurrenz absoluter letzter Wahrheiten, mit der umzugehen zunächst extrem schwierig war. Man musste lernen, mit Pluralismus zu leben (Asch 2020). Die Reaktion darauf war nicht nur eine – am Ende später wieder teilweise revidierte – Verhärtung der konfessionellen Fronten, sondern die Geburt einer Atmosphäre des Zweifels und des Skeptizismus im späten 16. Jahrhundert, jedenfalls in jenen Milieus, die nicht rein konfessionell geprägt waren (Neto 2009). Bestehende Spannungen verschärften sich, aber die Konkurrenz unterschiedlicher Glaubenssysteme und rivalisierender Geltungsansprüche löste in diesem Klima der Skepsis und des Zweifels auch eine intensive Suche nach belastbaren Wahrheiten und Normen jenseits der konfessionellen Debatten aus. Das galt für das Recht ebenso wie für die empirischen Wissenschaften oder die Ethik. Ohne die Krise der Konfessionsspaltung hätte es eine mathematisch argumentierende Naturwissenschaft vermutlich genauso wenig gegeben wie ein sich allmählich von der Theologie lösendes Rechtsdenken mit universalem

Geltungsanspruch, nicht zuletzt auf dem Gebiet des Völkerrechtes, für das etwa der Name von Hugo Grotius steht.

Die Antwort auf den Skeptizismus des späten 16. Jahrhunderts war die Suche nach neuen Gewissheiten, die sich nicht zuletzt in der Sprache der Mathematik formulieren ließen. Das galt insbesondere für die neue post-aristotelische Naturwissenschaft eines Kepler und eines Galilei, aber eben auch für die Philosophie etwa bei Descartes oder Thomas Hobbes, der sich ja bewusst dazu bekannte, eine Staatslehre *more geometrico* zu konstruieren. (Aus der umfassenden Literatur zur neuen Naturwissenschaft sei hier nur genannt Wootton 2015.) Diese Suche nach neuen belastbaren Erkenntnissen war in der Regel – Hobbes ist hier eher die Ausnahme – noch eingebunden in eine christlich geprägte Kultur, bereitete aber dennoch der Aufklärung des 18. Jahrhunderts, die sich von dieser Kultur stärker emanzipierte, bereits den Weg.

Zugleich suchte man nach der Konfessionsspaltung politisch nach Wegen, mit dem konfessionellen Pluralismus zu leben, jedenfalls auf der Ebene des europäischen Staatensystems, wenn schon nicht immer innerhalb der bestehenden Reiche und Territorien. Dieser Prozess ließ, anders als gelegentlich behauptet, religiöse Überzeugungen keineswegs zu einer reinen Privatsache werden – diese Entwicklung setzte deutlich später ein, in vielen Bereichen und Ländern erst im 19. oder sogar erst im 20. Jahrhundert –, aber man fand doch Wege, das Gewaltpotenzial der Konfessionskonflikte einzudämmen, zum Teil auch durch ihre Juridifizierung wie im Heiligen Römischen Reich, wo eine solche Pazifizierungsstrategie allerdings erst 1648 dauerhafte Früchte trug.

Dort, wo weltliche Obrigkeiten mit konfessionellen Minderheiten konfrontiert waren, bemühte man sich zumindest ansatzweise in einer Reihe von Ländern, politische und konfessionelle Loyalität voneinander zu trennen (Asch 2020, 150–156). Solche Versuche waren nicht immer erfolgreich, legten aber doch die Grundlage für eine stärkere Autonomie der politischen Sphäre, die freilich zumindest für das 17. Jahrhundert nicht per se mit einer Säkularisierung gleichzusetzen ist. Juristen mochten zwar wie der in England wirkende Italiener Alberico Gentili mit einem »Silete theologi in munere alieno [Schweigt Theologen in fremden Angelegenheiten!]« die Kleriker in ihre Schranken verweisen, blieben aber selbst in ihrer Weltsicht durchaus noch konfessionell gebunden und waren als Protestanten – und Gentili war Protestant – vom genuin religiösen Antiklerikalismus der Reformation motiviert (Malcolm 2010, 130–132; vergleiche Asch 2020, 86–89). Dennoch ist die zunehmende Autonomie des Politischen gegenüber den Machtansprüchen der Kirche oder der Kirchen und ihrer Vertreter, bis zu einem gewissen Grade auch im katholischen Bereich, wo namentlich die französischen Gallikaner die Herrschaftsansprüche des Papsttums schon im 15. Jahrhundert versucht hatten einzuschränken (Bergin 2014; Nelson 2000), sicherlich ein gewisses Spezifikum der europäischen Entwicklung, jedenfalls im Vergleich zur islamischen Welt, wo wir für die Frühe Neuzeit kaum Vergleichbares finden.

Verstärkt wurden diese Tendenzen durch die europäische Tradition des Republikanismus gespeist aus der nie erloschenen Erinnerung an die freiheitliche Verfassung der antiken Stadtstaaten (van Gelderen & Skinner 2009/10). Die republikanische Tradition war zwar keineswegs grundsätzlich anti-monarchisch, anders als der Cambridger Ideenhistoriker Quentin Skinner und seine Schüler geneigt sind zu argumentieren, da sie durchaus mit dem Ideal einer »monarchical republic«, eines monarchisch verfassten Gemeinwesens mit republikanischen Freiheitsrechten vereinbar war, stellt aber dennoch eine der Grundlage des modernen Verfassungsstaates dar, die in dieser Ausprägung wohl doch als spezifisch europäisch gelten muss, zumal in anderen Kulturen meist auch das korporative Ständewesen mit seinem erblichen Adel als Gegengewicht zur monarchischen Herrschaft fehlte.

Resümee

Es bleibt mit Blick auf die ältere Geschichte Europas vor allem das Fazit, dass sich auch unsere heutigen Vorstellungen von Frieden und Ordnung und von der notwendigen Trennung weltlicher von spirituellen und religiösen Fragen zumindest teilweise immer noch einer älteren Kultur, die vom Christentum in all seinen Widersprüchen und Konflikten geprägt war, verdanken. Diese Vorstellungen wurden nicht erst durch einen radikalen Bruch mit dieser Tradition geschaffen, sei es im Kontext der Aufklärung – so wichtig sie für die weitere Entwicklung Europas in der Moderne auch war – oder durch den Sieg eines bewusst laizistischen Staates über die Kirche, wie es viele sinnstiftende Narrative der europäischen Geschichte nahelegen.

Man mag glauben, dass diese historischen Fundamente unserer Vorstellungen von Freiheit heute in einer globalisierten Welt, in der Europa oft nur noch Zuschauer der Weltgeschichte ist, ohnehin irrelevant geworden sind. Aber ob der moderne Verfassungsstaat mit seinen Garantien für ein friedliches Zusammenleben unterschiedlicher Glaubensgemeinschaften ohne den Bezug (sei es im Sinne einer historischen Verwurzelung oder einer produktiven Aneignung) auf die europäische Kultur und ihre Geschichte, so widerspruchsvoll sie auch sein mag, überhaupt denkbar wäre, ist keineswegs sicher. Das muss man all jenen entgegenhalten, die jede Form von »Eurozentrismus« als bloße Arroganz und als geistigen Provinzialismus zurückweisen und mit ihren Forderungen nach einer Dekolonialisierung unserer Kultur faktisch Traditionen untergraben, die tragende Fundamente unseres Rechtsstaates ebenso wie unserer Wissenssysteme sind. Und man muss in dieser Perspektive auch jene kritisieren, die in der EU als Gemeinschaft der (meisten) europäischen Staaten nur eine Art Weltstaat im Kleinen sehen wollen und jedes Bekenntnis der EU zu spezifisch europäischen kulturellen Traditionen radikal ablehnen. Leider ist diese Tendenz dominant geworden. Indem die EU, die ohnehin unter einem Demokratiedefizit leidet, sich weigert, sich zu einer spezifisch europäischen Kultur und ihrem Erbe zu bekennen, droht sie freilich die verbleibenden Quellen ihrer Legitimität als politisches System endgültig zu verschütten und zum Versiegen zu bringen (Scruton 2021). Noch ist es möglich, solche Argumente im universitären Milieu vorzubringen, aber diese Freiheit wird uns nur erhalten bleiben, wenn wir bereit sind, für sie zu kämpfen.

Literatur

Ally, Yaseen, & August, Justin (2018), »#Sciencemustfall and Africanising the Curriculum: Findings from an Online Interaction«, in: *South African Journal of Psychology* 38 (2018), S. 351–359.

Asch, Ronald (2020), *Vor dem Großen Krieg. Europa im Zeitalter der spanischen Friedensordnung 1598–1618*, Darmstadt.

BBC (2019), »Minister apologises to academic Sir Roger Scruton over sacking«, 16.7.2019, https://www.bbc.com/news/uk-politics-49004425 (zuletzt aufgerufen am 6.2.2022)

Bergin, Joseph (2014), *The Politics of Religion in Early Modern France*, New Haven Ct.

Brague, Rémi (2012), *Europa – seine Kultur, seine Barbarei: Exzentrische Identität und römische Sekundarität*, Heidelberg.

Burckhardt, Jacob (1957), *Historische Fragmente*, Emil Dürr (Hrsg.), Stuttgart.

Chaney, Eric (2016), »Religion and the Rise and Fall of Islamic Science«, https://scholar.harvard.edu/files/chaney/files/paper.pdf. (zuletzt aufgerufen am 6.2.2022)

Crone, Patricia (1989), *Pre-Industrial Societies*, Oxford.

Geier, Barbara (2020), »Führt die Rassismusdebatte in England zur Dekolonisierung der Curricula?«, GEW Hamburg, 17.6.2020, https://www.gew-hamburg.de/themen/internationales/fuehrt-die-rassismusdebatte-in-england-zur-dekolonisierung-der-curricula (zuletzt aufgerufen am 6.2.2022)

Kuru, Ahmet T. (2019), *Islam, Authoritarianism, and Underdevelopment. A Global and Historical Comparison*, Cambridge.

Maia Neto, José R. et al. (Hrsg.) (2009), *Skepticism in the Modern Age. Building on the Work of Richard Popkin*, Leiden.

Malcolm, Noel (2010), »Alberico Gentili and the Ottomans«, in: Kingsbury, Benedict & Straumann, Benjamin (Hrsg.), *The Roman Foundations of the Law of Nations. Alberico Gentili and the Justice of Empire*, Oxford, S. 127–145.

Manent, Pierre (2010), *Les Métamorphoses de la cité. Essai sur la dynamique de l'Occident*, Paris.

Manent, Pierre (2016), *Beyond Radical Secularism. How France and the Christian West Should Respond to the Islamic Challenge*, South Bend, Ind.

Mikhail, Alan (2021), *Gottes Schatten: Sultan Selim und die Geburt der modernen Welt*, München.

Mitterauer, Michael (2004), *Warum Europa? Mittelalterliche Grundlagen eines Sonderwegs*, München.

Muldoon, James (2019), »Academics: it's time to get behind decolonising the curriculum«, *The Guardian*, 20.3.2019, https://www.theguardian.com/education/2019/mar/20/academics-its-time-to-get-behind-decolonising-the-curriculum (zuletzt aufgerufen am 6.2.2022)

Nelson, Eric (2000), »Defining the Fundamental Laws of France: The Proposed First Article of the Third Estate at the French Estates General of 1614«, in: *English Historical Review* 115 (2000), S. 1216–1230.

Newell, Sasha, & Pype, Katrien (2021), »Decolonizing the Virtual: Future Knowledges and the Extrahuman in Africa«, in: *African Studies Review* 64,1 (2021), S. 5–22.

Pagden, Anthony (2003), »Human Rights, Natural Rights and Europe's Imperial Legacy«, in: *Political Theory* 31 (2003), S. 171–199.

Pinker, Steven (2018), *Enlightenment Now: The Case for Reason, Science, Humanism, and Progress*, New York.

Pomeranz, Kenneth (2000), *The Great Divergence: China, Europa and the Making of the Modern World*, Princeton, N. J.

Poser, Rachel (2020), »He Wants to Save Classics from Whiteness. Can the Field Survive?«, in: *The New York Times Magazine*, 2.2.2020, https://www.nytimes.com/2021/02/02/magazine/classics-greece-rome-whiteness.html (zuletzt aufgerufen am 6.2.2022)

Prescod-Weinstein, Chanda (2015), »Decolonising Science Reading List: It's The End of Science As You Know It«, 25.4.2015, https://medium.com/@chanda/decolonising-science-reading-list-339fb773d51f (zuletzt aufgerufen am 6.2.2022)

Rubin, Jared (2017), *Rulers, Religion and Riches: Why the West got Rich and the Middle East did not*, Cambridge.

Scruton, Roger (2021), »The Need for Nations«, in: ders., *Confessions of a Heretic*, 2. Aufl. Kendal, S. 50–67.

Schwarz, Marietta (2021), »Ohne Kenntnis des Forschungsstandes und der postkolonialen Theorie«; Jürgen Zimmerer im Gespräch mit Marietta Schwarz, *Deutschlandfunk Kultur*, Fazit, 15.07.2021, https://www.deutschlandfunkkultur.de/juergen-zimmerer-ueber-goetz-aly-ohne-kenntnis-des.1013.de.html?dram:article_id=500364 (zuletzt aufgerufen am 6.2.2022)

Sowell, Thomas (2011), *Intellectuals and Society*, 2. Aufl., New York.

van Gelderen, Martin, & Skinner, Quentin (2009/10): *Republicanism: A Shared European Legacy*, 2 Bde., Cambridge.

Vries, Peer (2015), *State, Economy and the Great Divergence: Great Britain and China, 1680s – 1850s*, London.

Wootton, David (2015), *The Invention of Science. A New History of the Scientific Revolution*, London.

Wyman, Patrick (2021), *The Verge: Reformation, Renaissance, and Forty Years that Shook the World*, Boston.

Die praktischen Grenzen der Wissenschaftsfreiheit: ein persönlicher Erfahrungsbericht

MARTIN WAGENER

Gewidmet Prof. Dr. Hanns W. Maull in großer Dankbarkeit zum 75. Geburtstag

Die Wissenschaftsfreiheit ist ein hohes Gut, das im Grundgesetz innerhalb des Abschnitts zu den Grundrechten festgeschrieben worden ist. In Artikel 5 Absatz 3 heißt es: »Kunst und Wissenschaft, Forschung und Lehre sind frei. Die Freiheit der Lehre entbindet nicht von der Treue zur Verfassung.« Ein Blick auf die Masse der in Deutschland tätigen Doktoren und Professoren zeigt, dass diese Norm auf breiter Front täglich beachtet wird. Eine solche Feststellung ist wichtig für einen Beitrag, der am Beispiel eigener Erfahrungen die praktischen Grenzen der Wissenschaftsfreiheit auszuloten versucht. Zu unterscheiden ist zwischen dem Regel- und dem Einzelfall. Wer selbst Betroffener von Einschränkungen ist, sollte der Versuchung widerstehen, sich zu inhaltlich überzogenen Generalisierungen verleiten zu lassen. Enttäuschungen und Frustrationen sind schlechte Ratgeber.

Schule und Studium

Der Blick auf politische Zusammenhänge hat mich schon zu Schulzeiten gelehrt, dass eine abweichende Einschätzung des Status quo in der Regel eine Gegenwehr der herrschenden Meinung erzeugt. Ich wurde etwa 1987/1988 in der *Jungen Union* (JU) politisch sozialisiert. Ganz konkret war es der 2021 verstorbene, damalige Bundestagsabgeordnete der *Christlichen Demokratischen Union* (CDU) Klaus Harries, der in einer kleinen Diskussionsrunde die Frage stellte, welche Themen die Jugend interessieren. Er schlug dann selbst etwas vor und erklärte uns die historische Dimension der deutschen Frage, was für mich Folgen haben sollte. Auf dem Gymnasium war dies ein randständiges Thema, und soweit es überhaupt zur Sprache kam, plädierten meine Lehrer für die Beibehaltung der Spaltung des Landes. Nicht wenige wollten uns zudem über die Vorzüge des Sozialismus in der Deutschen Demokratischen Republik aufklären, keiner von ihnen unterstützte die Einheit Deutschlands. Es war das erste Mal, dass mir vereinzelt eine rechtsextreme Position vorgehalten wurde – ausschließlich deshalb, weil ich für die Wiedervereinigung des Vaterlandes plädierte. Unter Schülern wie Lehrern löste eine solche Idee unisono Kopfschütteln aus.

Das Studium an der Universität Göttingen von 1991 bis 1997 habe ich offener erlebt. Natürlich gab es die üblichen Lagerkämpfe im Seminar, aber die Kommilitonen waren doch nach ein paar Kaffees oder Bieren zu großen Teilen versöhnlich aufgestellt. Mein soziales Umfeld gestaltete sich politisch äußerst heterogen, was zur Schulung der Argumentationsfähigkeit beitrug. Harte Auseinandersetzungen in der Cafeteria des Theologicums hatten zumeist keine sozialen Kollateralschäden zur Folge. Auch wenn es somit im Persönlichen gesittet zuging, blieb man als Anhänger der Union natürlich nicht von den Aktivitäten einer sehr umtriebigen linksextremen Szene in der Stadt verschont. Zum Alltag gehörte das übliche Machtgebaren des »schwarzen Blocks«, der es liebte, die Polizei zu provozieren. Auf einer Straßenkreuzung wurde schon einmal eine brennende Tonne aufgestellt, die zur Sperrung des Verkehrs führte; die Verunglimpfung von Symbolen des Staates blieb ungestraft; die CDU-Geschäftsstelle hielt zumeist die Rollläden geschlossen, um Scheibeneinwürfe zu verhindern; Verbindungsstudenten lebten gefährlich, wenn sie als solche in der Innenstadt von Linksextremen erkannt wurden.

Persönlich erreichte mich die Szene, als mein Mitbewohner, seines Zeichens stellvertretender Landesvorsitzender der JU Niedersachsen, von offizieller Seite einen Warnhinweis erhalten hatte. Er möge sein Auto an einer anderen Stelle parken, er sei ins Visier der Linksextremisten geraten. Diese sahen in Anhängern der Union Nationalsozialisten, weshalb Veranstaltungen unseres Verbandes regelmäßig unter Polizeischutz standen. So war das Studium der Politikwissenschaften in Göttingen zwar insgesamt von großen Freiheiten geprägt, das von den politisch Verantwortlichen kaum gehemmte Treiben des »schwarzen Blocks« zeigte Anhängern von JU und CDU aber auch Grenzen auf.

Toleranz an der Universität Trier

Ich war daher nicht besonders betrübt, als ich im Frühjahr 2001 die Gelegenheit erhielt, eine Stelle als wissenschaftlicher Mitarbeiter am Lehrstuhl für Internationale Beziehungen und Außenpolitik der Universität Trier antreten zu dürfen. Dort wurde Prof. Dr. Hanns W. Maull nicht nur zu meinem Vorgesetzten. Er betreute zusammen mit Prof. Dr. Peter J. Opitz auch die Dissertation und übte fortan in vorbildlicher Weise die Rolle des akademischen Lehrers aus, der mich ganz maßgeblich prägen sollte. Die Kollegen am Lehrstuhl waren mehrheitlich links bis liberal aufgestellt, weshalb man in mir – ich bin Alt-Stipendiat der Hanns-Seidel-Stiftung – vermutlich irgendwo auch eine Ergänzung des Spektrums sah. Schnell wurde ersichtlich, dass es Maull an seinem mehrere Projekte und zahlreiche Mitarbeiter wie auch Hilfskräfte umfassenden Lehrstuhl gelungen war, eine ebenso offene wie inhaltlich fordernde Streitkultur zu etablieren. Ich habe dies als große Freiheit im Denken und Arbeiten empfunden. Alle Positionen waren erlaubt. Ein jeder war gleichwohl in den üblichen Diskussionsrunden gezwungen, sein Argument empirisch wie theoretisch sauber zu begründen. Das war die Messlatte – und nicht etwa eine politisch korrekte Einstellung.

Erst nach Jahren wurde mir klar, dass unser Spiritus Rector für alle am Lehrstuhl Mitwirkenden eine Schutzglocke geschaffen hatte, unter der wir im besten humboldtschen Sinne gedeihen konnten. An meiner späteren Wirkungsstätte in Haar sollte ich schnell merken, dass die von Maull allseits vorgelebte Toleranz nicht selbstverständlich war. Zur Verdeutlichung: Mein damaliger Chef steht politisch sicherlich etwas links der Mitte, ich bewege mich sicherlich etwas rechts, im Sinne von konservativ, davon. Hanns W. Maull war und ist ein Vertreter des Konstruktivismus, der in Deutschland den Zivilmachtansatz ganz maßgeblich geprägt hat. Ich hänge hingegen dem offensiven Realismus an, etwa in der Variante eines John J. Mearsheimer. Viel weiter kann man auf dem Gebiet der Theorie kaum auseinanderliegen. Wir haben über die unterschiedlichen Stärken und Schwächen beider Blickwinkel natürlich gestritten, aber daraus ergaben sich nie persönliche Differenzen, Benachteiligungen des Mitarbeiters oder gar Auflagen für meine Dissertation. Diese ist aus der Sicht des offensiven Realismus verfasst und von Maull mit *summa cum laude* benotet worden. Ohne einen ebenso souveränen wie professionellen Doktorvater wäre das unmöglich gewesen.

Er war auch so ehrlich, mir in einer ruhigen Minute vorauszusagen, dass ich mit der Theoriewahl der Dissertation später auf dem Arbeitsmarkt vermutlich Probleme bekommen würde. Man muss dazu wissen, dass der Ansatz des Realismus in den USA oder Ostasien zwar Ansehen genießt, in Deutschland unter mehrheitlich liberal bis konstruktivistisch orientierten Kollegen aber in der Regel abgelehnt wird. Dies hat einen einfachen Grund: Realisten argumentieren über das nationale Interesse eines Staates und Machtkonstellationen, wohingegen sie normativ aufgeladenen Friedensmodellen skeptisch gegenüberstehen. Sie stellen also in Frage, woran Optimisten und Gesinnungsethiker glauben, wobei zumindest Maull im Gegensatz zu anderen immer auch einen nüchternen Blick auf die Dinge hatte.

Wie richtig er mit seiner Einschätzung liegen sollte, erlebte ich in einem Vorstellungsgespräch bei einer großen deutschen Denkfabrik. Der inhaltliche Austausch lief gut, wurde aber von einem beisitzenden Mitarbeiter immer wieder unterbrochen. Er wies seinen Kollegen darauf hin, dass »das« – also ich – Mearsheimer sei. Vermutlich scheiterte die Bewerbung am Ende auch deshalb. Eine Kollegin berichtete mir seinerzeit Ähnliches von einem Vorstellungsgespräch an einer anderen wichtigen deutschen Denkfabrik: Wenn man dort nicht ein Glaubensbekenntnis zum Theorem des »demokratischen Friedens« ablege, sei man chancenlos.

Die Dame hängt wie ich dem Realismus an und fand später unter anderem in der Rüstungsindustrie eine Anstellung. Sichtbar wird bei solchen Erfahrungen ein sich selbst bestätigender Kreislauf: Der Realismus kann in Deutschland nicht auf breiter Front reüssieren, weil in der Zunft alle wissen, dass sie mit der Wahl dieses Ansatzes die eigenen Chancen auf eine Anstellung im wissenschaftlichen Betrieb deutlich reduzieren. Infolge des Ukraine-Krieges könnte sich dies gleichwohl ein wenig ändern, da die Sinne für

Großmachtkonflikte nun auch in konkurrierenden theoretischen Lagern wieder geschärft sind.

Intoleranz an der Universität Trier

Nach Abschluss des Promotionsverfahrens 2008 konnte ich an der Universität Trier 2009 eine Juniorprofessur antreten. Diese wurde nach der ersten dreijährigen Phase evaluiert, die Verlängerung musste vom Fachbereichsrat beschlossen werden. Ich hatte zuvor Einsicht in die Begutachtung nehmen können. Die Kritik, die es bei solchen Verfahren immer gibt, fand ich überzeugend, weshalb ich keine Einwände signalisierte und allem zustimmte. Es kam zur Gremiumsitzung. Einige meiner ehemaligen Studenten waren mir sehr wohlgesonnen, sodass ich im Fachbereichsrat über eine Innenquelle verfügte, die mir detailliert den Entscheidungsprozess beschrieb. Demnach war die Zustimmung zur Verlängerung eigentlich nur noch eine Formsache. Wären da nicht noch andere Studenten gewesen, die behaupteten, ich würde in meinen Veranstaltungen »Angst« verbreiten. Sofort wurde das Verfahren auf Eis gelegt. Auf Nachfrage, was das konkret bedeute, gab es die folgenden Antworten: Professor Wagener bestehe auf pünktliches Erscheinen im Hörsaal; zudem müssten die Vorbereitungstexte gelesen werden. Damit kämen viele Studenten nicht zurecht.

Anstatt sich nun zu solidarisieren, gingen einige der Kollegen ernsthaft auf diesen Einwurf der Studenten, die in meinen Veranstaltungen zuvor schlecht abgeschnitten hatten, ein. Sie legten mir eine korrigierte Evaluation vor und baten um Zustimmung. Ich lehnte das selbstredend ab, erneut wurde konferiert. Von einer gewissen Seite gab es nun sogar eine verdeckte Drohung, dass ich bei Nichtzustimmung mit dem Schlimmsten, der Ablehnung der Verlängerung, rechnen müsste. Ich blieb bei meiner Haltung und bat darum, im Gremium abzustimmen. Am Ende ging das Prozedere glücklich zu meinen Gunsten aus. Zurück blieb der verstörende Eindruck, wie wenig es braucht, um die Entscheidungsfindung gestandener Professoren fundamental zu irritieren.

Zu einem besonders schweren Vorgang von Intoleranz ist es gekommen, als der international renommierte Militärwissenschaftler Martin van Creveld an der Universität Trier 2011 ein Visiting Fellowship erhalten hatte. Die Organisatoren wiesen vorab darauf hin, dass der Kollege streitbar sei, ahnten aber wohl nicht, was auf sie zukam. Ich war Zeuge seines ersten Vortrags, in dem er in scharfer Form zum Feminismus Stellung nahm. Anwesenden Aktivistinnen war sein Buch *The Privileged Sex* ein Dorn im Auge, der moderierende Dekan störte sich am militärischen Vokabular. Dennoch ging die Veranstaltung friedlich zu Ende, gefolgt im Nachgang von kollegialen Gesprächen in angenehmer Atmosphäre. Die radikale Trierer Linke reagierte da ganz anders. Sie übte so viel Druck auf den neuen Universitätspräsidenten aus, dass dem Gastwissenschaftler schließlich das Stipendium entzogen wurde. Es blieb bei einem einzigen Vortrag.

Ich fand dies ungeheuerlich und lud van Creveld in mein Seminar ein. Um auf das absehbare Interesse vorbereitet zu sein, buchte ich das Audimax. Nun ging alles sehr schnell: Der Universitätspräsident ließ mir über einen Mittelsmann mitteilen, dass die Veranstaltung nicht stattfinden dürfe. Ich bat um eine schriftliche Anweisung, die natürlich nicht erfolgte (denn mit ihr wäre der Verstoß gegen die Lehrfreiheit dokumentiert worden). Vielmehr musste ich vor der kompletten Universitätsleitung vorstellig werden. Der Druck wurde nun noch einmal erhöht – die Juniorprofessur war ja noch nicht verlängert worden. Es wurde nicht nur die Erwartung geäußert, dass ich die geplante Sitzung des Seminars absage; die Universitätsleitung wollte mir sogar den Wortlaut eines solchen Vorgehens diktieren. Ich war geschockt und willigte am Ende konsterniert in die Absage, aber nicht in die vorformulierten Sätze ein. Die Behandlung van Crevelds durch die Universität Trier sorgte damals bundesweit für Schlagzeilen. Rückhalt für mein Vorgehen suchte ich unter den Kollegen vergebens. Mit einer Ausnahme: Einige wenige Professoren wiesen den Universitätspräsidenten darauf hin, dass sein Vorgehen gegen mich als Verstoß gegen die Lehrfreiheit gewertet werden kann.

Verletzungen der Wissenschaftsfreiheit in Haar: das Grenzbuch

2012 nahm ich dann einen Ruf an die *Hochschule des Bundes für öffentliche Verwaltung* in Haar an (seit 2019 in Berlin). Dort unterrichtete ich – vorerst bis zum Herbst 2021 – in der Abteilung Bundesnachrichtendienst des Fachbereichs Nachrichtendienste angehende Mitarbeiter der Behörde. Die Umstellung war beträchtlich. Und einige Einschränkungen sind selbst für einen Freigeist natürlich nachvollziehbar – etwa die Auflagen der Abteilung Sicherheit. Gewöhnungsbedürftig war für die Behörde zumindest am Anfang, dass Wissenschaftler publizieren. Nach einigen Anpassungsprozessen legten sich die Sorgen. Professoren müssen Vorträge und Veröffentlichungen intern anzeigen. Aber es gibt natürlich keine Pflicht zur vorherigen Genehmigung. Daher kann durchaus festgehalten werden, dass Artikel 5 Absatz 3 des Grundgesetzes auch am Fachbereich Nachrichtendienste in vielerlei Hinsicht vollumfänglich beachtet wird.

Aber eben nicht durchgehend, wie ich ab Herbst 2018 erfahren musste. Nach der Publikation des Buches *Deutschlands unsichere Grenze. Plädoyer für einen neuen Schutzwall* gab es nicht nur auf der öffentlichen, sondern auch auf der internen Ebene heftige Reaktionen. Bis heute dürften die meisten Menschen, die von der

Schrift gehört haben, bereits über den Titel falsche Rückschlüsse auf den Inhalt ziehen. Es ging nie darum, die Bundesrepublik einzumauern. Mein Vorschlag hat die Errichtung einer postmodernen Grenzanlage zum Ziel, die wie ein Filter wirkt: Jeder, der ein- oder ausreist, wird an großen Grenzübergangsstellen kontrolliert. Dies würde weder Unternehmer noch Grenzpendler, Studenten oder Touristen in ihrer gewohnten Reisefreiheit beschränken. Dagegen würden Grenzschutzmaßnahmen international gesuchte Terroristen, zur Fahndung ausgeschriebene Kriminelle, Drogen-, Waffen- und Menschenschmuggler sowie illegal Einreisewillige in ihrem Wirken erheblich beeinträchtigen. Ein Journalist war so entsetzt, dass er beim *Bundesnachrichtendienst* (BND) nachfragte, ob gegen mich ermittelt werde. Die Pressestelle des Dienstes bejahte dies, woraus dann in den Medien der »Verdacht auf Rechtsextremismus« konstruiert wurde. Die Behörde hatte dadurch nicht nur ihre Fürsorgepflicht verletzt, sondern tatkräftig mitgewirkt, mich öffentlich als Verfassungsfeind dastehen zu lassen.

Die unmittelbar spürbaren Maßnahmen waren für mich äußerst irritierend. An der professoralen Aushangwand in Haar wurde der Hinweis auf meine neue Schrift entfernt – erstmals überhaupt in meiner Laufbahn. Dann gab es eine sofortige Anweisung, dass das Grenzbuch nicht in den Bestand der Bibliothek übernommen werden dürfe (erst einige Tage später wurde dies korrigiert). Mir vertraute Personen berichteten von den folgenden intern diskutierten Maßnahmen: Entzug der Professur, Versetzung des Professors, Verbot der Betretung der Liegenschaft und anderes mehr. Ob dieser »Flurfunk« der Wahrheit entsprach, kann ich nicht beurteilen. Ganz offensichtlich waren aber verschiedene Formen der Distanzierung im Kollegenkreis – bis hin zum vereinzelten Abbruch privater Beziehungen.

Hinzu kam der Druck aus der Legislative. Die Bundestagsabgeordneten Martina Renner (*Linkspartei*) und Ulrich Grötsch (*Sozial-*

demokratische Partei Deutschlands) zeigten sich öffentlich entsetzt, dass ich angehende BND-Mitarbeiter ausbilde (»Propagandist[en] der Neuen Rechten«, »Rassismus und Verschwörungstheorien«, »durchgeknallt«). Konstantin von Notz (*Grüne*) legte im September 2018 im Bundestag nach. Die Bundesregierung musste seine Anfrage, ob ich als Hochschullehrer geeignet bin, beantworten. Er regte dienstrechtliche Maßnahmen »zum Schutz der BND-Studierenden vor Indoktrination« an. Im November 2019 war das Grenzbuch erneut Thema im Parlament. Nun zeigte sich André Hahn (*Linkspartei*) irritiert über die Professur. Alle vier Mandatsträger waren nicht in der Lage, sich sachlich mit meinen Thesen auseinanderzusetzen. Die Äußerungen deuten zudem darauf hin, dass die Dame und die Herren ausschließlich auf Medienartikel reagierten, ganz sicher aber nicht das Buch studiert hatten. Bei einigen meiner Kollegen dürften solche Einlassungen dennoch Wirkungen entfalten. Von Notz, Grötsch und Hahn waren zum damaligen Zeitpunkt Mitglieder des neun Abgeordnete umfassenden *Parlamentarischen Kontrollgremiums*, das für die Kontrolle der Nachrichtendienste zuständig ist.

Folgen hatte das Buch auch für das eigene Salär. Zu diesem gehört die jährlich zu beantragende Leistungszulage. Das Grenzbuch blieb ausdrücklich unberücksichtigt, was unter anderem damit begründet worden ist, dass es nicht die Position der Bundesregierung abdecke und auch im Widerspruch zu den Interessen des BND stehe. Das war ein klarer Verstoß gegen die Wissenschaftsfreiheit. Ich wandte mich daraufhin mit einer Beschwerde an die Leitung der Hochschule, die abgewiesen wurde. Dort teilte man die erfolgte Bewertung. Das bedeutete: Hätte ich ein Buch geschrieben, dass die Migrationspolitik von Bundeskanzlerin Angela Merkel lobt, dann hätte ich eine Leistungszulage erhalten. So werden (Fehl-)Anreize gesetzt!

Der BND hatte sich in dieser Situation entschlossen, ohne Anhörung des mutmaßlichen Delinquenten ein Gutachten in Auftrag zu geben. Es sollte klären, ob ich ein Verfassungsfeind und als Dozent tragbar bin. Der Gutachter ist nicht nur ein renommierter Professor der Rechtswissenschaften. Er hat in seinen Ausführungen auch gezeigt, von den Grundlagen der Politikwissenschaften nicht besonders viel zu verstehen. Fragen meinerseits zur Erklärung des Widerspruchs zwischen Umfrageergebnissen und Wahlverhalten ordnete er als persönliche Distanz zum Parlamentarismus ein. Vor allem stieß er sich am Volksbegriff des Grenzbuches, den er ausschließlich rechtlich definiert sehen wollte. Dass es natürlich auch eine sozialwissenschaftliche Sichtweise auf das, was ein Volk ausmacht, gibt, war ihm vermutlich nicht bekannt. Insgesamt sprach er mich zwar vom Vorwurf mangelnder Verfassungstreue frei. Dies hatten mir zuvor natürlich auch mehrere Kollegen, darunter ein ehemaliger Richter eines Landesverfassungsgerichts, bestätigt. Der BND-Gutachter konnte es sich aber dennoch nicht verkneifen, meinem Arbeitgeber eine Aufforderung zukommen zu lassen: »In jedem Fall steht die Hochschule in der Pflicht gegenüber ihren Studierenden, vom Verf[asser] gemachte Äußerungen zu beobachten, zur Diskussion zu stellen und zu kritisieren.« Ich werde also in dokumentierender Form begleitet – um es diplomatisch auszudrücken. Weiter ist im Gutachten zu lesen: »Ebenso müssen die möglichen diskriminierenden Effekte der Thesen des Verf[assers] gegenüber Studierenden mit Migrationshintergrund beobachtet und gegebenenfalls korrigiert werden.« Wie will man einen solchen Effekt messen? Was bedeutet Korrektur? Es ist befremdlich zu lesen, wie ein Professor der Rechtswissenschaften meint, vor dem Hintergrund eigener gesellschaftlicher Präferenzen einem Professor der Politikwissenschaften Einhalt gebieten zu müssen – abwegige Unterstellungen inklusive. Meine Studenten mit Migrationshintergrund scheint das nicht beeindruckt zu haben. Sie wählten mich regelmäßig als Betreuer ihrer Diplomarbeiten aus.

Verletzungen der Wissenschaftsfreiheit in Berlin: abgesagte Vorträge und das Kulturkampf-Buch

Geblieben sind die Professur, die öffentliche Beschädigung des Rufes und ein steter kritischer Blick der intern Zuständigen. Vor allem bei einer politisch sehr weit links positionierten Person stehe ich nun unter permanentem Verdacht. Sie hat zudem maßgeblich an der Einschränkung meiner Lehrfreiheit mitgewirkt. Ich hatte zuvor an den Universitäten Göttingen und Trier unterrichtet. Zur Lehre gehörte, externe Referenten einzubinden. Dabei gab es nie von Seiten der Universitätsleitung Auflagen. Selbst in Haar konnte ich noch Kollegen einladen und sogar ein Symposium mit externen Vortragenden durchführen. Nach der Publikation des Grenzbuches sollte sich dies schlagartig ändern. 2019 wollte ich mit Martin Knobbe (*Der Spiegel*) und Dieter Stein (*Junge Freiheit*) eine Podiumsdiskussion zum Thema »Medien, Nachrichten, Echoräume« durchführen. Soweit meine Studenten später in der Auswertung arbeiten, werden sie immer wieder gezwungen sein, Nachrichten kritisch zu reflektieren. Ohne Angabe substantieller Gründe wurde mir die Durchführung der Veranstaltung untersagt. Auch Veranstaltungen mit dem *Bild*-Journalisten Ralf Schuler (»Aus dem Maschinenraum der Macht. Wie Politik in der Praxis funktioniert«, 2019) und mit dem ehemaligen Präsidenten des *Bundesamtes für Verfassungsschutz* (BfV) Hans-Georg Maaßen (»Gute Nachrichten, schlechte Nachrichten. Zum professionellen Umgang mit Open Source Intelligence«, 2020) mussten abgesagt werden. Die Zuständigen änderten ihre Begründungen von Fall zu Fall. Besonders erhellend war der Vorwurf einer »extracurricularen Veranstaltung«.

Mein Anwalt konnte schließlich im Schriftverkehr mit der Hochschule herausbekommen, welche Kriterien für künftige Einladungen externer Referenten angelegt werden. Einem Schreiben vom Oktober 2021 ist zu entnehmen, dass Veranstaltungen in den Räumlichkeiten des BND dessen Sicherheitsvorgaben unterliegen; zu den entsprechenden Liegenschaften gehört auch das *Zentrum für Nachrichtendienstliche Aus- und Fortbildung* (ZNAF). Der »Austausch mit Wissenschaftlern [sei] gewünscht«, solange keine »sicherheitlichen Gründe dagegensprechen«. Allerding sei »die Einladung anderer Personen gemäß den Sicherheitsvorgaben nur in Ausnahmefällen möglich, nämlich wenn die Veranstaltung in herausragendem Maße die Erreichung der Studienziele fördern würde«. Journalisten könnten grundsätzlich nicht eingeladen werden. Im Klartext: Nicht die Professoren, sondern Verwaltungsbeamte entscheiden darüber, ob externe Referenten geeignet sind, »in herausragendem Maße die Erreichung der Studienziele [zu] fördern«. Deutlicher lässt sich eine Einschränkung der Lehrfreiheit kaum dokumentieren, denn die genannten Kriterien etablieren ohne Umschweife einen Zensurmechanismus.

Die Diskussionen um das Grenzbuch hatten Konsequenzen für die Konzipierung meiner nächsten Monographie. In *Kulturkampf um das Volk. Der Verfassungsschutz und die nationale Identität der Deutschen* von 2021 wird sehr detailliert darüber nachgedacht, was ein »Volk« ausmacht. Die zentrale These lautet, dass die Bundesregierung aus der gewachsenen deutschen Kulturnation eine multikulturelle Willensnation zu machen versucht. Dabei hilft ihr das Bundesamt für Verfassungsschutz, indem es in identitäre Diskurse jenseits des eigenen Mandats eingreift. Die Reaktionen auf das neue Buch erfolgten in zwei Wellen.

Zunächst äußerte sich ein Extremismus-Forscher des Fachbereichs Nachrichtendienste. Der Kollege Wagener habe vom Thema keine Ahnung, deute fast alles fehl und agiere wie ein Politiker. Die Vorwürfe wurden kaum konkretisiert. Ganz besonders störte er sich an einem Interview mit dem im deutschsprachigen Raum führenden Kopf der *Identitären Bewegung*, Martin Sellner. Das Gespräch sei zu wohlwollend geführt worden, es sei Sympathie mit der Gruppierung erkennbar. Wie man mit einem freundlichen »Na, Sie elender Rechtsextremist!« ein konstruktives Interview zu Papier bringen soll, ist mir allerdings schleierhaft. Zudem benötigte ich von Sellner natürlich die Zustimmung für den Abdruck. Noch weitaus verwerflicher erschien dem Kollegen, dass ich die Einschätzung des BfV zur *Identitären Bewegung* in Frage stelle. Dahinter steckt ein sachliches, kein ideologisches Motiv, denn viele öffentlich kundgetane Vorwürfe der Behörde sind in sich banal; vor allem aber weigert sich der Inlandsnachrichtendienst, gegenläufige Empirie in die Analyse einfließen zu lassen. Meine kritischen Nachfragen waren dem Kollegen Grund genug, in der Abhandlung eine »Apologie der Identitären« zu erkennen. Einer solchen Einschätzung liegt ein komplett ideologisierter Bewertungsmaßstab zugrunde, der wegen der offensichtlich absurden Argumentation natürlich auch über eine komische Note verfügt.

Weniger amüsant sind die absehbaren Folgen. Den Kollegen am Fachbereich wird signalisiert, dass sie ebenfalls damit rechnen müssen, öffentlich an den Pranger gestellt und spürbar sozial isoliert zu werden, wenn sie sich mit vom Mainstream und vor allem der Position der Bundesregierung abweichenden Themen befassen. Dieser Eindruck wurde im Oktober 2021 durch eine öffentliche Stellungnahme des Fachbereichsrats des Fachbereichs Nachrichtendienste verstärkt. In ihr distanzieren sich meine Kollegen ostentativ von dem, was ich publiziere. Natürlich hatte von ihnen niemand zuvor das Gespräch gesucht. In der Wissenschaftslandschaft dürfte es wenige vergleichbare Vorgänge geben.

Ende selbigen Monats verschärfte sich die Lage. Der BND hatte vom BfV einen Sicherheitshinweis erhalten. Er sollte zum vorläufigen Entzug des Sicherheitsbescheides führen, da ich nun plötzlich als mögliches Sicherheitsrisiko galt. Die Behörde in Köln war zu der festen Überzeugung gelangt, dass ich Bestrebungen gegen die freiheitliche demokratische Grundordnung unternehme. Zudem drohte angeblich unmittelbar der Geheimnisverrat. Wer sich solche Anschuldigungen anhört, hat zunächst das Gefühl, Teil einer Folge von »Homeland« zu sein. Aber der Verfassungsschutz meinte das tatsächlich ernst. Journalisten fanden kurz darauf heraus, dass sich die Behörde an meinem Volksbegriff stört. So musste der BND – dieses Mal von außen geradezu genötigt – erneut gegen mich ermitteln. Im Mai 2022 entzog er mir schließlich endgültig den Sicherheitsbescheid, weshalb ich nun keine BND-Liegenschaften mehr betreten und deshalb auch meine Studenten am Fachbereich Nachrichtendienste nicht unterrichten kann (die Hörsäle befinden sich im ZNAF).

Der Auslandsnachrichtendienst hatte bei dieser Entscheidung keinen Spielraum, da das BfV im konkreten Fall als Maßstabgeber gesehen wird. Und dieser argumentiert wie folgt: Das Kulturkampf-Buch enthalte einen ethnisch-abstammungsmäßigen Volksbegriff; das sei ein Verstoß gegen die Menschenwürde-Garantie; daraus ergebe sich eine Bestrebung gegen die freiheitliche demokratische Grundordnung; das wiederum nahm der BND zum Anlass, mich als Sicherheitsrisiko einzustufen. Ein terminologischer Streit führte also zum Entzug des Sicherheitsbescheides. Die Ironie der Geschichte: Im Kulturkampf-Buch lehne ich den ethnisch-abstammungsmäßigen Volksbegriff sogar ab, der Verfassungsschutz argumentiert vollständig auf der Basis von Konstruktionen und Verdächtigungen. Dass weder die *Hochschule des Bundes für öffentliche Verwaltung* noch das Bundeskanzleramt oder der BND mir jemals verfassungsfeindliche Bestrebungen vorgehalten haben, spielte für die Kölner Behörde keine Rolle.

In dunklen Zeiten gibt es aber immer auch Licht am Ende des Tunnels. Mich haben die zahlreichen positiven Zuschriften aus der Bevölkerung gefreut. Im persönlichen und beruflichen Umfeld hat sich niemand der Bewertung des Verfassungsschutzes angeschlossen. Mehrere Wissenschaftler ergriffen öffentlich Partei für mich, unter anderem im *Netzwerk Wissenschaftsfreiheit* und in »Offenen Briefen«. Unter ihnen sind vier renommierte Rechtswissenschaftler, die den im Buch verwendeten Volksbegriff für unproblematisch halten; eine verfassungsfeindliche Positionierung haben sie mir nicht vorgehalten. Und zwei Kollegen der Universität Siegen besitzen die Chuzpe, mich für den Herbst 2022 zu einem Vortrag einzuladen. Das Thema liegt auf der Hand: »Wer ist das Volk? Ein Beitrag zur Identitätsdebatte«. Während der Verfassungsschutz massiv in die Wissenschaftsfreiheit eingreift und damit einen »herrschaftsfreien Diskurs« (Jürgen Habermas) in Zuwanderungs- und Identitätsfragen stark belastet, gibt es Kollegen, die mit Sorge wahrnehmen, wie Artikel 5 Absatz 3 des Grundgesetzes von einer staatlichen Behörde ausgehöhlt wird.

Fazit

Seit 35 Jahren – von der Schulzeit bis zur Professur in Berlin – nehme ich das politische Geschehen in unserem Land zur Kenntnis. Meine Erfahrungen zeigen vor allem eines: Bestimmte Dinge sind auch in einer sich noch so demokratisch dünkenden Gesellschaft nicht änderbar. Alexis de Tocqueville deckte 1835 die »Tyrannei der Mehrheit« auf, die sich gegenwärtig in unterschiedlich intensiven Formen der sozialen Ausgrenzung von jenen äußert, die in ihren wissenschaftlichen Arbeiten vom Mainstream abweichen. John Stuart Mill erkannte 1859, wie leicht sich individuelle Freiheiten praktisch einschränken lassen, wenn der Staat und die öffentliche Meinung bei einem bestimmten Sachthema Diskurse verengen. Er sprach von »soziale[r] Tyrannei« und davon, dass »die Seele selbst versklavt« werde. Hans Kelsen brachte 1929 treffend auf den Punkt, was doch eigentlich Konsens unter aufgeklärten

Wissenschaftlern jeglicher politischer Couleur sein sollte: »Wer absolute Wahrheit und absolute Werte menschlicher Erkenntnis für verschlossen hält, muss nicht nur die eigene, muss auch die fremde, gegenteilige Meinung zumindest für möglich halten. Darum ist der Relativismus die Weltanschauung, die der demokratische Gedanke voraussetzt.« Mir sind persönlich einige Professoren bekannt, denen eine solche Auffassung fremd ist.

Was folgt aus alledem für die persönliche Haltung? Diese Frage lässt sich nicht in allgemeiner Form beantworten. Wer als Alleinverdiener Frau und Kinder zu schützen hat, wird in seinem wissenschaftlichen Wirken vielleicht eher zur Vorsicht neigen. Dies gilt auch für jene, die noch auf eine Professur oder einen entfristeten Vertrag hoffen. Und selbst wenn das erreicht ist, wird viele Kollegen die Sorge vor sozialer Isolierung umtreiben. Es sind solche Umstände, die aufzeigen, dass eine normativ angelegte Wissenschaftsfreiheit in der Praxis immer wieder an Grenzen stößt. Dass dies keine Verschwörungstheorie ist, konnte einer im November 2021 publizierten Umfrage entnommen werden. Unter Hochschullehrern ist zu 40 Prozent die Auffassung vertreten, in der »Lehre durch formelle oder informelle Vorgaben zur Political Correctness stark oder etwas eingeschränkt« zu werden. Die meisten Kollegen verzweifeln dabei nicht an Störaktionen von Studenten oder untersagten Veranstaltungen. So etwas kommt vor, ist aber nicht dominant. Viel wirkmächtiger ist die Entstehung eines gesellschaftlichen Klimas, das in der Praxis bei zahlreichen Forschern zur freiwilligen Selbstbeschränkung der eigenen inhaltlichen Neigungen geführt hat. Es braucht in Deutschland heute keine formal zuständige Zensurbehörde, um die Wissenschaftsfreiheit einzuschränken. Das erledigen eingeschüchterte Kollegen von selbst.

Standhaft zu bleiben, dürfte vor allem jenen leichter fallen, die im Status des Lebenszeitbeamten aus Überzeugung handeln, die also auf der umfassenden Geltungskraft von Artikel 5 Absatz 3 des Grundgesetzes beharren und vor dem Hintergrund ihres eigenen akademischen Gewissens auch beharren müssen. Ein paar Stahlbäder ab der Schulzeit schaden zudem nicht, um die notwendige innere Härte aufzubauen, Repliken unterhalb der Gürtellinie auszuhalten. In meinem Fall gehört dazu auch der Umgang mit einem gehörigen Maß an Unsicherheit. Auf der Sachebene werden Vorwürfe wie jene des BfV immer scheitern. Nichtsdestotrotz ist grundsätzlich vieles denkbar, wie dies mehrere unverhältnismäßige und willkürliche Entscheidungen zuständiger Stellen seit 2018 gezeigt haben.

Für die persönliche Haltung dürfen solche Erfahrungen nicht maßgeblich sein. Eine Fähigkeit des Wissenschaftlers ist daher ganz besonders wichtig: die Bereitschaft, Unrecht nicht spiegeln zu wollen. Es ist recht einfach, auf Benachteiligungen und unfaire Vorhaltungen von Kollegen mit einer persönlichen Radikalisierung zu reagieren. Weiser ist es, dem zu widerstehen. Denn die wissenschaftliche Hand muss auch gegenüber jenen ausgestreckt bleiben, die sich gegenwärtig an Diskursverengungen beteiligen. Wer Toleranz einfordert, darf nicht das Spiel der Gegenseite betreiben.

Verletzung der Wissenschaftsfreiheit durch Ausschluss aus der Wissenschaft

ALEXANDER ULFIG

Die Wissenschaftsfreiheit wird in Deutschland verletzt. Wissenschaftler, die sich kritisch zu bestimmten Themen äußern, werden aus akademisch-wissenschaftlichen Projekten und Debatten zu diesen Themen ausgeschlossen. Dabei können unterschiedliche Ausschlussstrategien und -mechanismen festgestellt werden. Diese Exklusion stellt eine Verletzung der Wissenschaftsfreiheit dar, denn Wissenschaftsfreiheit bedeutet, dass auch kritische Positionen gehört und in den Forschungsprozess einbezogen werden.

Ich werde im ersten Schritt schildern, wie Immanuel Kant, einer der wichtigsten Repräsentanten der europäischen Aufklärung, das Recht auf Meinungsfreiheit fasst. Dieses Recht fand Eingang in die im Gefolge der europäischen Aufklärung formulierten Verfassungen von Nationalstaaten und die Menschenrechtserklärungen, im 20. Jahrhundert unter anderem in das Grundgesetz der Bundesrepublik Deutschland. Das Recht auf Wissenschaftsfreiheit, das ebenfalls im Grundgesetz verankert wurde, ist ein Sonderfall des Rechts auf Meinungsfreiheit. Es bezieht sich auf die wissenschaftliche Forschung und Lehre.

Im Hauptteil des Beitrags werde ich den Ausschluss von Wissenschaftlern aus der akademischen Wissenschaftsgemeinschaft anhand des Forschungsprojekts *Reverse* darstellen. Dieses Projekt richtet sich gegen Feminismus- und Gender-Kritiker. Anhand des Umgangs mit ihnen werde ich die unterschiedlichen Ausschlussstrategien und -mechanismen analysieren. Von besonderer Wichtigkeit ist dabei die Strategie, kritische Wissenschaftler in die politisch rechte Ecke zu stellen und sie dadurch zu diskreditieren.

Abschließend möchte ich zeigen, dass diejenigen, die die kritischen Wissenschaftler aus der Wissenschaft ausschließen möchten, dieselbe von vornherein und durchgehend politisieren. Sie instrumentalisieren die Wissenschaft für eine bestimmte politische Agenda.

Wissenschaftsfreiheit im Gefolge der Aufklärung

Die Diskussion um die Meinungsfreiheit gewinnt in der europäischen Aufklärung des 18. Jahrhunderts einen zentralen Stellenwert. Meinungsfreiheit wird als das Recht, die eigene Meinung ungehindert und öffentlich zu äußern, aufgefasst. Dieses Recht wird als allgemeines Menschenrecht verstanden. Darüber hinaus wird der Begriff der Meinungsfreiheit in der Aufklärung dezidiert politisch verwendet, was ihn wesentlich von den Freiheitsbegriffen früherer Epochen unterscheidet.

Immanuel Kant, der Hauptvertreter der Aufklärung in Deutschland, benutzt nicht den Begriff der Meinungsfreiheit, sondern den der »Freiheit der Feder«. Sie ist das »Palladium der Volksrechte«, also etwas Heiligzuhaltendes, ein unantastbares Gut (Kant 1968a, 304).

Von besonderer Wichtigkeit ist für Kant der *öffentliche* Gebrauch der Vernunft. In seiner programmatischen Schrift »Beantwortung der Frage: Was ist Aufklärung?« schreibt er:

»Der *öffentliche* Gebrauch seiner Vernunft muß jederzeit frei sein, und der allein kann Aufklärung unter Menschen zu Stande bringen … Ich verstehe aber unter dem öffentlichen Gebrauche seiner eigenen Vernunft denjenigen, den jemand *als Gelehrter* von ihr vor dem ganzen Publikum der *Leserwelt* macht.« (Kant 1968b, 37)

Der Gelehrte muss das Recht haben, die Ergebnisse seines Nachdenkens dem breiten Publikum mitzuteilen. Zwar fasst Kant den Begriff des Gelehrten sehr weit, doch hauptsächlich meint er damit Personen, die wir heute als Forscher und Wissenschaftler bezeichnen würden.

»Die Freyheit der Mittheilung seiner Gedancken, Urtheile, Kenntniße aber ist gewiß das einzige sichereste Mittel seine Kenntniße recht zu prüfen, und zu verificiren, und wer *diese* Freyheit wegnimmt, der … nimmt *eben* dadurch den Menschen das eine wahre Mittel, das sie noch besitzen, weg, den öfteren Betrug ihres eigenen Verstandes und deßen Fehltritte jemals aufzudecken, gewahr zu werden, und zu verbeßeren.« (Kant 1966, 150)

Die Meinungsfreiheit im Sinne der Publikationsfreiheit ist somit ein notwendiges Instrument der *Wahrheitsfindung*. Nur wenn wir Meinungen einer öffentlichen Prüfung unterziehen, können wahre von falschen Aussagen unterschieden werden, kann Wahrheitsfindung überhaupt stattfinden. Das wiederum ist eine Bedingung für Fortschritt, an den in der Aufklärung noch geglaubt wurde. Ein freier Diskurs, in dem die Wahrheit von Erkenntnissen festgestellt wird, ist die Grundlage für eine Weiterentwicklung der Menschheit.

Werden hingegen bestimmte Meinungen beziehungsweise Personen oder Personengruppen, die bestimmte Meinungen vertreten, aus dem Diskurs ausgeschlossen, zum Beispiel durch Zensur, so kann keine Wahrheitsfindung stattfinden und kein Fortschritt eintreten. Die Folgen sind Konservierung des Irrtums,

Realitätsverlust und kulturelle, wissenschaftlich sowie gesellschaftliche Stagnation.

Das Recht auf freie Meinungsäußerung, bei Kant in erster Linie das Recht auf freies Publizieren, kann als ein Abwehrrecht gegenüber dem Staat aufgefasst werden. Es soll den Einzelnen vor staatlichen Freiheitseinschränkungen wie der Zensur und der Verfolgung durch staatliche Organe schützen (Niesen 2005, 134f.).

Das in der europäischen Aufklärung postulierte Recht auf Meinungsfreiheit wurde in den Menschenrechtserklärungen, den Verfassungen der Nationalstaaten und den Rechtskonventionen hypernationaler Gemeinschaften (zum Beispiel der Europäischen Union) festgeschrieben. Beispielsweise heißt es im Artikel 11 der Französischen Verfassung von 1791:

»Die freie Mitteilung der Gedanken und Meinungen ist eines der kostbarsten Menschenrechte. Jeder Bürger kann also frei schreiben, reden und drucken unter Vorbehalt der Verantwortlichkeit für den Mißbrauch dieser Freiheit in den durch das Gesetz bestimmten Fällen.« (Franz 1975, 307)

Im deutschen Grundgesetz ist es der Artikel 5 (1), der die Meinungsfreiheit gewährleistet:

»Jeder hat das Recht, seine Meinung in Wort, Schrift und Bild frei zu äußern und zu verbreiten und sich aus allgemein zugänglichen Quellen zu unterrichten. Die Pressefreiheit und die Freiheit der Berichterstattung durch Rundfunk und Film werden gewährleistet. Eine Zensur findet nicht statt.« (Gesetze im Internet 2021)

Die Meinungsfreiheit, das freie Äußern und Konkurrieren von Meinungen, wird als eine wesentliche Voraussetzung für das Funktionieren einer demokratischen Gesellschaft betrachtet. Dabei wird angenommen, dass für eine Demokratie nicht Harmonie, sondern Streit, Widerspruch und Konflikt konstitutiv sind. Sie soll sich durch Meinungsvielfalt, Pluralismus und nicht durch eine Einheitsmeinung auszeichnen. Die Meinungsfreiheit ist ferner eine Voraussetzung für Wahrheitsfindung und Fortschritt.

Artikel 5 (3) sichert die Freiheit der Kunst und der Wissenschaft. Er lautet: »Kunst und Wissenschaft, Forschung und Lehre sind frei.« (Gesetze im Internet 2021)

Laut Bundesverfassungsgericht zählt zur Wissenschaft alles, »was nach Inhalt und Form als ernsthafter, planmäßiger Versuch zur Ermittlung der Wahrheit anzusehen ist«. Ein wissenschaftliches Tun unterliegt nicht dem genannten Artikel, wenn es »nicht auf Wahrheitserkenntnis gerichtet ist, sondern vorgefassten Meinungen oder Ergebnissen lediglich den Anschein wissenschaftlicher Gewinnung oder Nachweisbarkeit verleiht«. (Miechielsen 2013, 30)

Von besonderer Wichtigkeit ist, dass hier nicht eine bestimmte Auffassung von Wahrheit oder Wissenschaft präferiert wird, sondern allgemeine Voraussetzungen der wissenschaftlichen Arbeit und Kommunikation genannt werden. Zu diesen Voraussetzungen gehören wesentlich die methodisch begründete Kritik an in der Wissenschaft herrschenden Meinungen und die Auseinandersetzung mit zu den herrschenden Meinungen im Widerspruch oder in kritischem Verhältnis stehenden Meinungen. Vom Bundesverfassungsgericht werden wissenschaftliche Organisationen ausdrücklich dazu verpflichtet, verschiedene Lehrmeinungen zuzulassen (Miechielsen 2013, 31f.).

Die Wissenschaftsfreiheit stellt ein individuelles Abwehrrecht dar. Es gewährt dem einzelnen Wissenschaftler einen Freiraum, innerhalb dessen die wissenschaftliche Arbeit in Forschung und Lehre sowie die Verbreitung wissenschaftlicher Inhalte geschützt sind. Es handelt sich um ein Abwehrrecht gegenüber öffentlichen, insbesondere staatlichen Einwirkungen in den wissenschaftlichen Forschungsprozess. Das Bundesverfassungsgericht spricht von »absoluter Freiheit von jeder Ingerenz öffentlicher

Gewalt« (Miechielsen 2013, 35). Politik und Staat dürfen sich nicht in die Belange der Wissenschaft einmischen, weder in die Theoriebildung noch in die Forschungspraxis noch in die Auswertung der Forschungsergebnisse. Das soll in Deutschland gewährleistet werden, und zwar trotz des Umstands, dass Wissenschaft fast ausschließlich von öffentlicher Hand finanziert wird.

Ausschluss von Wissenschaftlern aus der Wissenschaft – demonstriert anhand des Forschungsprojekts *Reverse*

Seit geraumer Zeit wird die Wissenschaftsfreiheit in Deutschland verletzt, wenn es um bestimmte Themenbereiche geht. Wissenschaftler, die diesbezüglich kritische Positionen vertreten, werden aus der Wissenschaft, genauer: wissenschaftlichen Projekten und Debatten zu diesen Themen, ausgeschlossen. Es handelt sich hauptsächlich um Kritik am Feminismus und an den Gender Studies, an der herrschenden Vorstellung vom Klimawandel, an der gegenwärtigen Migrationspolitik und an den Maßnahmen zur Eindämmung der Corona-Pandemie.

In der Soziologie wird der Ausschluss von Personen oder Personengruppen aus bestimmten gesellschaftlichen Bereichen als *Exklusion* bezeichnet. Meist wird dieser Begriff im ökonomischen Sinne verwendet. Er meint den Ausschluss von Personen oder Personengruppen aus ökonomisch relevanten Bereichen. In der Regel sind als Ausgeschlossene Menschen aus der Unterschicht gemeint, die bestimmte ökonomische Ressourcen nicht in Anspruch nehmen können (Castel 2008, 69ff.).

In dem von mir hier untersuchten Zusammenhang kann man von Exklusion in einem nicht ökonomischen Sinne sprechen: Exklusion meint hier den Ausschluss aus der wissenschaftlichen Kommunikation, präziser: aus wissenschaftlichen Projekten und Debatten, die an Hochschulen beziehungsweise im akademischen Rahmen stattfinden.[43] Dieser Ausschluss stellt eine Verletzung der Wissenschaftsfreiheit dar, denn Wissenschaftsfreiheit heißt, auch kritische Positionen in den Forschungsprozess einzubeziehen.

Betrachten wir die Gender-Debatte, das heißt die akademische, an den Hochschulen stattfindende Debatte zu dem Themenbereich Feminismus, Gender Studies und Politik des Gender-Mainstreamings. Wissenschaftler, die eine kritische Meinung zu diesem Themenbereich haben, werden aus dieser Debatte ausgeschlossen. Sie werden dazu nicht eingeladen, in den einschlägigen akademischen Publikationen (zum Beispiel Sammelbänden) zu dem genannten Themenkomplex Beiträge zu veröffentlichen, sie werden nicht zu entsprechenden Tagungen und Kongressen eingeladen und sie haben mit ihren kritischen Positionen keine Chance, in den Fachzeitschriften, die es zu diesem Themenkomplex gibt, ihre Artikel unterzubringen.

Man setzt sich mit ihren Argumenten nicht auseinander. Stattdessen werden sie persönlich angegriffen, in eine bestimmte politische Ecke gestellt, stigmatisiert und diffamiert. All das soll ihrem Ausschluss aus der akademischen Debatte zu Gender dienen. Ich möchte die Ausschlussstrategien und -mechanismen anhand der

---

43 Mir ist bewusst, dass man Wissenschaft auch außerhalb von Hochschulen betreiben kann. Doch die Verletzung der Wissenschaftsfreiheit betrifft den Hochschulbereich mit allen dazugehörenden Organisationen (Hochschulen, an die Hochschulen angegliederte Institute, wissenschaftliche Gesellschaften, wissenschaftliche Publikationsorgane und so weiter). In Deutschland wird der Hochschulbereich fast ausschließlich vom Staat finanziert. Wissenschaftliche Projekte können daher nur mit finanzieller Unterstützung des Staates durchgeführt werden. Das ist für den hier untersuchten Vorgang des Ausschlusses aus der Wissenschaft und somit der Verletzung der Wissenschaftsfreiheit von nicht zu unterschätzender Bedeutung. Wissenschaftler, die sich zu bestimmten Themen kritisch äußern, werden aus akademisch-wissenschaftlichen Projekten und Debatten zu diesen Themen ausgeschlossen. Darüber hinaus können sie ihre eigenen Forschungsvorhaben zu diesen Themen mangels Finanzierung nicht realisieren.

Forschungsergebnisse des Projekts »Krise der Geschlechterverhältnisse? Anti-Feminismus als Krisenphänomen mit gesellschaftsspaltendem Potenzial (REVERSE)« demonstrieren. (Im Folgenden werde ich das Projekt mit dem Kürzel »Reverse« bezeichnen.)

Das Forschungsprojekt wurde von 2017 bis 2019 am *Zentrum für Gender Studies und feministische Zukunftsforschung* der Universität Marburg durchgeführt. Es wurde vom *Bundesministerium für Bildung und Forschung* (BMBF) und vom *Hessischen Ministerium für Wissenschaft und Kunst* (HMWK) gefördert. Projektleiterin war Annette Henninger.

»Reverse« bedeutet auf Deutsch »umkehren«, »rückgängig machen«, »rückwärtsgewandt«. Damit wird bereits mit dem Titel des Projekts suggeriert, dass Feminismus-Kritiker rückwärtsgewandt und gegen Emanzipation seien und das Rad der Geschichte zurückdrehen wollten. Sie seien ferner nicht auf dem neuesten Stand der gesellschaftlichen Entwicklung, huldigten veralteten Geschlechterrollen und veralteten wissenschaftlichen Theorien. Warum sollte man sich mit ihnen auf Augenhöhe auseinandersetzen? Warum sollte man sie gleichberechtigt in die Gender-Debatte einbeziehen?

Die Forschungsergebnisse von *Reverse* sind in zwei Sammelbänden dokumentiert: erstens in dem von Marion Näser-Lather et al. 2019 herausgegebenen Sammelband *Backlash?! Antifeminismus in Wissenschaft, Politik und Gesellschaft* und zweitens in dem von Annette Henninger et al. 2020 herausgegebenen Sammelband *Antifeminismen. ›Krisen‹-Diskurse mit gesellschaftlichem Potential?*

Schon die Tatsache, dass keiner der in den beiden Sammelbänden behandelten Feminismus-Kritiker mit einem eigenen Beitrag vertreten ist und man sie offensichtlich dazu gar nicht eingeladen hat, Beiträge für die genannten Sammelbände zu schreiben,[44] spricht dafür,

44 Weder ich selbst noch andere mir bekannte und in den beiden Sammelbänden behandelte Feminismus-Kritiker wurden dazu eingeladen.

dass man an einem Gedankenaustausch und einer Debatte mit ihnen gar nicht interessiert ist. Man spricht nicht *mit* Feminismus-Kritikern, sondern nur *über* sie. Bezeichnend ist auch, dass in beiden Sammelbänden kein Unterschied zwischen *Antifeminismus* und *Feminismuskritik* gemacht wird. Feminismus-Kritiker sind nach dieser Vorstellung per se Antifeministen. Und es kann demnach keine berechtigte oder begründete Feminismuskritik geben.

Der Begriff »Antifeminismus« wird in dem ersten Sammelband auf folgende Weise »definiert«: »Die von uns untersuchten Diskurse und Bestrebungen können insofern als antifeministisch begriffen werden, als sie sich antiemanzipatorisch gegen Liberalisierungs- und Entnormierungsprozesse von Geschlechterverhältnissen richten.« (Näser-Lather et al. 2019, 9) Der Antifeminismus wird als eine »Gegenbewegung« zum Feminismus, genauer: zu Liberalisierungs- und Entnormierungsprozessen von Geschlechterverhältnissen und zur »Demokratisierung von (androzentrischen) Macht- und Herrschaftsverhältnissen«, aufgefasst. Dem Antifeminismus gehe es darüber hinaus »um die Aufrechterhaltung heteronormativer Herrschaftsverhältnisse« (Henninger 2020, 15).

Damit wird wissenschaftliche Feminismuskritik von vornherein in einen politischen Kontext gestellt. Den Feminismus-Kritikern wird generell unterstellt, dass sie sich gegen Emanzipation, Geschlechtergleichheit, Demokratie und Liberalisierung (Vielfalt) wenden, das heißt gegen gesellschaftspolitische Bestrebungen, die für die Mehrheit der Gesellschaft als positiv und erstrebenswert gelten. Auch aus diesem Grund sollten nach dieser Auffassung die Feminismus-Kritiker aus dem (wissenschaftlichen) Diskurs über den Feminismus ausgeschlossen werden, nach dem Motto: Wer redet schon mit den Feinden der Emanzipation, der Geschlechtergleichheit, der Demokratie und der Vielfalt!

In dem Covertext des Sammelbandes *Antifeminismen* heißt es: »Hinter dem aktuellen Antifeminismus steht eine kleine, aber intensiv vernetzte Gruppe von Akteur*innen, die strategisch um Deutungshoheit kämpft. Ihr Einfluss jenseits des rechten und christlich-fundamentalistischen Spektrums ist jedoch gering – und Gegenmobilisierungen sind durchaus erfolgreich.«

Der Zweck der Wissenschaft besteht für Annette Henninger und ihre Mitarbeiter offensichtlich in Mobilisierungen und Gegenmobilisierungen. In ihrer Vorstellung von Wissenschaft geht es demnach nicht um bessere Argumente, also darum, Argumente mittels anderer Argumente (Gegenargumente) zu widerlegen. Vielmehr soll Wissenschaft im Dienste von politischen Kampagnen (Mobilisierungen und Gegenmobilisierungen) stehen, ja sie soll selbst wie eine politische Kampagne, eine politische Agenda funktionieren. Wissenschaft als politische Kampagne möchte »Wirksamkeit«, »Deutungshoheit« und »gesellschaftliche Hegemonie«, das heißt Macht erzielen (Henninger 2020, 16). Die Politisierung der Wissenschaft wird in den Texten der beiden Sammelbände immer wieder ausdrücklich bejaht.

Diese Politisierung ermöglicht und fördert den Ausschluss von Wissenschaftlern aus akademisch-wissenschaftlichen Debatten. Man kann sie dadurch in eine bestimmte politische Ecke drängen, in eine Ecke, die vom herrschenden gesellschaftlichen Mainstream und von den von ihm beeinflussten Teilen der Gesellschaft als verdächtig, rückwärtsgewandt und verachtenswert angesehen wird. In einer wissenschaftlichen Debatte, die sich politischen Einflussnahmen enthielte, wäre eine solche Stigmatisierung nicht möglich. Statt Feminismus-Kritiker auszuschließen, würde man sie zu einer solchen Debatte einladen.

Eine besondere Rolle in den beiden Sammelbänden spielen die Artikel von Marion Näser-Lather. Sie hat den Anspruch, sich *wissenschaftlich* mit den Wissenschaftlern unter den Feminismus-Kritikern, präziser: Kritikern der Gender Studies, auseinanderzusetzen. Ihre eigene wissenschaftliche Methode bezeichnet sie als

»Diskursanalyse« (auch »kritische Diskursanalyse« genannt) (Näser-Lather 2020, 110). Diese Methode geht auf Überlegungen des Postmodernisten Michel Foucault zurück. Nach Foucault sind Diskurse keine rein sprachlichen Gebilde, sondern haben einen Einfluss auf die Realität: Sie *konstruieren* die Realität. Diskurse haben eine performative Funktion, das heißt, man *tut* etwas mit ihnen, man vollzieht mit ihnen Handlungen.

Diskurse bestimmen nach dieser Vorstellung die gesellschaftlich-politische Realität. Und da die gesellschaftlich-politische Realität durch Macht, genauer: Machtkämpfe, bestimmt ist, sind Diskurse Instrumente, mit denen Machtkämpfe durchgeführt und Machtverhältnisse etabliert werden (Foucault 1973, 74).

Die kritische Diskursanalyse schließt sich den Vorstellungen Foucaults an. Ihr Gegenstand sind Machtkämpfe und -verhältnisse. Doch der kritische Diskursanalytiker soll nicht bei einer Beschreibung von gesellschaftlich-politischen Sachverhalten stehen bleiben, sondern normativ, also wertend, zu den Sachverhalten Stellung beziehen. Er soll »Teilnehmer am Diskurs« werden, das heißt sich mit Bewertungen und Forderungen in die politische Praxis einmischen (Niehr 2014, 53). Die kritische Diskursanalyse macht wissenschaftliche Forschung von vornherein und durchgehend zum Ort von sozialen und politischen Kämpfen.

Kommen wir zu der Frage, ob es sich bei der kritischen Diskursanalyse um eine wissenschaftliche Methode handelt. Selbst einer ihrer Hauptvertreter, der Soziologe Reiner Keller bestreitet es: »Diskursanalyse formuliert zuallererst einen breiten Gegenstandsbereich, ein Untersuchungsprogramm, keine Methode.« (Keller 1997, 325)

Der Sprachwissenschaftler Thomas Niehr, Autor eines Standardwerkes zur Diskursanalyse, macht ebenfalls auf methodologische Mängel der kritischen Diskursanalyse und auf ihre Verschränkung mit der Politik aufmerksam. Die kritische Diskursanalyse setzt sich zum Beispiel gegen Nationalismus, Rassismus, Sexismus und so weiter ein, scheint dabei aber »a priori wissen zu müssen, was Nationalismus, Rassismus und Sexismus denn ›eigentlich‹ sei. Dies aber setzt eine privilegierte Sicht auf ›Wirklichkeit‹ voraus, die mit dem zitierten Anspruch (›dass keiner die Wahrheit gepachtet hat‹, A.U.) kaum vereinbar scheint.« (Niehr 2014, 55)

Das bedeutet, dass die kritische Diskursanalyse nicht daran interessiert ist, Hypothesen aufzustellen, die gegebenenfalls widerlegt werden könnten. Sie weiß ja von vornherein, was richtig und falsch ist. Sie betrachtet die wissenschaftliche Arbeit nicht als einen offenen Forschungsprozess, in dem Annahmen sich als falsch erweisen können, sondern als ein Instrument zur Durchsetzung von politischen Interessen. Somit erfüllt sie nicht fundamentale methodologische Anforderungen.

Näser-Lather, die in ihren beiden Artikeln über die Gender-Kritiker den Anspruch erhebt, wissenschaftlich, das heißt auch methodisch vorzugehen, folgt den Richtlinien der kritischen Diskursanalyse. Es geht ihr in erster Linie darum, die »Wirkmächtigkeit« der Gender-Kritiker aufzuzeigen, herauszufinden, ob es sich bei ihren Positionen um »marginale Standpunkte« oder »hegemoniale Diskurse« handelt und ob sie diskursive »Deutungsmacht« erlangen können (Näser-Lather 2020, 110ff.).

Dem entspricht es, dass sie sich mit den Argumenten der einzelnen Gender-Kritiker nicht eigens auseinandersetzt, sondern bloß allgemeine »Diskursstränge« aufzeichnet (Näser-Lather 2019, 106ff.). Auf diese Weise vermeidet sie eine adäquate wissenschaftliche Auseinandersetzung mit den Gender-Kritikern. Ohnehin ist es nicht ihr Hauptanliegen, die von ihnen formulierten Argumente zu widerlegen. Vielmehr richtet sich – wie oben bereits erwähnt wurde – ihr Hauptinteresse darauf, ihre »Wirkmächtigkeit« zu ermitteln. Sie möchte zeigen, *wo* die Gender-Kritiker publizieren und *von wem* und *wie oft* sie zitiert werden. In ihren eigenen Worten:

»In welchen wissenschaftlichen wie nichtwissenschaftlichen (Teil-)Öffentlichkeiten wirken sie aktiv – durch ihre Publikationstätigkeit – beziehungsweise passiv – durch ihre Rezeption – hinein?« Und: »Welche Implikationen und Auswirkungen haben ihre Interventionen?« (Näser-Lather 2020, 106)

Dabei stehen die Ergebnisse ihrer Ermittlungen schon von vornherein fest und werden in den beiden Artikeln gebetsmühlenartig wiederholt: Es sind »rechte«, »rechtskonservative« und »fundamental-christliche« Medien, in denen die Gender-Kritiker publizieren. Und sie werden von solchen Medien auch zitiert (Näser-Lather 2019, 116, Näser-Lather 2020, 121).

Der Untermauerung ihrer Ermittlungen dienen zahlreiche Tabellen, in denen sie genau festhält, in welchen Medien und wie oft Gender-Kritiker publizieren sowie in welchen Medien und wie oft sie zitiert werden (Näser-Lather 2020, 122f.). Sie hebt hervor: »Als vermeintliche Expert_innen für Gender-Thematiken wirken sie vor allem in spezifische Teilöffentlichkeiten hinein, speziell in konservative und rechte sowie christlich-fundamentalistische Kreise, von denen sie häufig zum Themenfeld ›Gender‹ zitiert und befragt werden.« (Näser-Lather 2020, 121)

Und weiter heißt es: »Manche der Wissenschaftler_innen unterhalten auch eigene Internetseiten, die sich teilweise ins rechtskonservative beziehungsweise rechte Spektrum einordnen lassen und von diesem rezipiert werden.« (Näser-Lather 2020, 122) Die Argumentationen der Gender-Kritiker wirken als »symbolischer Kitt«, »der rechte, konservative, ultrareligiöse Bewegungen und Gruppierungen vereint.« (Näser-Lather 2020, 128)

Dabei scheint sie »a priori« zu wissen, was »rechts« bedeute, welche Medien als »rechts« einzuordnen seien und dass »rechts« schlecht und verwerflich sei. Der Begriff »rechts« wird von ihr gar nicht definiert. Doch seine Definition wäre angebracht, denn seine Extension hat sich in den letzten Jahrzehnten stark verschoben beziehungsweise ausgeweitet. Anders gewendet: Auch dieser Begriff unterliegt wie andere (politische) Begriffe Wandlungen. Das sollte eine Vertreterin der kritischen Diskursanalyse, in der es ausdrücklich um die Historizität und Kontextualität von Begriffen, Konzepten und Theorien geht, eigentlich wissen. Beispielsweise würde man heute die Migrationspolitik der DDR und anderer sozialistischer Staaten des ehemaligen Ostblocks als »rechts«, ja »rechtsextrem« bezeichnen. Sie bestand darin, Menschen aus Kriegsgebieten (zum Beispiel Vietnam, Angola und Mosambik) bei sich, also in die sozialistischen Länder aufzunehmen, sie auszubilden, sie aber nach ihrer Ausbildung so schnell wie möglich in ihre Herkunftsländer zurückzuschicken, damit sie helfen konnten, in diesen Ländern Frieden zu schaffen und sie aufzubauen. Wohlgemerkt waren es Kommunisten, also Linke, ja Linksextreme, erklärte Antifaschisten und Internationalisten, die diese Politik betrieben.

Weitere Wandlungen des Begriffs »rechts« ließen sich ohne Weiteres angeben. Übrigens unterlag auch der Begriff »links« zahlreichen Wandlungen. So galt für die traditionelle marxistische Linke der Einsatz für die Rechte von Homosexuellen nicht als links. Es ist die Aufgabe eines Projekts, das sich als »wissenschaftlich« bezeichnet und in dem der Begriff »rechts« ständig verwendet wird, diesen Begriff zu definieren.

In Deutschland wird der Begriff »rechts« aufgrund der Erfahrungen mit der Diktatur des Nationalsozialismus negativ konnotiert. Die Nationalsozialisten werden als »rechts« und »rechtsextrem« bezeichnet. Es gibt in Deutschland die Strategie, politische Gegner, aber auch generell Andersdenkende und Kritiker bestimmter herrschender Meinungen als »rechts«, »rechtsextrem« oder »Nazi« zu bezeichnen, um sie zu diskreditieren und somit aus bestimmten Debatten auszuschließen.

Dieser Strategie folgt Näser-Lather. Die Zuschreibung »Gender-Kritiker sind rechts«, weil sie in als »rechts« eingestuften Medien publizieren und von diesen Medien zitiert werden, dient dazu, sie in die politisch rechte Ecke zu stellen, sie somit zu diskreditieren und aus den akademisch-wissenschaftlichen Debatten zu Gender auszuschließen. Sie dient auch dazu, sich mit ihnen inhaltlich nicht auseinandersetzen zu müssen, denn sie könnten ja mit ihrer Kritik recht haben. Kurz: Mit »Rechten« setzt man sich inhaltlich nicht auseinander. Man denunziert und diffamiert sie lieber.

Diese Ausschlussstrategie wird in der Wissenschaft jedoch nicht nur auf die Gender-Kritiker, sondern auch auf Kritiker anderer Auffassungen angewandt, zum Beispiel auf Kritiker der herrschenden Auffassung vom Klimawandel, der herrschenden Migrationspolitik und der Lockdown-Maßnahmen der Regierenden (siehe die Beiträge in diesem Sammelband). Sie ist nach meinen Beobachtungen die häufigste und auch die erfolgreichste Ausschlussstrategie. Sie ist somit das wichtigste Instrument zur Einschränkung der Wissenschaftsfreiheit.

Eine weitere Ausschlussstrategie beziehungsweise ein weiterer Ausschlussmechanismus besteht darin, bezüglich der Gender-Kritiker *Ad-Personam-Argumente* zu verwenden. Man setzt sich dabei nicht mit den wissenschaftlichen Positionen des Forschers auseinander, sondern stellt Überlegungen über seine Person an, zum Beispiel über Motive, Parteizugehörigkeit, Wahlverhalten, Kontakte, Vernetzung oder sexuelle Orientierung.[45]

Der Zweck dieser Strategie ist es, erstens sich einer argumentativen Auseinandersetzung mit dem Forscher zu entziehen, zweitens ihn als Person bloßzustellen, schlecht zu machen, zu diskreditieren. Das Zweite soll wiederum ein schlechtes Licht auf seine

45 Die Untersuchung dessen, *wo* ein Forscher publiziert, kann als eine Art Ad-Personam-Untersuchung betrachtet werden, denn es geht ihr nicht um wissenschaftliche Argumente des Forschers. Vielmehr soll sie einen Beitrag zu seiner (politischen) Charakteristik liefern. Auch die Strategie »jemanden in die rechte Ecke stellen« kann als eine Ad-Personam-Strategie interpretiert werden.

Tätigkeit als Wissenschaftler werfen: Ist er als Person diskreditiert, kann er als Wissenschaftler nicht ernst genommen werden.

Näser-Lather stellt Leitfragen, die ihrer Untersuchung zugrunde liegen. An erster Stelle steht dabei die folgende Frage: »Wer sind die Akteur_innen im Felde der akademischen Positionierungen gegen Gender Studies?« (Näser-Lather 2020, 106)

Besonders interessiert ist sie an der »Motivation« der wissenschaftlichen Gender-Kritiker, obgleich sie wenig Informationen dazu erhalten hat (Näser-Lather 2020, 110f.). Deshalb denkt sie sich unterschiedliche persönliche Motive für die Gender-Kritiker aus:

»Die Gender Studies stellen mit ihren kontraintuitiven Annahmen und Ergebnissen traditionelle Normen und die Zweigeschlechtlichkeit in Frage; dies betrifft die je eigene Identität unmittelbar. Daher bieten sich die Gender Studies besonders gut als Feld für die Austragung von Debatten an, die ... aus der Verunsicherung angesichts gesellschaftlicher Veränderungsprozesse resultieren ...« (Näser-Lather 2019, 123)

Mit ihren Argumenten wehren die Gender-Kritiker nach dieser Lesart »Verunsicherungen« und »Irritationen« bezüglich ihrer eigenen Sexualität und Geschlechterrollen ab (Näser-Lather 2020, 134f.). Und noch ein anderes Motiv käme hinzu: Ein Ziel ihrer Forschungen sei »eine Resouveränisierung des männlichen, heterosexuellen Subjekts, das den Verlust seiner Privilegien in Zeiten der Transformation hegemonialer Männlichkeit *fürchtet* (Hervorhebung, A. U.)« (Näser-Lather 2019, 122).

Neben Verunsicherungen und Irritationen bezüglich der eigenen Sexualität und Geschlechterrollen sei es die Furcht vor dem Verlust der eigenen Privilegien, die die Gender-Kritiker zu ihrer Forschung antreibe.

All diese persönlichen Motive werden von Näser-Lather den Gender-Kritikern bloß unterstellt, sie werden empirisch – zum Beispiel durch Befragungen – nicht belegt. Mit ihren Ad-Personam-Unterstellungen möchte sie zeigen, dass die Gender-Kritiker Probleme mit ihrer Sexualität und ihren Geschlechterrollen hätten, dass sie überdies Angst vor Veränderungen hätten, rückwärtsgewandt seien und traditionelle Geschlechterverhältnisse wiederherstellen wollten. Ad-Personam-Unterstellungen sollen die Gender-Kritiker auch in ihrer Rolle oder gerade in ihrer Rolle als Wissenschaftler diskreditieren und somit aus akademisch-wissenschaftlichen Debatten zu Gender ausschließen.

An dieser Stelle möchte ich generell etwas über die Ad-Personam-Argumente, die in der Wissenschaft als Fehlschlüsse betrachtet werden, anmerken. Es ist eine große Errungenschaft der Wissenschaft: genauer der wissenschaftlichen Methodologie, streng zwischen der Person des Forschers und der Gültigkeit seiner Thesen, Argumente und Theorien zu unterscheiden. Wissenschaftliche Thesen, Argumente und Theorien gelten unabhängig von den persönlichen Motiven des Forschers, der sie aufstellt. Beispielsweise gilt Einsteins Relativitätstheorie unabhängig von seinen persönlichen Motiven, ja überhaupt unabhängig von seinem personalen Leben. In anderen Worten: Die Einbeziehung von persönlichen Motiven und anderen persönlichen Faktoren sagt nichts über die Gültigkeit seiner Theorie aus.

Darüber hinaus würde sie der wissenschaftlichen Forschung den Garaus machen. Die wissenschaftliche Forschung würde sich in einem Meer von Unterstellungen, Denunziationen, Schuldzuweisungen und Diffamierungen auflösen. Entweder kennt Näser-Lather nicht die für die Wissenschaft fundamentale und berechtigte Unterscheidung zwischen der Person des Forschers und der Gültigkeit seiner wissenschaftlichen Position oder sie hebt diese Unterscheidung absichtlich und zwecks Diffamierung der Gender-Kritiker auf.

Abschließend bleibt noch die Frage zu beantworten, warum Näser-Lather die Gender-Kritiker aus der akademischen Debatte zu

Gender ausschließen möchte. Eine Antwort können wir in einem ihrer beiden Artikel finden. Zunächst referiert sie die Position einiger Gender-Kritiker, nach der die Gender Studies politische Ziele verfolgen und »eigenen finanziellen, hochschulpolitischen und machtstrategischen Vorteilen, sprich der Lobbyarbeit für frauenpolitische Interessen, der Selbstalimentierung über Universitätsstellen ...« dienen, um im nächsten Schritt mit erstaunlicher Offenheit Folgendes zuzugeben: »Letztlich wird hier, ähnlich wie in anderen Diskursfragmenten, eine im akademischen Feld durchaus verbreitete Praxis in überzeichneter Form als ehrenrühriges Alleinstellungsmerkmal der Gender Studies dargestellt: die den politischen Umständen jahrzehntelanger Sparpolitik im Bildungssektor geschuldeten hochschulpolitischen und machtstrategischen Erwägungen einzelner Wissenschaftler_innen und von Institutionen aller Fachrichtungen im Kampf um Drittmittel, die sich auf die Wahl von Methoden, Herangehensweisen und Forschungsthemen auswirken.« (Näser-Lather 2020, 117)

Sie gibt somit offen zu, dass es den Gender Studies in nicht geringem Maße um »finanzielle, hochschulpolitische und machtstrategische Vorteile«, »Lobbyarbeit für frauenpolitische Interessen«, »Selbstalimentierung über Universitätsstellen« und den »Kampf um Drittmittel« geht. Das sei alles »eine im akademischen Feld durchaus verbreitete Praxis«.

Die von Näser-Lather behandelten Wissenschaftler kritisieren scharf die Gender Studies, manche von ihnen sprechen ihnen die Wissenschaftlichkeit ab. Das könnte eine Kürzung oder Streichung der für sie bestimmten Drittmittel, ferner den Abbau von akademischen Stellen (Professuren, Dozenturen, Mitarbeiterstellen, Projektstellen und so weiter) zur Folge haben. Das macht Näser-Lather und anderen Mitarbeitern des Projekts *Reverse* offensichtlich große Sorgen. In dem »Kampf« um akademische Stellen und andere Ressourcen erscheinen die Gender-Kritiker nicht nur als ein Störfaktor, sondern auch als eine ernstzunehmende Gefahr. Deshalb sollen sie mittels der oben beschriebenen Strategien aus den akademisch-wissenschaftlichen Debatten und Projekten zu Gender Studies ausgeschlossen werden. Darüber hinaus sollen sie in den Augen der für die Bildungs- und Hochschulpolitik zuständigen Personen diskreditiert werden, um nicht als Gesprächspartner für diese Personen in Frage zu kommen.

Wissenschaft als politische Agenda

Was Näser-Lather noch unter dem Deckmantel von Wissenschaft behauptet, äußert Annette Henninger, die oben bereits erwähnte Leiterin des Projekts *Reverse*, ganz unverblümt in einem Interview für die *Frankfurter Rundschau* (Henninger 2019). Besonderes Augenmerk legt sie auf die Feminismus-Kritikerin Heike Diefenbach und das Blog *ScienceFiles*, auf dem Heike Diefenbach publiziert. Henninger geht jedoch nicht auf die Thesen und Argumente von Heike Diefenbach ein, vielmehr fragt sie danach, »wer wo zitiert wird beziehungsweise veröffentlicht«. Nach Henninger wird Diefenbach »öfters von Online-Publikationen, die dem rechten Spektrum zuzuordnen sind, zitiert …«. Das erscheint ihr ausreichend, um Heike Diefenbach und das Blog *ScienceFiles* selbst in die rechte Ecke zu stellen. Henninger hebt hervor, »dass Heike Diefenbach Teil rechtspopulistischer und rechter Netzwerke ist …«. Eine merkwürdige Argumentationsfigur! Nur weil Heike Diefenbach von den von Henninger als »rechts« bezeichneten Medien zitiert wird, soll sie selbst »rechts« sein. Ohnehin scheint Henniger – ähnlich wie Näser-Lather – »a priori« zu wissen, was »rechts« bedeute und dass es schlecht, verwerflich und zu bekämpfen sei.

Sie scheint auch »a priori« zu wissen, was »links« bedeute und dass »links« gut, erstrebenswert und zu befolgen sei. Das Blog

ScienceFiles betreibt nach eigenen Angaben »kritische Sozialwissenschaft«. Henninger betont jedoch, dass sich das Blog »dezidiert von einem linken, gesellschaftskritischen Verständnis von Wissenschaft« absetzt. Abgesehen von der Frage, ob die Sozialwissenschaften ein »gesellschaftskritisches Verständnis von Wissenschaft« haben sollte, ist ihre Behauptung, »kritische Sozialwissenschaft« könne nur »links« sein, falsch. Es gibt viele Theorien, die kritisch, auch gesellschaftskritisch und wissenschaftskritisch, sind, die aber nicht als »links« bezeichnet werden können.[46]

Die Fähigkeit, kritisch zu sein, hat nichts mit dem politischen Links-Rechts-Schema zu tun. Anders formuliert: Man kann kritisch sein, auch gesellschafts- und wissenschaftskritisch, ohne sich einer bestimmten politischen Option zu verschreiben.

Das Forschungsprojekt *Reverse* folgt einer bestimmten politischen Option. Es stellt die Wissenschaft von vornherein und durchgehend in den Dienst einer bestimmten politischen Agenda: in den Dienst einer »linken« Geschlechterpolitik, die de facto die Fortführung der Frauenpolitik ist (Schulze-Eisentraut & Ulfig 2019, 2 ff.). Feminismus- und Gender-Kritiker behindern nur die Durchführung dieser Agenda. Sie müssen daher mit Hilfe der oben beschriebenen Strategien aus der akademischen Wissenschaft ausgeschlossen werden. Die damit einhergehende Verletzung der Wissenschaftsfreiheit wird von den Protagonistinnen der Gender Studies in Kauf genommen.

---

46 Das Blog *ScienceFiles* orientiert sich an dem Ansatz des *Kritischen Rationalismus*. Kritische Rationalisten reflektieren auf die Voraussetzungen unserer Erkenntnis wie Erwartungen, Hintergrundwissen, Theoriebeladenheit der Wahrnehmung, Kontextabhängigkeit und so weiter. Sie reflektieren auch auf gesellschaftliche Voraussetzungen. Bei der Überprüfung von Hypothesen geht es ihnen nicht um die Verifikation (Feststellung ihrer Wahrheit), sondern – der kritischen Haltung folgend – um Falsifikation (Feststellung ihrer Falschheit). Sätze (und Theorien) sind wissenschaftlich, wenn sie sich falsifizieren lassen, sie sind nicht wissenschaftlich, zum Beispiel dogmatisch, wenn sie sich der Falsifikation verschließen.

Literatur

Castel, Robert (2008), »Die Fallstricke des Exklusionsbegriffs«, in: Bude, Heinz, & Willisch, Andreas (Hrsg.), *Exklusion. Die Debatte über die ›Überflüssigen‹*, Frankfurt am Main.

Gesetze im Internet (verantwortlich: Bundesministerium der Justiz und für Verbraucherschutz): https://www.gesetze-im-internet.de/gg/art_5.html (zuletzt aufgerufen am 6.2.2022)

Foucault, Michel (1973), *Archäologie des Wissens*, Frankfurt am Main.

Franz, Günther (Hrsg.), *Staatsverfassungen*, München/Wien 1975³, S. 307.

Henninger, Annette (2019), »Rechte Netzwerke im Kampf gegen weibliche ›Klima-Hysterie‹«, Interview mit Annette Henninger, *Frankfurter Rundschau* 20.11.2019: https://www.fr.de/hessen/klage-gegen-genderforscherin-marburg-zr-13229664.html (zuletzt aufgerufen am 6.2.2022)

Henninger, Annette (2020), »Einleitung: Antifeminismen. ›Krisen‹-Diskurse mit gesellschaftsspaltendem Potenzial?«, in: Henninger, Annette & Birsl, Ursula (Hrsg.), *Antifeminismen. ›Krisen‹-Diskurse mit gesellschaftsspaltendem Potential?* Bielefeld.

Kant, Immanuel (1966), »Logik Blomberg«, in: Ders., *Gesammelte Schriften. Akademieausgabe* Bd. 24, Berlin.

Kant, Immanuel (1968a), »Über den Gemeinspruch: Das mag in der Theorie richtig sein, taugt aber nicht für die Praxis«, in: Ders., *Kants Werke Akademie-Textausgabe* Bd. 8, Berlin.

Kant, Immanuel (1968b), »Beantwortung der Frage: Was ist Aufklärung?«, in: Ders., *Kants Werke Akademie-Textausgabe* Bd. 8, Berlin.

Keller, Reiner (1997), »Diskursanalyse«, in: Hitzler, Ronald, & Honer, Anne (Hrsg.), *Sozialwissenschaftliche Hermeneutik. Eine Einführung*, Opladen.

Miechielsen, Angela (2013), *Hochschulorganisation und Wissenschaftsfreiheit. Die aktuelle Entwicklung des Hochschulrechts im Lichte des Art. 5 Abs. 3 S. 1GG*, Göttingen.

Näser-Lather, Marion et al. (2019), »Die Gesichter des Janus. Antifeminismus zwischen Backlash und anderer Moderne«, in: Näser-Lather Marion, et al., *Backlash?! Antifeminismus in Wissenschaft, Politik und Gesellschaft*, Roßdorf.

Näder-Lather, Marion (2019), »›Wider den Genderismus!‹. Kritik und Polemiken gegen die Gender Studies in akademischen Kontexten«, in: Näser-Lather, Marion, et al. (Hrsg.), *Backlash?! Antifeminismus in Wissenschaft, Politik und Gesellschaft*, Roßdorf.

Näser-Lather, Marion (2020), »Wissenschaftler_innen vs. Gender Studies. Argumentationen, Wirkungen und Kontexte einer ›wissenschafts‹-politischen Debatte«, in: Henninger, Annette, & Birsl, Ursula (Hrsg.), *Antifeminismen. ›Krisen‹-Diskurse mit gesellschaftsspaltendem Potential?* Bielefeld.

Niehr, Thomas (2014), *Einführung in die linguistische Diskursanalyse*, Darmstadt.

Niesen, Peter (2005), *Kants Theorie der Redefreiheit*, Baden-Baden.

Schulze-Eisentraut, Harald, & Ulfig, Alexander (Hrsg.) (2019), *Gender Studies – Wissenschaft oder Ideologie?* Baden-Baden.

Wo bleibt der Klimawandel? Was tun gegen Einschränkungen der Wissenschaftsfreiheit in Universitäten und Scientific Communities?

JOSEF CHRISTIAN AIGNER

In den letzten Jahren war einerseits viel von »Klimawandel« die Rede, freilich bezogen auf das globale Umweltszenario. An anderer Stelle wurde sehr kontrovers über *Cancel Culture* und die Einschränkung der Rede- und Meinungsfreiheit im akademischen und kulturellen Bereich gestritten. Dabei wurden jene, die eine solche Kultur heraufziehen sehen, häufig gleich in ein reaktionäres Eck gestellt, als ob sie grundsätzlich gegen die verlangte Rücksicht auf Sprachformen oder die Rücksicht auf gesellschaftliche Minderheiten wären. Von beiden unterstellten Neigungen sehe ich mich entschieden nicht betroffen.

Dabei geht es, wie Beispiele zeigen, meist nicht um eine juristische Verhinderung der Auftritte von Menschen mit mutmaßlich nicht-korrekten Positionen, sondern um eine moralische Ächtung. AktivistInnen – oft sehr kleine, aber aktive Gruppen – entfalten dann auf verschiedene Weise so viel Druck, dass die VeranstalterInnen oder die Betroffenen selbst es vorziehen, von einer Durchführung der geplanten Veranstaltungen abzusehen.

Darüber gibt es häufiger werdende Berichte aus Bildung und Kultur. Auch Fälle von Menschen, die wegen der von ihnen vertretenen Ansichten und Lehrmeinungen einen Amts- bzw. Jobverlust erleiden, scheinen sich zu mehren. Das ist, wenn es sich nicht um strafbare, andere Menschen offen diskriminierende Haltungen oder die Verherrlichung von Gewaltregimes handelt, konträr zu jeder liberalen Demokratie. Ich meine deshalb seit Langem, dass es an Universitäten auch kein Ausladen/Behindern jener Leute geben sollte, deren Ansichten ich überhaupt nicht teile, wie etwa in Österreich der teilweise extrem rechten *FPÖ (Freiheitliche Partei Österreichs)* angehörende oder mit ihr sympathisierende Lehrende. Und das durchaus auch aus Eigeninteresse: Wer weiß, wie schnell sich der politische Wind drehen kann und dann plötzlich Liberale und Linke wie ich Zielobjekte dieser Cancel Culture würden.

Redeverbote

Ich behandle hier in erster Linie genderpolitische Konflikte an Unis, die ich selbst erlebt habe, und ihre spezielle Dynamik, obgleich sich die Kultur der Prädominanz bestimmter Auffassungen bei entsprechender Intoleranz gegenüber anderen mittlerweile auch auf andere Bereiche (etwa hinsichtlich unterschiedlicher Hautfarbe – Rassismus – oder Umgang mit Sexualität/sexuellen Minderheiten – Sexismus) erstreckt.

Zunächst ein öffentlich gewordenes Beispiel aus Wien, das indirekt auch mit Gender (Kopftuchdebatte) zu tun hatte: ein Auftritt im November 2019 von Alice Schwarzer, von der viele meinten, sie wäre als Galionsfigur des frühen Feminismus gewissermaßen sakrosankt gegen allfällige verhindernde Absichten. Weit gefehlt: Frau Schwarzer hatte sich im Rahmen des »Kopftuchstreits« mit ihrer Kritik am politischen Islam den Vorwurf eines »antimuslimischen Rassismus« zugezogen. Führende Funktionärinnen der *Österreichischen HochschülerInnenschaft* (gesetzliche Studierendenvertretung) fanden es nicht tragbar, jemanden auftreten zu lassen, der andere Gruppen wie bestimmte Muslime diskriminiere. Die genannten Studierenden lieferten sich ein Schreiduell mit Frau Schwarzer, eine Absage der Veranstaltung hatte der damalige Rektor abgelehnt. Laut Presseberichten soll die große Mehrheit der HörerInnen gegen diese lautstarken Zwischenrufe »Das ist antimuslimischer Rassismus« gewesen sein. Auch das ist nicht untypisch für derartige Vorfälle: Eine kleine, aber lautstarke Gruppe erweckt den Eindruck, »die« Studierenden-Interessen zu vertreten; in Wirklichkeit ist es nur eine Minderheit.

Kleine AktivistInnen-Gruppen als Motor des Geschehens

Neben den Ausgrenzungsversuchen bei genderpolitischen Konflikten gibt es heute weitere »identitäre« Vertretungspositionen zur Unterstützung ganz bestimmter diskriminierter Populationen (und deren Identität): Nicht-Weiße, Schwule und Lesben, Non-Binäre, Trans-Menschen und weitere. Dabei kommt es zu ähnlichen Spannungen: So werden alle jene, die diese Diskriminierung nicht so krass einschätzen und dieses Engagement nachrangig finden (zum Beispiel im Vergleich zu großem sozioökonomischem Unrecht), schnell selbst vorab verurteilt: als Rassisten, Sexisten, Transphobe und so weiter.

Darüber hinaus gilt heute auch das als besonders heikel, was VertreterInnen cancelnder Politik »kulturelle Aneignung« nennen: Wenn also etwa ein weißer Schauspieler einen Schwarzen spielen soll (und sich dessen für ihn weniger vertraute Kultur »aneignen« soll). Erinnert sei hier an den Aufschrei, als das Gedicht »*The hill we climb*« der schwarzen Poetin Amanda Gorman, dass sie bei der Inauguration von US-Präsident Joe Biden vortrug, von einer Weißen (die Gorman selbst befürwortet hatte ...) ins Deutsche übersetzt werden sollte. Niemals könne eine Weiße sich in die Not einer Schwarzen einfühlen, hieß es da. Dass damit und außerhalb von Unterschieden der Kultur und Herkunft sämtliche Dichtung aufhörte, weil ja zum Beispiel männliche Autoren niemals Frauen-Haltungen oder -Gefühle beschreiben könnten, wird dabei aber ignoriert.

Jedenfalls werden die Rechte solcher politisch oder sozial diskriminierter Gruppen mit großer Vehemenz und oft auch moralischer Attitüde eingeklagt. An Universitäten und Hochschulen hat das zur Folge, dass deren Leitungsorgane sich oft einer Art »vorauseilenden Gehorsams« befleißigen – denn wer möchte schon gern als politisch inkorrekt oder gar minderheitenfeindlich dastehen und attackiert werden? Die entsprechenden AktivistInnen bringen ihre Kritik dabei nicht nur doktrinär vor, sie befleißigen sich auch eines aufgeklärt-»fortschrittlichen« Impetus und ein solcher ist viel schwerer zurückzuweisen wie etwa verstaubte rückschrittliche Haltungen aus einer rechten oder illiberalen Ecke.

Cancel-Klima auch ohne Befürworter-Mehrheit

Nun hat kürzlich der *Deutsche Hochschullehrerbund* (hlb) in einer Mitgliederbefragung subjektiv erlebte Freiheitseinschränkungen im Wissenschaftsbetrieb erhoben. Ohne hier die Ergebnisse detailliert ausführen zu können, meine ich, dass die Zahlen zwischen 20 und 40 Prozent (je nach Fragestellung) jener, die solche Einschränkungen wahrnehmen (also keine Mehrheit), schon hinreichend Grund zur Besorgnis sind. Wir dürfen ja angesichts dieser an sich schon deutlichen Zahlen nicht vergessen, dass die beklagten Kämpfe für oder gegen bestimmte Auffassungen in erster

Linie bestimmte sozial-, kultur- und geisteswissenschaftliche Fächer betreffen und nicht den gesamten Fächerkanon – also nur einen Teil der Universitäten und Hochschulen, sodass selbst die minderheitlichen Ergebnisse mehr als deutlich für die vielerorts beklagten Einschränkungen der Wissenschaftsfreiheit sprechen.

Es geht hier auch gar nicht nur um extreme Fälle von Cancel Culture wie das der genderkritischen schottischen Philosophin Kathleen Stock, der wegen ihrer Auffassung, das biologische Geschlecht sei nicht zugunsten von selbstempfundener Gender-Identität zu eliminieren, von der Polizei geraten wurde, vor ihrer Wohnung eine Überwachungskamera zu installieren und den Uni-Campus in Sussex nur mehr mit Leibwächtern zu betreten (vgl. *Jungle World* Nr. 43/2021; mittlerweile hat Frau Stock gekündigt). Nein, es geht um ein aus all diesen Beispielen resultierendes Klima, das von dogmatischen Standpunkten, ideologischen Vorannahmen und einer ausgeprägten Gut-Böse(=Links-Rechts)-Spaltungstendenz gekennzeichnet ist. Darauf hat auch die Migrationsforscherin Sandra Kostner als Initiatorin und Sprecherin des *Netzwerks Wissenschaftsfreiheit* deutlich hingewiesen (Kostner, 2021). Aus dem Gesagten ergibt sich übrigens der skurrile Umstand, dass diejenigen, die vehement Toleranz für bestimmte Anschauungen und für benachteiligte Minderheiten fordern, sich selbst häufig krasser Intoleranz befleißigen.

Leidvolle Uni-Erfahrungen

Davon kann ich – auf einer Professur für Psychosoziale Arbeit und Psychoanalytische Pädagogik an der *Fakultät für Bildungswissenschaft* der *Universität Innsbruck* – auch ein Lied singen. Nach zweieinhalb Jahrzehnten in einer zunächst noch ausgewogen besetzten Fakultät, in der unter einem um Ausgleich bemühten Dekan auch ein Bereich *Feministische Pädagogik und Geschlechterforschung* existierte, war ich dann in den letzten Jahren mit einer dogmatisch-feministischen Fakultätsleitung konfrontiert und habe deren Herrschaftsattitüden aus der Nähe verfolgen können. Ich schildere hier ein paar ganz alltägliche Praktiken, weil sie auch beispielhaft für andere »klimatisch« einengende Bedingungen der Freiheit von Lehre und Forschung gelten können.

Allein die Umstände, unter denen diese Fakultät in die Hände entsprechender Gender-Aktivistinnen gelangte, ist schon ein Lehrstück darüber, welche universitätspolitischen, aber auch psychologischen Mechanismen bei der Universitätsleitung eine Rolle spielen, damit es überhaupt so weit kommen kann. Zunächst ging es darum, im Zuge der Universitätsreform 2002/04 mehr Frauen in ProfessorInnenrang zu heben. Damals gab es vom *Bundesministerium* für jede »angehobene« Frau (»Anhebung« = ein fragwürdiges Format für interne Berufungen aus dem Mittelbau) eine Budgetaufstockung, was schnell einmal als »Kopfgeld für Frauen« galt. Nichts gegen die Förderung von Frauen in höchste akademische Positionen – wenn die Qualifikation stimmt. Dies aber war im Fall dieser »Aufwertungen« ohne Berufungskommission in manchen Fällen sehr fraglich.

Dazu gab es auch noch den Vorhalt des Ministeriums, mehr Frauen in Leitungspositionen zu bringen – ob auch dafür Geld als Belohnung seitens des Ministeriums geflossen ist, kann ich nicht mehr sagen. So gab es bei uns zur Dekan/inwahl zwei Bewerbungen, eine männliche und eine weibliche. Aus verschiedenen Gründen, unter anderem wegen der relativ extremen geschlechterpolitischen Position der weiblichen Bewerberin (und weil Extreme sich wenig für Leitungsfunktionen eignen) stimmte die zuständige ProfessorInnenkurie mehrheitlich für den männlichen Kollegen. Der vielleicht auf eine weitere ministerielle Prämie spitzende Rektor aber bestellte (was er konnte) gegen diesen Mehrheitsentscheid die weibliche Kandidatin – auch weil er neben 12 Männern an den insgesamt 15 Fakultäten auch noch eine dritte Frau »brauchte«. That's it! Von dort weg kam es – was angesichts egal welcher extremer Standpunkte vorhersehbar ist – zu vehementen Kämpfen um Stellen und Einfluss, nicht gerade zum Vorteil der ganzen Fakultät.

Auch andere personelle Besetzungen in diesem Bereich waren bemerkenswert: So kam es mit Unterstützung zweier feministischer Assistenzkräfte zur Berufung einer recht aggressiv auftretenden Professorin, die dann schon nach wenigen Monaten universitätsweit für ihre Eskapaden bekannt war. Sie scheute weder vor offen männerfeindlichen, ja sexistisch abwertenden Aussagen gegen männliche Studierende noch vor Demütigungen von Kollegen aus dem Lehrkörper zurück. Sogar Fälle (lesbisch-)sexueller Ausnutzung des Autoritätsverhältnisses wurden bekannt – sogar mit Wissen des Rektorats. Geschehen ist der Professorin allerdings nichts, außer dass sie schon vor ihrem Rentenalter mit einem angeblich zumindest »silbernen« Handshake in den Ruhestand verabschiedet wurde.

Zur genaueren psychosozialen Dynamik, wie solche Dinge möglich sind und warum Universitätsleitungen sich vor dem Austragen solcher Konflikte scheuen, komme ich etwas später.

»Generalverdacht« und vorurteilsbefallene Gender-Pädagogik

Im Rahmen dieses feindseligen Klimas hatte ich den besonderen Makel auf mich geladen, mich mit Väter-, Männer- und Jungenforschung zu beschäftigen – also mit einem Gender-Thema – und das als Mann! Was nun im Bereich Frauen- und Mädchenforschung seit jeher eine Selbstverständlichkeit ist – nämlich eine Art

»parteiische« Sorge – wurde im Bereich der Männer-, Väter- und Jungenforschung durchwegs pauschal als problematisch konnotiert. Schließlich handelte es sich bei den Beforschten ja um Angehörige des »herrschenden hegemonialen« Geschlechts. Besonders der Versuch, auch gewalttätige Männer oder sehr kindferne Väter zu verstehen (warum sie dies tun bzw. nicht tun), wurde mir umgehend als der Versuch einer Entschuldigung derartiger patriarchaler Tendenzen unterstellt – eine bekannte »Argumentations«-Figur.

Auffallend an dieser Art Gender-Einäugigkeit ist, dass Männer in ihrer Bedeutung offenbar nicht positiv gesehen werden dürfen. So bekamen wir bei einem großen, vom nationalen Wissenschaftsfond geförderten Projekt »Ele*men*tar« (Aigner & Rohrmann 2012) über die Bedeutung und stärkere Gewinnung von männlichen Kindergartenpädagogen sofort den eisigen genderpolitischen Wind zu spüren: Erstens gelten Männer ja bei vielen wegen des sexuellen Missbrauchs als erzieherische Gefahr (was im Fachdiskurs unter dem Begriff »Generalverdacht« geführt wird); und zweitens sind Männer deshalb mit großem Misstrauen zu betrachten, als sie abzulehnende männliche Stereotype in den Kindergarten einschleusen könnten; weshalb drittens genau darauf geachtet werden muss, dass Männer »gendersensibel« ausgebildet werden.

Bemerkenswert dabei ist nun – und das zeigt die ideologische, fachlich nicht legitimierte Art dieser Kritik –, dass es erstens im Kindergarten europaweit kaum Missbrauchsfälle gibt. Ob das an der sozialen Kontrolle in den vergleichsweise kleinen Gruppen oder an den mittlerweile wegen des Generalverdachts getroffenen (Männer eigentlich demütigenden) Regelungen (etwa dass männliche Pädagogen nicht mit den Kindern aufs Klo gehen dürfen und so weiter) liegt, sei dahingestellt. Auch dass Kindern zugewandte Männer in diesem Beruf einfach nicht so »böse« sind wie vermutet, wäre eine Überlegung wert! Zweitens haben wir in unserer Studie keinen einzigen Mann gefunden (sowohl im Selbst- wie auch im Fremdurteil von Kolleginnen), der konventionellen maskulinen Stereotypen entsprochen hätte. Und drittens ist es eine professionelle Selbstverständlichkeit, dass (nicht nur!) männliche Pädagogen gendersensibel ausgebildet werden, wobei es auffällig (und wiederum ideologiebeladen!) ist, dass diese Forderung nur bei männlichen Erziehern andauernd betont wird, bei Frauen dagegen nicht oder selten. In unserer Studie haben wir aber bei weiblichen Erzieherinnen sehr häufig konventionell weibliche Stereotypien gefunden, die weder für Jungen noch für Mädchen (und deren Beziehungen untereinander) sehr förderlich sein dürften. Soweit also die dieses große Forschungsprojekt begleitende Stimmung und Stimmungsmache.

Öffentliche Diskreditierung

Ohne auch nur irgendeinen Austausch der Fakultätsleiterin mit mir als Leiter dieses vielbeachteten Projekts lese ich dann eines Tages in der führenden Tageszeitung ein Interview mit ihr, aus dem die Redaktion ein Zitat als Schlagzeile wählte: »Geschlecht allein ist keine Qualifikation.« Damit unterstellte sie einerseits, dass wir das – Männer betreffend – jemals behauptet hätten und andererseits, dass wir so doof seien, blindlings einfach »irgendwelche« Männer für den Kindergarten zu befürworten. Eigentlich könnte man – abgesehen von der grenzwertigen Ehrenrührigkeit so einer Aussage – meinen, eine Leitungskraft müsste doch froh sein, wenn an ihrer Fakultät ein prominentes (eine Viertelmillion Euro schweres) Drittmittelprojekt läuft. Denkste – die Gender-Ideologie thront offenbar über Fakultätsinteressen (und – nebenbei bemerkt: auch über wenigstens einem Rest von Kollegialität).

Man sieht also, wie sehr eine einfach gestrickte Vorurteilsbereitschaft zu einer projektiven Verfolgung und Abwertung von Kollegen anderer Forschungszugänge beiträgt. Selbstredend beeinflusst so etwas unmittelbar das wissenschaftsfeindliche Klima, von dem hier die Rede ist: Man muss bedenken, dass ich damals Professor und Institutsleiter (als solcher die letzte männliche Leitungsperson an dieser Fakultät!) und bekannt dafür war, mich nicht so leicht einschüchtern zu lassen. Was aber würde ein/e jüngere/r, weniger etablierte/r und in seiner/ihrer akademischen Laufbahn auch noch von dieser Führungsfrau abhängige/r Nachwuchswissenschaftlerln in solch einem Klima empfinden? Es ist wohl nicht zu weit hergeholt anzunehmen, dass diese KollegInnen lieber die Finger von einem so »heißen« Thema lassen würden – Wissenschaftsfreiheit?

Die Prekarität der Männerforschung

Über Österreich hinaus fiel mir in den Erziehungs- und Bildungswissenschaften generell eine starke Repräsentanz der »fortschrittlichen« feministischen oder profeministischen Gender-Forschung auf. Eine »nicht ausdrücklich feministische« Gender- oder Männerforschung (wie unsere) dagegen erntete stets Misstrauen und wird leicht auch durch Zuordnung zur politischen Rechten diskriminiert. Bekanntlich beansprucht ja die Gruppe der sich »profeministisch« nennenden Männerforscher den Begriff »Kritische Männlichkeitsforschung« mit großem »K«(!), was so gelesen werden kann, als ob alle anderen »unkritisch« wären. Somit sehen sich alle jene (nicht nur) Männer, denen dieses »Bekenntnis« fernliegt oder die eine autonome Männlichkeitsforschung zu betreiben gedenken, als »antifeministisch« diskreditiert.

Dazu passt auch, dass »Gender-Forschung« zum allergrößten Teil feministische Frauenforschung ist. Nicht umsonst sind von den rund 250 Gender-Professuren an deutschen Universitäten fast alle mit Frauen besetzt, der kleine Rest mit »profeministischen« Männern. Männerforschung außerhalb des »feministischen Hoheitsbereiches« spielt denn auch zahlen- und auch ansehensmäßig eine geringe Rolle. Auch darin kann man, wenn man so will, eine »indirekte Cancelung« sehen, in der es sozusagen gar nicht bis zum Canceln kommt, weil die entsprechenden Auffassungen schon vorher an den Rand gedrängt sind.

Zur Dynamik der Durchsetzung

Abschließend noch zur Frage, wie es möglich ist, dass es im akademischen Bereich, in dem doch fachliche Kriterien den Vorzug vor ideologischen Vorannahmen haben sollten, zu derartigen Entwicklungen entlang der Gender-Forschung kommen kann. Dazu hat der ehemalige Schweizer staatliche Männerbeauftragte Markus Theunert (2013) eine interessante und sich mit meinen Erfahrungen deckende Theorie vorgelegt. Theunert bezeichnet das Phänomen, dass im Grunde bürgerlich-konservative Männer in Bildungsinstitutionen relativ radikale feministische Ansprüche mittragen oder gar fördern, als »Co-Feminismus«.

Dieser männliche Co-Feminismus pflegt mit dem für Frauenrechte eintretenden »Gleichstellungsfeminismus« eine Art Stillhalteabkommen, damit diese Männer nicht selbst zum Ziel gleichstellungsorientierter Attacken werden. Eine bevorzugte Strategie des Co-Feminismus ist dabei das »Untätigsein«, also Konflikten aus dem Weg zu gehen, um nicht in sie verwickelt zu werden und stattdessen lieber wegzuschauen. Besonders gern geben Co-Feministen übrigens den Stellenforderungen von Frauen nach, von denen sie den Eindruck haben, dass sich durch ihre Beförderung nicht viel ändert – weder Führungshabitus noch patriarchale Autorität (Theunert 2012, 106 ff.). Ein bevorzugtes Ziel dieses

Arrangements ist natürlich der Machterhalt der Männer; wer wollte schon Schaden erleiden, weil er als frauenbenachteiligend gilt? Anstatt Ziel entsprechender Aggression zu werden, gibt man lieber einzelnen, oft auch weitgehenden Wünschen und Forderungen nach. Der Lohn dafür: Der patriarchale Herrscher bleibt eine nicht weiter hinterfragte Autorität.

So wie hier in aller Kürze von Theunert wiedergegeben, kann ich es sozusagen »empirisch« vollinhaltlich bestätigen: Sowohl in dem Punkt, dass sich mit dem Geschlecht mancher Inhaberin höherer Positionen keineswegs der Herrschaftshabitus ändert – im Gegenteil: Manche der Beförderten führten sich insbesondere gegenüber Studierenden »ärger« (intoleranter und inkulanter) auf als so manche patriarchale Männer. Auch innerhalb des Kollegiums war wenig von einer anderen Führungskultur zu merken. Der Führungshabitus erweckte vielmehr den Anschein, als hätten die Damen ihre eigene StudentInnenzeit und ihre einstigen Proteste gegen herrschende Uni-Zustände völlig vergessen.

Auch die von Theunert beschriebene Aggressionsabwehr der co-feministischen Führungsmänner traf voll zu: Kaum waren einige dieser Frauen in Leitungsämter aufgestiegen und hatten verschiedene Ressourcen erlangt, gab es auf einmal keine Kritik mehr am Rektorat und auch keine an anderen Führungsinstanzen – trotz aller früherer kritischer Haltung gegenüber der neoliberalen, durchökonomisierten Universität. Um nicht missverstanden zu werden: Ich rede hier keineswegs von erfolgreichen Frauen allgemein, sondern von einzelnen, bei denen der von Theunert beschriebene Mechanismus tatsächlich funktionierte.

Ähnlich wie in der Frauenfrage funktioniert es wohl auch im Umgang mit marginalisierten Minderheiten, die von Uni-Angehörigen neuerdings sehr vehement und emotional vertreten werden: Wer möchte sich im Rahmen der neuen »Empfindlichkeiten« (vgl. Flaßpöhler 2021) durch auch nur zurückhaltende Unterstützung beispielsweise gern als »transphob«, »rassistisch« oder »sexistisch« bezeichnen lassen? Insofern tendieren Leitungsorgane von Bildungseinrichtungen stets dazu, sich neuen politischen Strömungen, besonders solchen, die als »politisch korrekt« gelten, zu unterwerfen. Den oft sehr kleinen, straff organisierten und durch klare weltanschauliche Vorgaben verbundenen Gruppen kommt der Bonus einer schweigenden Mehrheit anderer Studierender und Lehrender zugute: Sie haben im neoliberalen »Bildungszirkus«, den die Universität heute darstellt, wenn schon nicht zu wenig Mut, so doch oft gar keine Zeit, sich mit diesen oder jenen universitätspolitischen Fragen kritisch auseinanderzusetzen.

Fazit: Es lebe der öffentliche Diskurs

Wir sehen, welches Klima sich zwischen den Alleinvertretungsansprüchen bestimmter Lehrmeinungen und dem Umgang mit abweichenden Meinungen entwickelt. Je nach öffentlicher »Diskursmacht« und negativer moralischer »Aufladung« abweichender Auffassungen werden sich Führungsorgane von Universitäten, Akademien und Kultureinrichtungen hüten, gegen bestimmte politisch korrekte und intellektuell tonangebende Diskurse zu wehren. Dies bedarf eines dringenden »Klimawandels«.

Ich kann mir dagegen – und schlage das vor – nur eine Öffnung dieser Diskurse nach innen und außen vorstellen, etwa durch die Einrichtung von Diskursforen und die Einbindung eines breiten Spektrums von ExpertInnen zu strittigen Themen. Sie sollen den jeweiligen Leitungsorganen unter Berücksichtigung mehrerer statt nur einer gängigen Anschauung beratend zur Seite stehen. Das wäre ein erster Schritt zur Brechung der Diskursdominanz einer bestimmten Gruppe, die sonst aufgrund ihres Aktivitätsniveaus und ihrer guten Vernetzung als die einzig legitime erscheint. Das wäre nicht zuletzt auch für Studierende ein enormer Gewinn.

Literatur

Aigner, Josef Chr., & Rohrmann, Tim (Hrsg.) (2012), *Elementar – Männer in der pädagogischen Arbeit mit Kindern*, Verlag Barbara Budrich (Opladen).

Flaßpöhler, Svenja (2021), *Sensibel. Über moderne Empfindlichkeit und die Grenzen des Zumutbaren*, Klett-Cotta (Stuttgart).

Jungle World 43 (2021), https://jungle.world/artikel/2021/43/feministinnen-wuenschen-sich-dass-geschlecht-keine-rolle-spielt (zuletzt aufgerufen am 6.2.2022)

Kostner, Sandra (2021), »Wissenschaftsfreiheit: Disziplinieren statt argumentieren?«, in: *Die Furche*, 4.3.2021.

Theunert, Markus (2013), *Co-Feminismus. Wie Männer Emanzipation sabotieren – und was Frauen davon haben*, Huber (Bern).

Diese Aktivisten könnten genauso gut sagen, die Erde sei eine Scheibe

INTERVIEW MIT AXEL MEYER

Herr Meyer, weil die Biologin Marie-Luise Vollbrecht von der Humboldt-Universität ausgeladen wurde, nachdem Queer-Aktivisten Stimmung gegen einen von ihr geplanten Vortrag zum binären Geschlechtersystem in der Biologie gemacht haben, diskutiert Deutschland einmal mehr über Wissenschaftsfreiheit. Wie bewerten Sie den Vorfall?

Das ist ein alarmierendes Zeichen – ein weiterer Fall von eingeschränkter Wissenschaftsfreiheit, durch lautstarke ideologische Minderheiten und eine feige Universitätsverwaltung verursacht. Ich habe mir diesen Vortrag auf YouTube angeschaut. Es war schön, zu sehen, dass eine Doktorandin bereits einen so fachlich fundierten Vortrag halten kann. Und aus meiner Sicht war da nichts dabei, das besonders politisch oder besonders kritisch gewesen wäre, auch nicht derart, dass Frau Vollbrecht die gesellschaftliche Akzeptanz von Transpersonen infrage gestellt hätte. Was die Reaktion der Humboldt-Universität betrifft: Die hat in puncto Wissenschaftsfreiheit eh nichts mehr zu verlieren. Dass zudem auch noch gelogen und erst behauptet wurde, der Vortrag sei »krankheitsbedingt« abgesagt worden, dann aber, es habe Sicherheitsbedenken gegeben, ist ein hanebüchener Vorgang. Ich denke, die Humboldt-Universität hat sich einfach mal wieder dem Druck irgendeiner kleinen Gruppe von Ideologen gebeugt.

Sie sagten gerade, die Humboldt-Universität habe in puncto Wissenschaftsfreiheit eh nichts mehr zu verlieren. Was meinen Sie?

Das ist eine Universität, an der ich nicht gerne Professor wäre. Nehmen Sie das Beispiel Jörg Baberowski. Es ist schlimm, wie dieser Mann von der Universität behandelt wurde. Ich habe den Eindruck, dass die HU keine besonders gut geleitete Hochschule ist, zu viele politische Interessen und zu wenige Prinzipien. Und ich würde mir wünschen, dass diese Hochschule sich wieder mehr um Wissenschaft kümmert, anstatt ständig politisch wohlfeil entsprechend dem politischen Klima zu agieren. Aus meiner Sicht sind Universitäten dafür da, zu forschen und zu lehren, wie man die Welt besser versteht. Und nicht aktivistisch zu versuchen, die Welt zu »verbessern«, in dem man (Meinungs-)Vielfalt unterdrückt.

Transaktivisten und junge Studenten, die in ihrer Weltsicht bisweilen ein bisschen überhitzen, sind das eine. Das andere ist, dass sich auch gestandene Erwachsene auf die Seite dieser Aktivisten schlagen und es gut finden, dass Frau Vollbrecht gecancelt wurde. Der Grünen-Politiker Volker Beck wirft Vollbrecht »inhumanen Biologismus« vor, der parlamentarische Staatssekretär der FDP, Jens Brandenburg, ein Politikwissenschaftler und VWLer, behauptet, dass Vollbrecht »schwer erträglichen Unsinn« verbreiten würde. Was halten Sie davon?

Es ist doch offensichtlich, dass Leute wie Beck und Brandenburg keinen biologischen Sachverstand haben. Evolution ist wie Erdbeben oder Tsunamis eine Naturgewalt, die keine Moral hat. Der Mensch ist schlicht durch Evolution geformt. Ob ein Studienabbrecher das will oder versteht, ist der Biologie ziemlich egal. Wissen Sie, ich hatte ein Schlüsselerlebnis, als ich Fellow war im Wissenschaftskolleg in Berlin im Jahr 2008. Dort habe ich zum ersten Mal den Begriff »Biologismus« gehört. Mir war vorher nicht bekannt, dass man Wissenschaft, in diesem Fall Biologie, als »-ismus«, also eine Ideologie bezeichnen kann. Die Wissenschaft dient erst einmal lediglich der Wahrheitsfindung. Aber »Wahrheit« wird ja mittlerweile in den Geistes- und Kulturwissenschaften als etwas Relatives gesehen. Die Unterschiede à la C.P. Snow sind leider immer noch groß und scheinen wieder größer zu werden. Wenn irgendwelche Aktivisten nun sagen, es gebe mehr als zwei Geschlechter, dann könnten sie genauso gut sagen, die Erde sei eine Scheibe. Es ist schlicht falsch und wissenschaftlich widerlegt.

Lassen Sie uns das kurz vertiefen: Wenn ein Biologiestudent heute in eine Vorlesung geht, in der die Geschlechter behandelt werden, was lernt er dann?

Zunächst würde ich sagen, dass dieser Student das binäre Geschlechtersystem eigentlich schon längst aus dem Biologie-Unterricht in der Schule kennen sollte. Es sind banale biologische Fakten. Unter jenen Individuen aller Arten, egal ob Tier oder Pflanze, die sich sexuell fortpflanzen, gibt es genau zwei Geschlechter. Die mit den großen Keimzellen werden nach Konvention Frauen, die mit den vielen kleineren Keimzellen Männer genannt. Der Sinn von Sex und damit von geschlechtlicher Fortpflanzung ist, genetisches Material durcheinander zu bringen und damit neue genetische Variation in der folgenden Generation herzustellen. Dazu werden aus unseren zwei Chromosomensätzen – die jeder Mann und jede Frau in jeder Zelle hat, weil wir diploid sind – in den Hoden oder Eierstöcken dann durch einen Prozess, der Meiose heißt, diese haploiden Keimzellen gemacht, die nur je einen Chromosomensatz enthalten. Am Ende entsteht ein wieder diploider Embryo, der entweder Mann oder Frau ist, aus der Verschmelzung der beiden haploiden Keimzellen. Die Definition der Geschlechter nach der unterschiedlichen Keimzellengröße, Anisogamie genannt, gibt es übrigens seit ungefähr 1890, was auch mit Fortschritten der Mikroskopie zu tun hat. Denn die Geschlechtszellen sind ja sehr klein, weshalb man sie erst einmal sehen können muss. Dass es Männer und Frauen gibt, ist ja wohl spätestens seit der Bibel sozusagen aktenkundig. Die Begriffe Sex oder Gender werden im Englischen schon seit mindestens dem 14. Jahrhundert so verwandt.

War das in der Geschichte der Evolution mal anders? Gab es andere Formen?

Früh in der Evolution gab es ganz sicherlich zuerst isogame, also gleich große Geschlechtszellenorganismen. Wenn man sich den evolutionären Stammbaum aller lebenden Arten anschaut, ist es auch klar, dass Anisogamie dann mehr als einmal entstanden ist.

Jetzt sagen Kritiker des binären Geschlechtersystems allerdings, dass dieses längst wissenschaftlich widerlegt sei. Welche Erkenntnisse sollen dem zugrunde liegen?

Lassen Sie mich hierzu kurz ausholen: Ich habe ja das Buch *Adams Apfel und Evas Erbe: Wie Gene unser Leben bestimmen und warum Frauen anders sind als Männer* geschrieben (C. Bertelsmann, 2015). Da beschäftige ich mich in einigen Kapiteln mit dem Thema. Fast alle ungefähr 8000 Arten von Säugetieren haben eine Geschlechtsbestimmung durch zwei Sex-Chromosomen, X und Y genannt. Frauen haben zwei X-Chromosomen, Männer ein X- und ein Y-Chromosom. Diese Art der Geschlechtsbestimmung ist im Tierreich aber nicht universell. Bei Vögeln zum Beispiel haben die Männchen zwei gleiche Geschlechtschromosomen. Das heißt, die Art und Weise, wie das Geschlecht genetisch und chromosonal bestimmt wird, ist evolutionär variabel. Die Leute, die nun behaupten, dass das Geschlecht ein Spektrum sei, berufen sich – wenn sie einigermaßen wissenschaftlich argumentieren wollen – darauf, dass es eben Menschen gibt, die nicht XX oder XY sind, sondern zum Beispiel X0 *(Turner-Syndrom, tritt bei weniger als 1 von 2500 Frauen auf, ist aber dennoch die häufigste sex-chromosomale Krankheit)* oder XXY *(Klinefelter-Syndrom, tritt bei weniger als 1 von 5000 Männern auf)*. Träger beider Syndrome sind unfruchtbar. Es sind also zum Glück nur sehr, sehr wenige Menschen, die großes Pech hatten in der genetischen Lotterie des Lebens. Die Einzelschicksale sind natürlich bedauerlich, ändern aber nichts daran, dass alle Menschen einem der beiden Geschlechter – auch chromosomal klar – zugeordnet werden können.

Anders gefragt: Warum bilden intersexuelle Menschen keine neuen Geschlechter?

Weil sie meist nicht fortpflanzungsfähig und extrem selten sind. Viele dieser Fälle können keine Kinder austragen oder keine Samen produzieren. Evolutionär betrachtet, sind sie – so muss man es leider sagen – Sackgassen. Das klingt hart, ich weiß, und ich urteile hier auch nicht über das Individuum, aber es geht um wissenschaftliche Tatsachen. Und diese Menschen spielen evolutionsbiologisch einfach keine Rolle, was aber zwingend wäre, um als eigene Geschlechter zu gelten, die nicht Mann oder Frau sind. Diese Mutationen treten immer wieder, aber extrem selten auf.

Wie nah, ich formuliere es mal so, kann ein Mann biologisch an eine Frau herankommen und wie nah eine Frau biologisch an einen Mann?

Der Sport ist hier ein gutes Beispiel. Ich habe ein Kapitel in meinem Buch, in dem es um Sportlerinnen wie Caster Semenya *(südafrikanische Mittelstreckenläuferin und mehrfache Olympiasiegerin; Anm. d. Red.)* geht, die biologische Vorteile gegenüber ihren Konkurrentinnen hat. Semenya hat einen sehr hohen Testosteronspiegel, weil sie interne Hoden hat, was ihr gegenüber anderen Frauen ähnliche Vorteile bringt, wie man sie von Männern gegenüber Frauen kennt.

Wie äußern sich diese Vorteile beispielsweise?

In allen Sportarten liegt der Unterschied zwischen Männern und Frauen bei den Weltrekorden zwischen zehn und 15 Prozent. Besonders extrem ist das übrigens beim Werfen, da Männer typischerweise sehr viel weiter werfen als Frauen. Mit Training hat das aber nichts zu tun, sondern damit, wie der typische Körper gebildet ist, mit statistischen Unterschieden in physischer Stärke zwischen Männern und Frauen. Nun stellt sich natürlich die Frage, wie man als Sportverband, zum Beispiel als Internationales Olympisches Komitee (IOC), damit umgeht.

Das finde ich interessant. Lassen Sie uns näher darauf eingehen.

Gerne. In den 1960er-Jahren gab es sehr viele männlich aussehende Athletinnen aus dem Ostblock bei internationalen Wettbewerben. Irgendwann hat man dann vermutet, dass da etwas nicht stimmt. Bei näherer Betrachtung stellte sich heraus, dass weitaus überdurchschnittlich viele dieser Sportlerinnen interne Hoden hatten, was deren Testosteronspiegel beeinflusste. Eine Reaktion war, dass von Sportlerinnen dann verlangt wurde, bei Olympischen Spielen die Hosen herunterzulassen, um einen Blick auf deren Geschlechtsorgane werfen zu können, um dann zu entscheiden, wer noch Frau ist und wer vielleicht schon Mann. Das ist natürlich weder ethisch vertretbar noch besonders objektiv und wäre heute ohnehin undenkbar. Also ist man längst zu anderen Methoden übergegangen.

Die da wären?

Das wurde geändert, als klar wurde, dass bei Frauen, die zwei X-Chromosomen haben, das zweite X-Chromosom in jeder Zelle inaktiviert und zum sogenannten Barrkörperchen wird. Das lässt sich mit einem Abstrich im Rachenraum nachweisen, indem man diesen zytologisch einfärbte und die Zellen unter dem Mikroskop anschaute. Bei solchen Frauen konnte man dann in jeder Zelle einen kleinen schwarzen Klumpen feststellen, der das inaktivierte X-Chromosom war. Das wurde bis in die 1980er-Jahre angewendet, um zu entscheiden, ob es sich um eine Frau handelt oder nicht. Als dann später das SRY-Gen auf dem Y-Chromosom gefunden wurde, wurde via PCR das Vorhandensein dieses Gens im genetischen Satz der Person angeschaut. Wenn man ein SRY-Gen hatte, wurde gesagt: Das ist ein Mann, keine Frau. Das SRY-Gen wird in der embryonalen Entwicklung sehr früh eingeschaltet in der Kaskade zum Männlichwerden im Embryo. Aber es gibt eben auch Menschen – und darunter ist bei diesen weiblichen Athleten eine viel größere Häufigkeit als in der menschlichen Gesamtpopulation –, die genetisch männlich sind, auch Testosteron produzieren, aber möglicherweise Rezeptoren haben, die das Testosteron nicht so stark erkennen wie bei Männern.

Mit welchen Folgen?

Die haben dann einen höheren Testosteronspiegel, aber vielleicht nicht ganz den interzellulären Effekt wie bei Männern. Das letzte Kapitel in dieser Geschlechterbestimmung bei internationalen Sportwettbewerben war dann zu schauen, wie hoch der

Testosteronspiegel ist. Mit der Folge, dass Sportlerinnen wie Semenya bei manchen Wettbewerben antreten durften, bei anderen nicht. Die Debatte hält im Spitzensport aber an. Bis zuletzt vorgeschlagen wurde, eigene »Trans«-Kategorien von Athleten zu etablieren, sodass sie nicht gegen biologische Frauen im Wettbewerb antreten, was ein Versuch zu mehr Fairness den biologischen Frauen gegenüber ist.

Kann man also sagen, dass es selbst dort, wo das Geschlecht nicht eindeutig erkennbar ist, trotzdem bestimmte Prozesse gibt, um nachvollziehen zu können, ob eine Person eher Mann oder eher Frau ist? Zumindest habe ich Sie so verstanden.

Genau. Beim Testosteronspiegel zum Beispiel gibt es da fast keine Überlappung. Männer haben einen zehn- bis 15-fach höheren Testosteronspiegel als Frauen. Das ist wie bei der Spektrumsfrage: Natürlich gibt es Variationen, aber diese beiden Verteilungskurven überlappen sich nicht. Das wäre ein Kriterium, ein anderes als die XY-Chromosomen, um eine objektivere Einteilung in Mann und Frau zu bewerkstelligen – benachteiligt aber Menschen wie Caster Semenya, die sich als Frauen fühlen, aber genetisch und hormonell als Männer einzuteilen wären. Aber diese ganz kleine Zahl von Ausnahmen ist, wie gesagt, kein Grund, vom binären Geschlechtersystem abzurücken.

Sie sind Mitglied im Netzwerk Wissenschaftsfreiheit. Wie dramatisch ist die Situation in Deutschland denn bereits, was die Freiheit der Wissenschaft betrifft?

Zunehmend immer schlechter. Es fängt mit zwanghaftem und vorgeschriebenem Gendern an, geht über exponentiell wachsende Genderreferate, die in Berufungsentscheidungen hineinreden, von denen sie objektiv nichts verstehen, bis zu Quoten auf allen Ebenen der Universitäten, Ministerien und der Gesellschaft. Das ist aber nur ein Teil des großen Ganzen in dem Narrativ, dass Frauen immer Opfer und Männer immer Täter sind und in einer Gesellschaft, in der Identität und selbstzerstörerische Hypermoralität und Gleichmacherei immer wichtiger zu sein scheinen als Talent, Begabung und Fleiß. Die Vorgaben an Universitäten führen nicht dazu, allein nach Qualität und Leistung Berufungsentscheidungen zu treffen und jede Meinung zu tolerieren, sondern nach aktivistischen, vermeintlich weltverbessernden Kriterien zu agieren. Dadurch wird die Welt nicht nur nicht besser, sondern ganz sicher weniger kompetent. Gleichstellung, also die politische Vorgabe, gleich viele Frauen wie Männer in bestimmte Positionen zu befördern, diskriminiert ganz offensichtlich die Männer.

Was lässt sich noch beobachten?

Jeder von uns weiß, dass wir, wenn wir Forschungsverbünde gründen wollen, heute einen gewissen Prozentsatz von Frauen brauchen, zwischen 30 und 40 Prozent. Da geht es nicht primär oder ausschließlich um Qualität, egal welchen Geschlechts, sondern einzig ums Geschlecht. Das wiederum führt auch zu einer Diskriminierung junger Männer in der Wissenschaft. Viele meiner Mitarbeiter, Post-Docs, die sich um Professuren bewerben, sind jetzt die Angeschmierten, weil sie ausgesiebt werden, nur weil sie das falsche Geschlecht haben oder eben verwerflicherweise als weißer Mensch geboren wurden. In Amerika ist es mittlerweile sogar so, dass jeder Bewerber um eine Professur ein sogenanntes »Diversity Equality Inclusion«-Statement schreiben muss. Da muss in einem Aufsatz dargelegt werden, wie ein Professor gedenkt, zukünftig für mehr Inklusion und Gleichheit zu sorgen. Das hat nichts mehr mit Wissenschaft zu tun. Das ist eine Gesinnungsprüfung

McCarthyschen Ausmaßes, denn diese DEI-Aufsätze werden in einigen Universitäten benotet und als erstes im Auswahlprozess um Professuren in Betracht gezogen.

Gutes Stichwort: Wo verorten Sie sich denn politisch?

Ich sehe mich als liberal, geprägt durch meine 20 Jahre in den USA, wo ich in sehr progressiven Städten wie Berkeley, Cambridge und New York lebte und mich wohlfühlte. Die Entwicklungen zu gesteuerter und damit illiberaler Politik auf beiden Seiten des Atlantiks finde ich aber sehr bedenklich. Wissen Sie, als Biologe kann ich nur gegen Gleichheit beziehungsweise Gleichmacherei sein, weil die Ungleichheit das Brot der Evolution ist. Wenn wir alle gleich wären, würde die Evolution aufhören, denn das Rohmaterial, die Variation, oder Diversity, wenn Sie so wollen, ginge ihr aus. Wir haben im Durchschnitt rund drei Millionen Mutationen in unserem Genom, die jeden von uns voneinander unterscheiden. Da ist die Musik der Evolution drin. Dass es in Deutschland Gleichheit vor dem Gesetz gibt, finde ich natürlich richtig und einen nicht selbstverständlichen Segen. Und ich komme aus einem bildungsfernen Haushalt, deshalb bin ich sehr froh, dass Deutschland sozial viel durchlässiger ist, als immer behauptet wird. Wenn wir aber aufhören, in meinem Beruf oder im ganzen Land nach Qualität und Fähigkeiten zu selektieren, dann kann die Qualität nur runtergehen. Deshalb bin ich auch gegen Quoten, weil das eben nicht die beste Wissenschaft hervorbringen kann, wenn nicht alle Kandidaten in Betracht gezogen werden, sondern nur 50 Prozent davon.

Was sagen denn Ihre Kollegen zu diesen Entwicklungen? Denn so eine Uni-Leitung ist ja immer auch einer politischen Einflussnahme ausgesetzt.

Ich glaube, das ist auch eine Generationsfrage. Die Älteren mucken vielleicht ein bisschen mehr auf oder verdrehen zumindest die Augen im Privaten, wenn sich die immer größeren Verwaltungen noch irgendeine neue Vorschrift oder ein überflüssiges Formular mehr ausdenken, um ihre Existenz zu rechtfertigen. Die Jüngeren machen das tendenziell eher mit. Ich glaube, dass dieses Duckmäusertum in der Professorenschaft, aber auch in der Bevölkerung einfach da ist. Es scheint eben menschlich, keinen Widerstand zu leisten, sich der Gewalt zu beugen und dem medial gemachten Mainstream unhinterfragt hinterherzulaufen. Und diese Translobbyisten haben es geschafft, dass viele Ministerien, Verwaltungen und Hochschulen diesem Zeitgeist längst erlegen sind. Sie haben längst die Macht. Das sehe ich als bedauerliche Entwicklung an. Für mich ist die rote Linie aber auf jeden Fall erreicht, wenn von mir als Biologe erwartet wird, dass ich sagen soll, dass es mehr als zwei Geschlechter gibt. Orwell hat dies schon mit seinem Winston Smith vorhergesagt.

Sind all das, worüber wir gesprochen haben, Indizien dafür, dass sich der Wissenschaftsstandort Deutschland gerade selbst abschafft?

Unterm Strich kommt all das ja aus dem angelsächsischen Raum mit Judith Butler und Co. Ich habe manchmal den kulturpessimistischen Eindruck, dass der Westen gerade seine Errungenschaften der Aufklärung und der wissenschaftlichen Methode, die ihn groß und stark gemacht haben, selbst abschafft oder zumindest schwächt, indem er die aufklärerischen Prinzipien verlässt. China und andere noch kompetitivere und hungrigere Länder lachen sich ins Fäustchen. In den meisten Ländern der Welt macht sich doch keiner Gedanken darum, was eine Frau zur Frau macht. Allein die gesellschaftliche Reibung, die durch diese völlig unnötigen Diskussionen entsteht, steht in keinem Verhältnis zu der verschwindend geringen Anzahl von Menschen, um die es hier geht. Wie gesagt, jeder soll sein Leben leben, wie er will, und ich bin froh, dass unser Land so tolerant ist. Aber es kann nicht sein, dass eine kleine, lautstarke und einflussreiche Minorität von Trans-Aktivisten dem Land vorschreibt, wie wir zu reden und zu denken haben. Und da hinken wir als Deutschland ja sogar noch etwas hinterher, wenn wir das mit den USA oder Großbritannien vergleichen.

Befürchten Sie also, dass es noch schlimmer werden könnte?

Ich hoffe nicht. Jeder lebt in seiner Bubble, und ich höre Podcasts oder lese Artikel und Bücher von klugen Leuten, die Zeichen dafür sehen, dass es langsam einen Backlash gibt, weil der Bogen längst überspannt wird und die Revolution anfängt, auch ihre eigenen Kinder zu fressen. Niemand ist je woke genug für die woken Garden. Ich bin erfreut darüber, wie Zeitungen wie die *FAZ*, *NZZ* und die *Welt*, aber auch *Cicero* endlich unisono dagegen opponieren – zumindest im Falle von Marie-Luise Vollbrecht. Denn ich gebe den Medien auch Schuld an dieser ganzen Entwicklung, weil da – weshalb auch immer – ständig mitgemacht wurde.

Woher kommt das, denken Sie?

Die einfachste Erklärung ist, dass es den Zeitungen mittlerweile leider finanziell so schlecht geht, dass sie auf Anzeigen der Ministerien angewiesen sind oder eben vom Subskriptionsmodell abhängig sind, was der Diversität der Meinungen innerhalb der Zeitungen nicht zuträglich ist. Mir scheint es, dass die Medien nicht mehr die unabhängige vierte Macht im Staate sind. Auf der anderen Seite: All diese Gender-Beauftragten und woken Profiteure in von Ministerien bezahlten NGOs, Verwaltungen und im öffentlich-rechtlichen Rundfunk werden ja nicht entlassen werden, bloß, weil sie den Steuerzahler unnütz Geld kosten, um den Steuerzahler wiederum zu maßregeln und zu bevormunden. Mein Eindruck ist, dass auch das »normale« Lieschen Müller viel Vertrauen in Medien, staatliche Institutionen und Politik verloren hat. Man kann deshalb nur hoffen, dass die Ratio irgendwann zurückkehrt, die die Wissenschaft und den Westen stark gemacht hat. Denn diesen wirklichen Fortschritt technischer Art werden wir für die zukünftigen Herausforderungen wie Pandemien, Klima und Energie brauchen. Da werden uns viele verschiedene Pronomen nicht retten, sondern nur dringend benötigte wissenschaftliche und technische Expertise.

Das Interview erschien zuerst im Magazin *Cicero* (5.7.2022).
Das Interview führte Ben Krischke.

Über die Autoren

Prof. Dr. Ulrike Ackermann, Politikwissenschaftlerin und Soziologin, gründete 2009 und leitet seitdem das John Stuart Mill Institut für Freiheitsforschung. 2008 wurde sie als Professorin berufen und lehrte bis 2014 Politische Wissenschaften mit dem Schwerpunkt »Freiheitsforschung und Freiheitslehre« in Heidelberg. 2002 gründete und leitete sie das Europäische Forum an der Berlin-Brandenburgischen Akademie der Wissenschaften. Sie ist eine vielgefragte Rednerin und freie Autorin für Funk und Print. Sie ist Mitbegründerin des Netzwerks Wissenschaftsfreiheit.
Buchpublikationen: *Die neue Schweigespirale. Wie die Politisierung der Wissenschaft unsere Freiheit einschränkt* (2022), *Das Schweigen der Mitte. Wege aus der Polarisierungsfalle* (2020), *Eros der Freiheit. Plädoyer für eine radikale Aufklärung* (2008, Neuauflage als E-Book 2021), *Freiheitsindex Deutschland* (Hg., 2011, 2012, 2013, 2014, 2015, 2016, 2017), *Genuss-Askese-Moral. Über die Paternalisierung des guten Lebens* (Hg., 2016), *Selbstbestimmung oder Fremdbestimmung? Soziales Leben im Internet* (Hg., 2015), *Im Sog des Internets. Öffentlichkeit und Privatheit im digitalen Zeitalter* (Hg., 2013), *Freiheit in der Krise? Der Wert der wirtschaftlichen, politischen und individuellen Freiheit* (Hg., 2009), *Welche Freiheit. Plädoyer für eine offene Gesellschaft* (Hg., 2007), *Versuchung Europa* (Hg., 2003), *Sündenfall der Intellektuellen* (2000). Sie ist Herausgeberin der *Ausgewählten Werke John Stuart Mills*, Band 1-5 (2012–2016).

Josef Christian Aigner, Jg. 1953, Dr. phil., Dr. hc., Psychologe, Bildungswissenschaftler und Psychoanalytiker, von 2005 – 2017 Professor für Psychoanalytische Pädagogik und Psychosoziale Arbeit an der Fakultät für Bildungswissenschaften der Universität Innsbruck. Veröffentlichungen insbesondere zur Väter- und Männerforschung (*Der ferne Vater, Der andere Mann*, beide bei Psychosozial) und zur Sexualberatung und -therapie (*Vorsicht Sexualität!* bei Kohlhammer).

Prof. Dr. Ronald G. Asch lehrte bis Herbst 2021 an der Universität Freiburg als Inhaber des Lehrstuhls für Geschichte der Frühen Neuzeit. Zu seinen Arbeitsgebieten gehören die englische Geschichte des 16. und 17. Jahrhunderts, der Dreißigjährige Krieg und die Geschichte von Adel und Monarchie vor 1800. Seine jüngste Monographie ist 2020 erschienen: V*or dem großen Krieg. Europa im Zeitalter der spanischen Friedensordnung 1598–1618*, Darmstadt 2020.

David Engels, geb. 1979, ist seit 2008 Lehrstuhlinhaber für Römische Geschichte an der Universität Brüssel (ULB) und arbeitet seit 2018 auch als Chefanalyst am »Instytut Zachodni« in Poznań. Er ist Autor und Herausgeber zahlreicher Monographien, Sammelbände und Aufsätze zur Alten Geschichte, zur Rezeptionsgeschichte, zur Geschichtsphilosophie und zum modernen Konservatismus. Wiss. Monographien: *Das römische Vorzeichenwesen* (Stuttgart 2007); *Le déclin* (Paris 2013); *Studies on the Seleukid Empire between East and West* (Leuven 2017); *Oswald Spengler. Werk, Deutung, Rezeption* (Stuttgart 2021).

Michael Esfeld ist seit 2002 ordentlicher Professor für Wissenschaftsphilosophie an der Universität Lausanne. Seine Hauptarbeitsgebiete sind die Philosophie der Physik und die Philosophie des Geistes mit Themen wie freier Wille, Normativität und mentale

Verursachung sowie der Untersuchung der Grenzen der Anwendung naturwissenschaftlicher Methoden in den Geistes- und Sozialwissenschaften. Letzte Buchveröffentlichungen: *Wissenschaft und Freiheit. Das naturwissenschaftliche Weltbild und der Status von Personen*, Berlin 2019; mit Christoph Lütge: *Und die Freiheit? Wie die Corona-Politik und der Missbrauch der Wissenschaft unsere offene Gesellschaft bedrohen*, München 2021.

Hartmut Krauss ist Sozialwissenschaftler und Redakteur des »HINTERGRUND«. Zeitschrift für kritische Gesellschaftstheorie und Politik. 1. Vorsitzender der Gesellschaft für wissenschaftliche Aufklärung (GAM e.V.). Buchveröffentlichungen (Auswahl): *Faschismus und Fundamentalismus. Varianten totalitärer Bewegung im Spannungsfeld zwischen »prämoderner« Herrschaftskultur und kapitalistischer »Moderne«*, 2003; *Islam, Islamismus, muslimische Gegengesellschaft. Eine kritische Bestandsaufnahme*, 2008; *Der Islam als grund- und menschenrechtswidrige Weltanschauung. Ein analytischer Leitfaden*, 2013; *Die Marxsche Theorie und ihre Bedeutung für eine herrschaftskritisch-emanzipatorische Gesellschafts- und Subjektwissenschaft*, 2018.

Axel Meyer ist Professor für Zoologie und Evolutionsbiologe an der Universität Konstanz, gehört der Deutschen Akademie der Naturforscher Leopoldina an und ist Mitglied des Netzwerks Wissenschaftsfreiheit. Ausgewählte Publikationen: *Evolution ist überall. Gesammelte Kolumne »Quantensprung« des Handelsblattes*, 2008; *Algenraspler, Schneckenknacker, Schuppenfresser. Axel Meyer über den evolutionären Erfolg der Buntbarsche*. Audio-CD, 2008; *Adams Apfel und Evas Erbe. Wie die Gene unser Leben bestimmen und warum Frauen anders sind als Männer*, 2015.

Heinz-Dieter Pohl, geboren: 6.9.1942 (Wien), Studium an der Universität Wien, Allgemeine und Indogermanische Sprachwissenschaft im Hauptfach, Slawische Philologie im Nebenfach; Promotion zum Dr. phil. am 7.7.1970; 1970-1972 Universitätsassistent ebendort; seit 1972 an der damaligen Hochschule für Bildungswissenschaften, heute Alpen-Adria-Universität Klagenfurt, Habilitation 1978, ab 1979 Univ. Prof. für Allgemeine und Diachrone Sprachwissenschaft. Ruhestand seit 1.10.2007, doch weiter in Forschung und Lehre tätig.

Harald Schulze-Eisentraut ist 1963 in Marburg geboren und kennt die Verhältnisse an der dortigen Philipps-Universität seit Kindertagen. Nach Abitur am Gymnasium Philippinum und Wehrdienst bei der Panzerbrigade *Hessischer Löwe* hat er in Marburg und München verschiedene Fächer studiert. Seine Doktorarbeit über *Ammen und Pädagogen. Sklavinnen und Sklaven als Erzieher in der antiken Kunst und Gesellschaft* vereinte Archäologie mit Geschlechter- und Sozialforschung. Dann reiste er mit dem ehrwürdigen, seit 1859 jährlich verliehenen Reisestipendium des Deutschen Archäologischen Instituts rund um das Mittelmeer und durch den Orient. Die Strukturen an der Frankfurter Goethe-Universität durfte er als Wissenschaftlicher Mitarbeiter und Lehrbeauftragter kennenlernen. Inzwischen leitet er die Abteilung *Vorgeschichte des Mittelmeerraumes und des Vorderen Orients* an der Archäologischen Staatssammlung in München. Er ist Mitglied im Netzwerk Wissenschaftsfreiheit. Neben archäologischen und kunsthistorischen Forschungen befasst er sich auch mit Forschungsgeschichte und Wissenschaftspolitik. Dazu zuletzt mit Torsten Steiger und Alexander Ulfig *Die Quotenfalle. Warum Genderpolitik in die Irre führt,* FinanzBuch Verlag, München 2017 sowie mit Alexander Ulfig *Gender Studies – Wissenschaft oder Ideologie?* Deutscher Wissenschafts-Verlag, Baden-Baden, 4. Aufl. 2021.

Dr. Alexander Ulfig, geb. 1962, studierte Philosophie, Soziologie und Sprachwissenschaften in Hamburg und Frankfurt am Main. Er promovierte mit einer Arbeit über den Begriff der Lebenswelt. Arbeit an zahlreichen wissenschaftlichen Projekten. Wichtigste Veröffentlichungen: *Lexikon der philosophischen Begriffe*, 1993; *Lebenswelt, Reflexion, Sprache*, 1997; *Große Denker*, 2006; *Wege aus der Beliebigkeit*, 2016; *Die Quotenfalle* (Hrsg.), 2017; *Gender Studies – Wissenschaft oder Ideologie?* (Hrsg.), 2019; *Der letzte Schritt zum Glück*, 2020; *Das bedrohte Vermächtnis der europäischen Aufklärung*, 2021.

Prof. Dr. Fritz Vahrenholt, promovierter Chemiker, war von 1991 bis 1997 Hamburger Umweltsenator. Anschließend ging Vahrenholt als Vorstand für Erneuerbare Energien zur Deutschen Shell AG, 2001 wurde er Vorstandsvorsitzender des Windenergie-Anlagenbauer REpower Systems. Danach leitete er die neu gegründete Konzern-Gesellschaft für Erneuerbare Energien der RWE AG, die Innogy GmbH bis 2012. Seit 1999 ist er Honorarprofessor im Fachbereich Chemie der Universität. Er ist des weiteren Mitglied der Deutschen Akademie der Technikwissenschaften acatech. Sein Bestseller *Seveso ist überall* (1978) war eine der wirkmächtigsten Buchveröffentlichungen in den Anfangsjahren der Umweltbewegung. 2020 erschien sein Bestseller *Unerwünschte Wahrheiten* (zusammen mit Sebastian Lüning).
Vahrenholt ist Aufsichtsratsvorsitzender der Aurubis AG, des größten europäischen Kupferherstellers, sowie Aufsichtsrat der Encavis AG, eines der größten Investoren in Erneuerbare Energien.

Martin Wagener ist Professor für Politikwissenschaft mit dem Schwerpunkt Internationale Politik und Sicherheitspolitik am Fachbereich Nachrichtendienste der Hochschule des Bundes für öffentliche Verwaltung in Berlin. Im Juli 2021 publizierte er das Buch *Kulturkampf um das Volk. Der Verfassungsschutz und die nationale Identität der Deutschen*. Detaillierte Informationen zum Lebenslauf finden sich auf seiner Internetseite (https://martin-wagener.org/).

Stichwortverzeichnis

E

F

G

H

I

J

W

Z

Wahnsinn der Massen

Douglas Murray

Gleichberechtigung zwischen den Geschlechtern, zwischen Menschen unterschiedlicher Herkunft und sexueller Orientierung sind wichtige Errungenschaften unserer Gesellschaft. Doch unsere Bemühungen um eine gerechtere Gesellschaft schießen oft über das Ziel hinaus und nehmen hysterische Züge an. Der Kampf im Namen religiöser und politischer Ideologien wird heute immer mehr durch den Wunsch nach individueller Aufmerksamkeit und Anerkennung ersetzt, so dass auch kleine Interessengruppen immer öfter die politische und gesellschaftliche Agenda dominieren. Murray zeigt, wie wir im Ringen um die Anerkennung jedes Einzelnen unsere Vernunft, unsere gemeinsamen Werte und letztlich unsere Menschlichkeit verlieren. Ein wichtiges Plädoyer für die Redefreiheit, für vernunftgeleitete Diskussionen und gegen den zuweilen aufkeimenden Wahnsinn in einem Zeitalter der Massenhysterie.

m-vg.de/qr/bLvws

368 Seiten | Softcover | 15,00 € (D) | ISBN 978-3-95972-600-9

Klimapanik

Bjorn Lomborg

Die Hysterie über den Klimawandel ist nicht nur übertrieben, sondern sie ist auch nicht hilfreich, so argumentiert der Naturwissenschaftler und »skeptische Umweltschützer« Bjorn Lomborg. Ja, der Klimawandel ist real, aber zum einen ist er nicht die apokalyptische Bedrohung, als die er dargestellt wird, zum anderen stellt er ein lösbares Problem dar. Doch unsere Obsession mit dem Klimawandel führt dazu, dass wir Billionen für nutzlose Aktionen aus dem Fenster werfen, anstatt mehr Geld in Forschung und Entwicklung zu stecken, um die Energiefrage zu lösen und die Erderwärmung einzudämmen.
Doch Bjorn Lomborg bleibt nicht bei der Kritik stehen: Er unterbreitet eine Vielzahl konkreter Vorschläge, wie man die Welt auf einem bezahlbaren Weg zu einem weitaus besseren, wenn auch etwas wärmeren Ort für uns alle machen könnte.

m-vg.de/qr/bLvv3

320 Seiten | Hardcover | 22,00 € (D) | ISBN 978-3-95972-521-7

Klimadämmerung

Frank Hennig

Das deutsche Projekt der Energiewende wird nach wie vor mit viel Eifer, aber ohne wissenschaftlich fundierte und verständliche Erklärungen betrieben. Risiken werden ausgeblendet. Zugunsten des Klimaschutzes bleibt der Umweltschutz auf der Strecke. Sachliche und offene Diskussionen finden kaum statt.
Frank Hennig verschafft interessierten Lesern einen Überblick über die technischen Voraussetzungen der Energiewende: Wie funktioniert ein Stromnetz? Wie ist es entstanden und welche globalen Entwicklungen gibt es? Lässt sich Energie speichern? Und er hinterfragt, inwiefern diese technischen Fakten im politischen Diskurs berücksichtigt werden.

m-vg.de/qr/bLvsq

320 Seiten | Hardcover | 22,00 € (D) | ISBN 978-3-95972-374-9